新技术技能人才培养系列教程

互 联 网 营 销 师

课工场 kgc.cn

金蛛互联网营销学院

深入浅出 SEM 数据分析

数据的力量助推 搜索引擎营销

肖睿 王涛 / 主编

帅晓华 张晓芸 陈国清 / 副主编

人 民 邮 电 出 版 社

北 京

图书在版编目（C I P）数据

深入浅出SEM数据分析 : 数据的力量助推搜索引擎营销 / 肖睿，王涛主编. -- 北京 : 人民邮电出版社，2018.1（2019.2重印）
新技术技能人才培养系列教程
ISBN 978-7-115-47127-7

Ⅰ. ①深… Ⅱ. ①肖… ②王… Ⅲ. ①销售量－统计数据－分析－教材 Ⅳ. ①F713.3

中国版本图书馆CIP数据核字(2017)第260875号

内 容 提 要

本书针对SEM数据分析技巧及其在企业中应用的成功案例进行了深度的解析，内容从初始数据分析、SEM在线客服系统介绍，到Excel表格技巧与公式使用、数据获取与处理、数据透视表与统计图的制作与应用，再到百度搜索推广、网盟推广的数据分析案例解读，最后到数据分析报告的撰写，层层深入，并且采用逆向思维进行研发，帮助读者提升从业能力。

本书由具有多年从业经验的资深SEM优化专家团队倾力打造，在内容设计上，大量引用了各大企业的优秀案例，便于读者在学习理论知识的同时，与实际案例相结合，以便高效地掌握SEM数据分析的技巧。

◆ 主　　编　肖　睿　王　涛
　副 主 编　帅晓华　张晓芸　陈国清
　责任编辑　王　威
　执行编辑　祝智敏
　责任印制　马振武

◆ 人民邮电出版社出版发行　北京市丰台区成寿寺路11号
　邮编 100164　电子邮件 315@ptpress.com.cn
　网址 http://www.ptpress.com.cn
　大厂聚鑫印刷有限责任公司印刷

◆ 开本：787×1092 1/16
　印张：13　　2018年1月第1版
　字数：303千字　　2019年2月河北第3次印刷

定价：42.00元

读者服务热线：(010)81055256　印装质量热线：(010)81055316
反盗版热线：(010)81055315

序　　言

今天新技术的飞速发展改变了人们常规的生活方式和消费方式。“6.18 大促”“双 11”“双 12”、年货节，这些新兴的互联网促销活动充斥着我们的生活，改变着我们的消费理念和方式。不仅如此，购票、订酒店、约车、团购等消费模式都已由线下转为线上，让我们足不出户就能便捷地体验各种服务，节省宝贵的时间；同时，互联网还拉近了人与人之间的距离，我们可以把美食的诱惑、工作的繁忙、旅途的风景等动态及时地与好友分享，得到更多人的关注和支持……互联网带给了我们非凡的体验，酒店、餐饮、医疗、服装、汽车等几乎所有类型的企业都已离不开互联网，更离不开互联网营销。而对“互联网营销”知之甚少的你可能怀有各种担心。如何做营销策划？如何让各平台联动起来助力宣传？不仅如此，新“互联网 +”时代对互联网营销从业人员也提出了越来越高的要求，传统的营销技术已无法胜任。在这样的大背景之下，这套“互联网营销师系列”图书应运而生，它旨在帮助读者快速成长为符合“互联网 +”时代企业需求的优秀互联网营销师。

“互联网营销师系列”图书从企业的实际需求出发，以系统实用的知识结构优化内容布局。在新媒体营销方向，重点囊括微信公众号的运营技巧、微信公众号常用营销工具，以及数据分析及效果量化；在搜索引擎营销方向，对不同行业不同类型网站的成功案例进行 SEO 网站权重深度的解析，并高效应用 SEM 以数据的深度分析助推搜索引擎营销；在电子商务营销方向，以付费推广为重点，介绍淘宝客、直通车以及钻展等不同付费推广工具的策略及技巧，涉及淘宝客的推广秘诀、直通车选词选款的思路优化以及钻展的创意营销、定向营销和定价策略。读者通过“互联网营销师系列”图书的学习，可扩充互联网营销实用知识、提高互联网营销从业能力。

本系列图书特点

1. 内容实用、定位精准——拒绝培养只知理论、不会应用的基础级互联网营销师。

- 培养符合“互联网 +”时代需求的高端互联网营销人才，通方法、懂策略、会运用。
- 注重方法的总结、技能的实操和策略的运用，旨在开拓读者的思维视角。

2. 案例真实、易于落地——主流行业成功案例，真实场景、运营策略、技巧总结一个也不能少。

- 与知名 4A 公司合作，设计开发课程案例。
- 几十个真实案例，涵盖电商、旅游、视频、餐饮、医疗等众多领域。
- 注重互联网营销方法的讲解、运营策略的运用、实战技巧的总结。

3．便捷学习、注重体验——传统纸质教材学习方式的革命。

- 教材二维码 + 学习平台切入，可以观看相关视频讲解和案例操作。
- 学习 App+ 教学视频 + 在线题库 + 学习社区的学习方式，体验新的教学生态。

“互联网营销师系列”图书是由课工场金蛛互联网营销学院研发的一套面向对互联网营销类技能感兴趣和相关从业者的图书。课工场金蛛互联网营销学院是由北京课工场教育科技有限公司与深圳市金蛛教育科技有限公司联合成立的专注于电子商务、网络营销培训的互联网营销学院。自成立以来，课工场金蛛互联网营销学院始终坚持“产学研”一体化办学模式，以“全心全意为学员服务”为己任，以为企业培养紧缺型实用技能人才为根本，凭借丰硕的教学就业成果，多次荣获诚信品牌教育机构、深圳教育行业十大实力品牌等荣誉。

欢迎广大读者到课工场网站 www.kgc.cn 获取更多学习资源。

课工场金蛛互联网营销学院

前　　言

SEM（搜索引擎营销）是互联网营销体系的重要组成部分。本书以提升互联网营销技能为核心，从数据分析的作用、数据分析的方法、数据分析常用的术语与指标等角度认识搜索引擎营销数据分析；从明确数据分析目的与框架，数据收集、处理、分析、展现与数据报告撰写等角度详解数据分析的步骤；从常用的 Excel 公式与技巧、数据清洗、数据链合成、图表制作等角度分析数据分析的过程；最后结合项目案例对百度搜索推广、网盟推广进行账户的数据分析以及优化。

训练技能

- 熟悉 SEM 数据分析的步骤以及分析方法。
- 熟悉 SEM 在线客服系统，知道如何选择合适的咨询工具。
- 掌握 SEM 常用的 Excel 表格技巧以及公式。
- 掌握数据获取的渠道以及数据处理的方法。
- 掌握数据透视表以及动态数据透视表的制作。
- 掌握日常报表以及统计图的制作。
- 掌握百度搜索推广以及网盟推广数据分析优化方法。
- 掌握数据分析报告编写的方法。

章节架构

- 技能目标：本章要达成的学习目标，可以作为检验学习效果的标准。
- 本章导读：是对本章内容的概述，通过提出问题引导读者思考，进而引导读者全面了解本章内容。
- 理论讲解：对本章所涉及内容的分析、讲解。
- 案例分享：通过案例让读者掌握如何将本章讲解的技能点应用到 SEM 数据分析中。
- 本章总结：针对本章内容的概括和总结。
- 本章作业：针对本章学习内容的补充性练习，用于加强对本章知识的理解和运用。

设计思路

本书共 10 章，内容包括初识数据分析、SEM 在线客服系统介绍、Excel 表格技巧与公式使用、数据获取与处理、数据透视表及动态数据透视表制作、图表制作、百度搜索推广数据分析案例、百度网盟数据分析案例、数据分析报告撰写、数据分析案例解析。

具体内容安排如下。

- 第 1 章是对 SEM 数据分析的总体概述，说明数据分析的步骤、方法以及常用的术语和指标。
- 第 2 章是对 SEM 在线客服系统的介绍，包括 SEM 工作中常用的在线客服系统以及如何选择合适的咨询工具。
- 第 3 章是对数据分析中常用的 Excel 表格技巧以及公式的讲解和练习。
- 第 4 章是对数据获取与处理的讲解，介绍如何获取想要的数据和数据处理的方法。
- 第 5 章是对数据透视表以及动态数据透视表的讲解及练习。
- 第 6 章是对日常报表的制作和统计图制作的讲解及练习。
- 第 7 章是对百度搜索推广数据分析案例的讲解，介绍如何进行百度搜索推广账户的数据分析以及优化。
- 第 8 章是对百度网盟推广数据分析案例的讲解，介绍如何诊断百度网盟推广的账户问题并进行数据分析以及优化。
- 第 9 章是对数据分析报告的讲解，介绍数据分析报告的种类、写作原则、结构，以及如何撰写数据分析报告。
- 第 10 章是对数据分析案例的综合解析，通过案例的讲解对前 9 章的技能点做一个全面的回顾与总结，让读者对 SEM 数据分析有一个全面的认识。

本书由课工场金蛛互联网营销学院的教研团队编写，参与编写的还有魏盈盈、赵鹏飞、张晓芸、宋晓晴等院校老师。尽管编者在写作过程中力求准确、完善，但书中难免有疏漏与不足之处，恳请广大读者批评指正。

更多学习及拓展内容详见课工场 www.kgc.cn

- 在线直播课程
- 录播视频课程
- 案例素材下载
- 学习互动社区
- 题库专区

关于引用作品的版权声明

为了方便学校课堂教学，促进知识传播，便于读者学习优秀作品，本书选用一些知名网站、公司企业的相关内容，这些内容涉及企业 LOGO、宣传图片、网站设计等。为了尊重这些内容所有者的权利，特在此声明，凡在本书中涉及的版权、著作权、商标权等权益，均属于原作品版权人、著作权人、商品权人。

为了维护原作品相关权益人的权益，现对本书中选用的主要作品和出处给予说明（排名不分先后）：

序号	选用的网站、作品或LOGO	版权归属
1	百度搜索推广	北京百度网讯科技有限公司
2	百度网盟推广	北京百度网讯科技有限公司
3	百度商桥	百度时代网络技术（北京）有限公司
4	忠仕商务通	大连忠仕伟业软件技术有限公司
5	乐语	北京乐语通信科技有限公司

由于篇幅所限，以上列表中可能并未全部列出本书所选用的作品。在此，本书创作团队衷心感谢所有原作品的相关版权权益人及所属公司对职业教育的大力支持！

目　　录

第 1 章

初识数据分析

技能目标

- ❖ 掌握数据分析的步骤
- ❖ 掌握常用的数据分析方法
- ❖ 掌握 SEM 数据分析常用术语以及数据指标

本章导读

大数据时代的来临，让越来越多的人意识到数据的重要性。数据，枯燥且复杂，如何从海量的数据中提取出有价值的数据且加以利用，这正是数据分析的工作。作为 SEM（Search Engine Marketing，搜索引擎营销）专员，在工作流程中，不仅要关注推广网站的内容策划、推广账户的搭建，更要注重推广效果的数据分析。

本章详细介绍了数据分析的定义、作用，以及数据分析的步骤和方法，另外还从 SEM 专员的角度出发，介绍了 SEM 数据分析常用的术语以及数据指标。

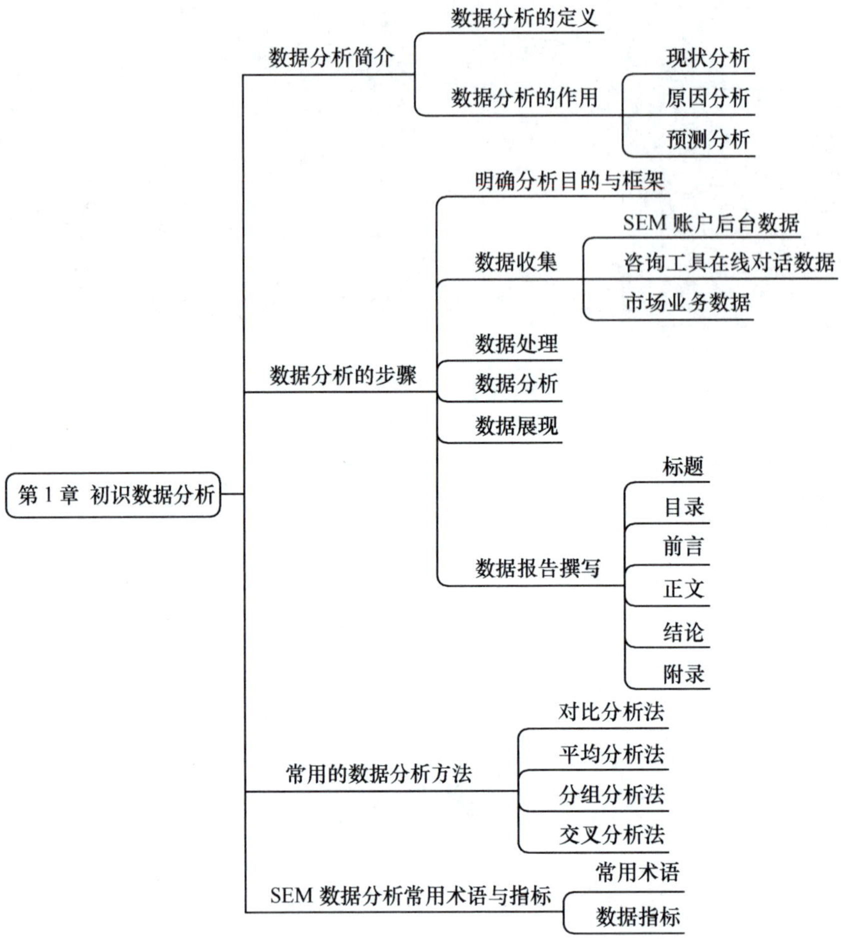

1.1 数据分析简介

马克·扎克伯格（Mark Zuckerberg）曾表示，在全球化和知识经济日益受到重视的当今世界，Facebook 致力于一个新的使命“理解这个世界”。而想要更好地理解这个世界，途径就是通过分析企业的客户数据，获取对企业有用的信息，继而提取并加以利用，这对企业经营是必不可少的。而对于 SEM 专员来说，数据分析亦是 SEM 工作中不可缺少的一环。那到底什么是数据分析呢？数据分析又有什么具体的作用呢？

1.1.1　数据分析的定义

数据分析，顾名思义，就是数据 + 分析，也就是说要先有数据后分析。要想了解数据分析，先需要了解什么是数据。

全球知名咨询公司麦肯锡称：“数据，已经渗透到当今每一个行业和业务职能领域，成为重要的生产因素。人们对于海量数据的挖掘和运用，预示着新一波生产率增长和消费者盈余浪潮的到来”。大量的数据，繁复庞杂，作为企业来说，要做的就是从大量的数据中收集、整理有价值的数据，从而进行应用。

所以说，数据分析就是指用适当的统计分析方法对收集来的大量数据进行分析，提取有用信息和形成结论从而对数据加以详细研究和概括总结的过程。在使用中，数据分析可帮助人们作出判断，以便采取适当行动。

从事数据分析的人员应该都听过沃尔玛超市“啤酒和尿布”的故事。在美国的沃尔玛连锁超市，赫然将尿布和啤酒放在一起销售，但这个奇怪的举措却使啤酒和尿布的销量都大大增加了。究其原因，原来美国的妇女们经常会嘱咐她们的丈夫下班以后要为孩子买尿布。而丈夫在买完尿布之后又要顺手买回自己爱喝的啤酒，因此啤酒和尿布放在一起购买的机会就大大增加了。那是什么让沃尔玛发现啤酒和尿布之间的关系的呢？正是商家对超市一年多原始交易数据进行详细的分析，才发现了这对神奇的组合。

所以作为数据分析人员，一定要学会细致观察每一条数据，不放过任何一个细微的地方，才可从中找出有用的信息。

而对于 SEM 专员来说，SEM 数据分析则是从 SEM 的角度出发，有目的的从营销网站、SEM 账户等平台进行数据的收集，并加以整理、加工和分析，提炼出有价值的信息，对 SEM 优化进行指导的过程。

1.1.2　数据分析的作用

对数据进行分析，主要是为了提取有价值的信息，并对企业的生产营销工作进行指导，具体体现在现状分析、原因分析与预测分析三个方面。

1. 现状分析

现状分析，简单来说，就是告诉你过去发生了什么。具体体现在：

① 告诉你企业现阶段的整体运营情况，主要是通过各个经营指标的完成情况来衡量，用来说明企业整体运营是良好还是较差，好的值得继续的有哪些，差的需要修改的又是哪些。

② 告诉你企业各个业务的发展及构成情况，让你了解企业各业务的发展及变动情况，对企业运营情况有更深入的了解。

现状分析一般通过日常报表来完成，比如日报、周报、月报等日常报表形式。如表 1.1 所示。日常报表的制作过程将在第 6 章进行讲解。

表1.1 日报

日期	展现量	点击量	消费
12月19日	4929	135	856.92
12月20日	5053	144	842.96
12月21日	5138	139	805.14
12月22日	4488	108	848.22
12月23日	5181	160	1015.27
12月24日	4732	126	946.28
12月25日	4678	115	878.95
总计	34199	927	6193.74

2. 原因分析

原因分析，简单来说，就是告诉你为什么发生。具体体现如下。

经过第一阶段的现状分析，对企业的运营情况有了基本了解，但是不知道运营情况具体好在哪里、差在哪里，是什么原因引起的。这时就需要开展原因分析，以进一步确定运营状况变动的具体原因。作为 SEM 专员，每日都需查看搜索引擎竞价账户消费数据。如表 1.1 中所示，12 月 23 日的消费比 12 月 22 日的消费增加 167.05 元，是什么原因导致的呢？是各个推广计划的消费都增加，还是个别推广计划的消费增加？是总体点击量上升引起的？还是竞争对手恶意点击引起的呢？这就需要我们开展原因分析，进一步确定消费增加的具体原因，以便对 SEM 账户做出相应调整与优化。

3. 预测分析

预测分析，简单来说，就是告诉你将来发生什么。具体体现如下。

在了解企业的运营状况之后，还需要对企业的未来发展趋势作出预测，为制定企业运营目标及策略提供有效的参考决策依据，以保证企业可持续健康发展。

预测分析一般通过开展专题分析来完成，一般是在制定季度计划或者年度计划时应用。比如，对于 SEM 专员来说，一般在年初需要申请 SEM 账户费用，这时就需要分析往年不同的 SEM 账户数据，如百度 SEM 账户、360 SEM 账户、搜狗 SEM 账户等，然后预测未来一年的消费情况。

1.2 数据分析的步骤

经过前面的学习，我们已经了解了数据分析的重要性，下面介绍一个完整的数据分析过程，一般包括明确分析目的与框架、数据收集、数据处理、数据分析、数据展现与数据报告撰写 6 大步骤。

1.2.1　明确分析目的与框架

在大数据时代，每个人说过的每一句话，走过的每一条路，买过的每一件物品，甚至见过的每一个人，都是一条数据。对从事数据分析的人员来说，则需要从这些海量的数据中筛选出对自身企业有用的数据并加以利用。每一条数据针对的对象也有所不同，想要不做无用功，首先需要明确分析的目的与框架。具体对于 SEM 专员来说，也就是了解进行数据分析的目的是什么？是想增加营销网站的访问量？是想提高在线客服的咨询转化率？还是想降低 SEM 账户的消费？

不同的目的，数据分析人员所要做的数据分析工作也是有所不同的。如 SEM 账户最近一个月的消费较上月有所上升，SEM 专员则需要分析具体是哪个推广计划的消费有所上升，然后分析相应的点击量、平均点击价格、访问量等数据，而如果最近营销网站的某着陆页跳出率有所上升，我们还能分析消费、点击量等数据吗？这肯定是不行的，这时只能分析影响跳出率的相应数据指标，比如访问者对于产品的关注点是否发生了变化，着陆页的层级是否需要再加强等。

1.2.2　数据收集

数据收集是按照确定的数据分析计划和框架内容，有目的的收集、整合相关数据的一个过程，它是数据分析的一个基础。

SEM 的数据大体上可以分为 SEM 账户后台数据、咨询工具在线对话数据以及市场业务数据。SEM 专员在进行数据分析时，则要根据前期确定的数据分析目的和框架，来获取不同的数据。

1. SEM 账户后台数据

在 SEM 账户后台可以获取许多类型的数据报告，比如推广计划报告、推广单元报告、关键词报告、无效点击报告等，而其中关键词报告（如图 1.1 所示）基本涵盖了大部分的数据，所以每天（至少每周）在 SEM 账户后台下载和分析关键词报告是 SEM 专员的常规工作。对于 SEM 账户后台数据如何获取与导出，将在第 4 章进行详细讲解。

2. 咨询工具在线对话数据

目前常见的咨询工具主要有乐语、百度商桥（如图 1.2 所示）、商务通、live800、企业 QQ 等。咨询工具将在第 2 章进行详细的讲解。SEM 专员主要通过咨询工具获得访客 IP、来访次数，以及在线咨询数、在线客服的对话发起率等。比如某企业提高了 SEM 推广预算，SEM 专员则需考虑加大某个地域的投放，但到底该选择哪个地域呢？这时，就可以通过获得咨询工具在线对话数据，经过分析，从而得知哪个地域的访客质量较好，较容易形成转化，我们就可以选择在哪个地域加大投放。

时间	关键词/URL	推广单元	推广计划	展现	点击	消费	点击率	平均点击价格	网页转化	商桥转化	电话转化	平均排名
2016-08-24	[illegible]	[illegible]	[illegible]	13144	11	71.63	0.08%	6.51	0	0	0	2.71
2016-08-25	[illegible]	[illegible]	[illegible]	7392	2	19.23	0.03%	9.62	0	0	0	3.50
2016-08-25	[illegible]	[illegible]	[illegible]	6448	9	10.86	0.14%	1.21	0	0	0	3.50
2016-08-23	[illegible]	[illegible]	[illegible]	5823	11	101.66	0.19%	9.24	0	0	0	2.54
2016-08-25	[illegible]	[illegible]	[illegible]	4807	7	8.92	0.15%	1.27	0	0	0	3.00
2016-08-24	[illegible]	[illegible]	[illegible]	4499	3	4.30	0.07%	1.43	0	0	0	1.17
2016-08-24	[illegible]	[illegible]	[illegible]	3163	5	4.44	0.16%	0.89	0	0	0	2.88
2016-08-23	[illegible]	[illegible]	[illegible]	2772	3	3.65	0.11%	1.22	0	0	0	1.14
2016-08-24	[illegible]	[illegible]	[illegible]	2649	6	62.82	0.23%	10.47	0	0	0	3.00

图 1.1　关键词报告

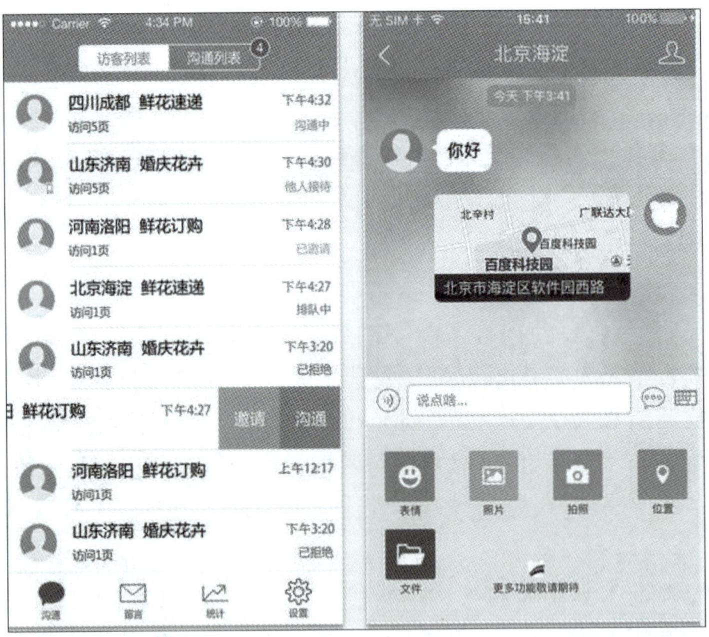

图 1.2　百度商桥

3. 市场业务数据

前期所有的数据收集都是为了最终的销售转化。所以想要进行数据收集，分析数据指导企业的决策发展，收集市场业务的转化数据才是重中之重。市场业务数据主要包括业务成交数，销售转化率，平均成交成本，销售额等。详细的数据指标解释，请参看 1.4.2 节内容。

1.2.3　数据处理

数据处理是指对收集到的数据进行加工、整理，以便开展数据分析，它是数据分析必不可少的阶段。这个过程是数据分析整个过程中最占用时间的。

1.2.4　数据分析

数据分析是指通过分析手段、方法和技巧对准备好的数据进行探索、分析，从中发现因果关系、内部联系和业务规律，为商业目标提供决策参考。

到了这个阶段，想要驾驭数据、开展数据分析，就要涉及工具和方法的使用。其一是要熟悉常规数据分析方法，最基本的要了解如对比、分组、结构、平均、交叉、时间序列等多种数据分析方法的原理、使用范围、优缺点和结果的解释。其二是熟悉数据分析工具，Excel 最常见，一般的数据分析都可以通过 Excel 完成。Excel 相关的技巧与公式将在第 3 章进行讲解。其三是要熟悉一个专业的分析软件。现在国内常见的专业数据分析软件有 SPSS、Stata、Matlab 等，因本书主要是从 SEM 角度来讲解数据分析，因此只讲解 Excel 相关的内容，如有读者对数据分析软件感兴趣，则可自行搜索学习。

1.2.5　数据展现

一般情况下，数据分析的结果都是采用图文并茂的形式进行呈现，一般包括图和表两种形式，其中，图能更直观地表达想要呈现的信息、观点等。

常用的图表包括饼图、折线图、柱形图、散点图、雷达图、金字塔图、矩阵图、漏斗图、帕雷托图等。如图 1.3 所示，就是用柱形图呈现的 2012 年至 2016 年产值与利税的变化趋势。

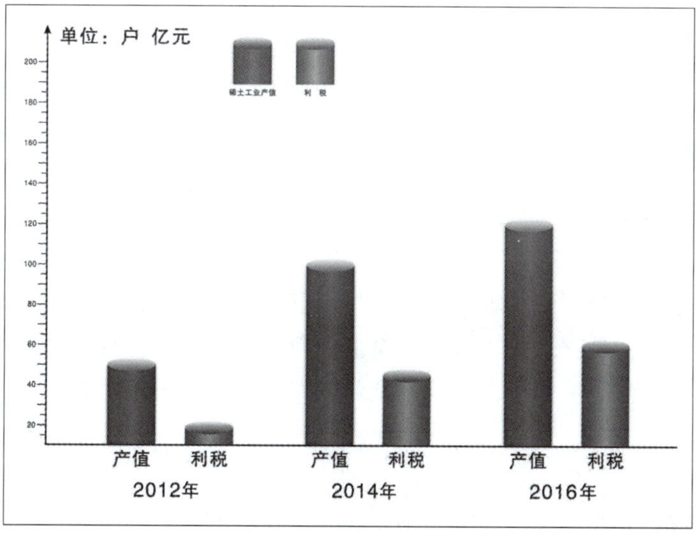

图 1.3　柱形图

1.2.6 数据报告撰写

最后阶段，就是撰写数据分析报告，这是对整个数据分析成果的一个呈现。通过数据分析报告，把数据分析的目的、过程、结果及方案完整呈现出来，为商业目的提供参考。

一份完整的数据报告，一般包括标题、目录、前言、正文、结论与附录 6 个方面的内容。

1. 标题

标题，是首先映入眼帘的。所以撰写一个醒目且点明主旨的标题，是撰写数据报告最基本的。常见的标题类型有以下几种：

- 解释基本观点：如《不可忽视的长尾关键词》
- 概括主要内容：如《2016 年网站数量同比增加 30%》
- 交代分析主题：如《2016 年 SEM 推广效果分析报告》
- 提出问题：如《跳出率为什么居高不下》

当然，标题类型还有许多种，但是无论采用哪一种，都不能玩寻宝游戏，都要遵循在撰写时需要点明主题的原则，让看数据报告的人能直截了当地明白报告内容。

2. 目录

目录，在制作时，需体现出报告的分析思路，但又不可过于详细。一般在数据分析报告中以大纲的形式体现。

3. 前言

前言，则可从 3 个方面进行概括。

第一方面，从背景上，需写明为什么要开展此次分析？有何意义？

第二方面，从目的上，需写明通过此次分析要解决什么问题？达到何种目的？

第三方面，从思路上，需写明如何开展此次分析？主要通过哪几个方面开展？

4. 正文

正文，是数据分析报告的主体部分。篇幅也是最长的。一个完整且较好的正文，需要结构清晰、图文并茂，能够让阅读者一目了然。结构清晰，可以使阅读者正确理解报告内容；图文并茂，可以令数据更加生动活泼，提高视觉冲击力，有助于阅读者更形象、直观地看清楚问题和结论，从而进行思考。

5. 结论

结论，一般包括两方面内容。一是要指出问题所在，二是要得出解决思路。因为撰写数据分析报告的初衷就是为了解决一个商业目的才进行的，如果只是单纯地指出数据的问题所在，而没有解决方案，则称不上是一个好的数据分析报告，同时也失去了报告的意义。

6. 附录

附录，是数据分析报告的补充，不是必须存在的部分。

1.3 常用的数据分析方法

在前面的内容中，我们了解到数据分析主要有现状分析、原因分析和预测分析三大作用，那这三大作用应该通过什么样的分析方法来实现呢？这三大作用分别对应对比、细分、预测 3 类基本方法，详情见表 1.2。

表1.2　数据分析方法

数据分析作用	基本方法	数据分析方法
现状分析	对比	对比分析 平均分析 综合评价分析 ……
原因分析	细分	分组分析 结构分析 交叉分析 漏斗图分析 聚类分析 ……
预测分析	预测	回归分析 时间分析 决策树 神经网络 ……

针对不同的数据分析作用，有不同的数据分析方法，这主要是统计学的内容。我们这里主要从 SEM 的角度出发，来了解与 SEM 推广相关的数据分析方法，主要有：对比分析法、平均分析法、分组分析法、交叉分析法。

1.3.1 对比分析法

对比分析法，是数据分析的基本方法之一，也是应用最广泛的数据分析方法。对比分析法，是指将两个或两个以上的数据进行比较，分析它们的差异，从而揭示这些数据所代表的事物的发展变化情况和规律性。

对比分析法的特点是可以非常直观地看出事物某方面的变化或差距，并且可以准确、量化地表示出这种变化或差距是多少。

对比分析法可分为静态比较和动态比较两类。

- 静态比较是在同一时间条件下对不同总量指标的比较，如不同地域、不同月份的比较，也叫横向比较，简称横比。

➢ 动态比较是在同一总体条件下对不同时期指标数值的比较，也叫纵向比较，简称纵比。

这两种方法既可单独使用，也可结合使用。进行对比分析时，可以单独使用总量指标、相对指标或平均指标，也可将它们结合起来进行对比。比较的结果可用相对数表示，如百分数、倍数等指标。

目前对比分析常用的维度有以下几个：

➢ 与目标对比。实际完成值与目标进行对比，属于横比。例如 SEM 推广企业在每年年初都会制订 SEM 推广计划，所以首先可将目前的业绩与全年的业绩目标进行对比，看是否完成目标。

➢ 不同时期对比。选择不同时期的指标数值作为对比标准，属于纵比。与去年同期对比简称同比，与上个月完成情况对比简称环比。通过对比自身在不同时间点上的完成情况，就可知道自身是进步还是退步。图 1.4 所示是 SEM 账户中的账户报告。

数据报告　重置工具　最小化

时间	账户	展现量	点击量	消费	点击率	平均点击价格	转化(网页)	转化(商桥)
2014-04-18		5470	625	3156.06	11.43%	5.05	0	69
2014-04-19		5003	638	3161.73	12.75%	4.96	0	64
2014-04-20		5111	605	2945.76	11.84%	4.87	0	50
2014-04-21		5920	746	3637.50	12.60%	4.88	0	64
2014-04-22		5792	657	3209.30	11.34%	4.88	0	57
2014-04-23		5120	630	3044.28	12.30%	4.83	0	32
2014-04-24		5314	658	3228.94	12.38%	4.91	0	65
合计								
计算机		26077	1953	11773.95	7.49%	6.03	0	166
移动设备		11653	2606	10609.62	22.36%	4.07	0	235
合计		37730	4559	22383.57	12.08%	4.91	0	401

图 1.4　账户报告

➢ 同级部门、单位、地区对比。与同级部门、单位、地区进行对比，属于横比。这样可了解自身某一方面或各方面的发展水平在公司、集团内部或各地区处于什么样的位置，明确哪些指标是领先的，哪些指标是落后的，进而找出下一步发展的方向和目标。

➢ 行业内对比。与行业中的标杆企业、竞争对手或行业的平均水平进行对比，属于横比。同样我们也可了解自身某一方面或各方面的发展水平在行业内处于什么样的位置，明确哪些指标是领先的，哪些指标是落后的，进而找出未来发展的方向和目标。

➢ 活动效果对比。对某项营销活动开展前后进行对比，属于纵比。做这样的比较可以分析营销活动开展得是否有效果，效果是否明显；还可对企业投放广告的前后业务状况进行对比分析，了解投放的广告是否有效果，如品牌知名度是否有提升、产品销量是否有大幅增长等。

对比分析的维度并不限于以上 5 种，这里只是列出常用的 5 种维度，当然还有其他维度，可根据自己的实际情况采用不同的维度进行对比分析。

进行对比分析时还要考虑以下几个因素。

- 指标的口径范围、计算方法、计量单位必须一致，即要用同一种单位或标准去衡量。如果各指标的口径范围不一致，必须进行调整之后才能进行对比。没有统一的标准，就无法比较。例如 SEM 账户报告中既有推广计划报告，也有推广单元报告，但层级不同，不可直接进行对比。
- 对比的对象要有可比性。例如某公司有两个 SEM 推广账户，A 账户的推广地域主要是在北上广深一线城市，B 账户的推广地域主要是在云南、贵州、西藏等偏远地区，因地域差异性较大，那就不能拿这两个账户的消费情况进行对比。总之对比对象之间相似之处越多，可比性就越强。因此，我们在选择和确定对比对象时，一定要分析它们是否具有对比的意义。
- 对比的指标类型必须一致。无论绝对数指标、相对数指标，还是其他不同类型的指标，在进行对比时，双方必须统一。例如 SEM 账户中的展现量、点击率是属于不同类型的数据指标，则无法进行对比。

1.3.2　平均分析法

平均分析法，也是应用较广泛的数据分析方法。是指运用计算平均数的方法来反映总体在一定时间、地点条件下某一数量特征的一般水平。

平均分析法的主要作用有：

- 利用平均指标对比同类现象在不同地区、不同行业、不同类型单位等之间的差异程度，比用总量指标对比更具有说服力。
- 利用平均指标对比某些现象在不同历史时期的变化，更能说明其发展趋势和规律。

平均指标有算术平均数、调和平均数、几何平均数、众数和中位数等。算术平均数 = 总体各单位数值的总和 / 总体单位个数。

在 SEM 数据分析中，也经常用到平均分析法。如计算某公司 SEM 账户每月搜索推广平均消费数，如表 1.3 所示。

表1.3　搜索推广消费数据　　单位：元

月份	消费
1月	12453
2月	10256
3月	12458
4月	15632
5月	17581

续表

月份	消费
6月	16578
7月	18452
8月	14521
9月	13598
10月	17563
11月	16152
12月	13275
平均	14877

从表中我们可以看出，虽然每月的消费数值有所差别，但平均为 14877 元。计算平均数便于 SEM 专员预测未来一年的消费费用，以制订相应计划。

1.3.3 分组分析法

数据分析不仅要对总体的数量特征和数量关系进行分析，还要深入总体内部进行分组分析。分组分析法是一种重要的数据分析方法，这种方法是根据数据分析对象的特征，按照一定的标志（指标），把数据分析对象划分为不同的部分和类型来进行研究，以揭示其内在的联系和规律性。

分组的目的就是为了进行组间对比，把总体中具有不同性质的对象区分开，把性质相同的对象合并在一起，保持各组内对象属性的一致性、组与组之间属性的差异性，以便进一步运用各种数据分析方法来解析内在的数量关系，因此分组分析法必须与对比分析法结合运用。

分组分析法的关键在于确定组数与组距。在数据分组中，各组之间的取值界限称为组限，一个组的最小值称为下限，最大值称为上限；上限与下限的差值称为组距；上限值与下限值的平均数称为组中值，它是一组变量值的代表值。

1.3.4 交叉分析法

交叉分析法，通常用于分析两个变量（字段）之间的关系，即同时将两个有一定联系的变量及其值交叉排列在一张表格内，使各变量值成为不同变量的交叉结点，形成交叉表，从而分析交叉表中变量之间的关系，也叫交叉表分析法。

交叉分析法，在 SEM 数据分析中也是较常用的一种分析方法。

【案例】

计算图 1.5 所示 SEM 推广数据中，2016 年 5 月 1 日至 7 日不同产品线的消费。

	A	B	C	D	E
1	日期	产品线	展现	点击	消费
2	2016/5/1	搜索推广	2605	405	2012.67
3	2016/5/1	网盟推广	58013	89	182.88
4	2016/5/1	移动网盟推广	284558	941	94.1
5	2016/5/1	知识推广	48	9	95.54
6	2016/5/2	搜索推广	3327	435	1520.13
7	2016/5/2	网盟推广	65328	111	226.29
8	2016/5/2	移动网盟推广	353374	945	94.5
9	2016/5/2	知识推广	40	10	95.54
10	2016/5/3	搜索推广	3725	499	1549.83
11	2016/5/3	网盟推广	63189	65	129.15
12	2016/5/3	移动网盟推广	307034	935	93.5
13	2016/5/3	知识推广	40	17	95.54
14	2016/5/4	搜索推广	5017	691	3420.21
15	2016/5/4	网盟推广	47653	57	122.06
16	2016/5/4	移动网盟推广	381689	945	94.5
17	2016/5/4	知识推广	76	8	95.54
18	2016/5/5	搜索推广	5366	595	2997.02
19	2016/5/5	网盟推广	39577	43	96.61
20	2016/5/5	移动网盟推广	338100	945	94.5
21	2016/5/5	知识推广	74	18	95.54
22	2016/5/6	搜索推广	4809	458	2034.95
23	2016/5/6	网盟推广	35830	43	90.08
24	2016/5/6	移动网盟推广	266431	936	94.4
25	2016/5/6	知识推广	63	9	95.54
26	2016/5/7	搜索推广	5058	437	1510.5
27	2016/5/7	网盟推广	46089	52	106.88
28	2016/5/7	移动网盟推广	256252	940	94
29	2016/5/7	知识推广	66	13	95.54

图 1.5　SEM 推广数据

因产品线和消费既不同列也不同行，这时就需要通过交叉分析法来实现。实现的方式是通过数据透视表（在本书第 5 章有数据透视表制作与应用的具体讲解），这里只看结果，不做过多赘述。

通过制作数据透视表，我们得出 2016 年 5 月 1 日至 7 日不同产品线的消费情况，如图 1.6 所示。

求和项:消费	产品线				
日期	搜索推广	网盟推广	移动网盟推广	知识推广	总计
2016/5/1	2012.67	182.88	94.1	95.54	2385.19
2016/5/2	1520.13	226.29	94.5	95.54	1936.46
2016/5/3	1549.83	129.15	93.5	95.54	1868.02
2016/5/4	3420.21	122.06	94.5	95.54	3732.31
2016/5/5	2997.02	96.61	94.5	95.54	3283.67
2016/5/6	2034.95	90.08	94.4	95.54	2314.97
2016/5/7	1510.5	106.88	94	95.54	1806.92
总计	15045.31	953.95	659.5	668.78	17327.54

图 1.6　不同产品线的消费

通过交叉表分析，可以看到：

行小计——不同日期所有产品线的消费情况，如 5 月 1 日不同产品线消费总数为 2385.19 元；

列小计——所有日期不同产品线的消费情况，如 5 月 1 日至 7 日搜索推广的消费总数为 15045.31 元；

各交叉结点值——不同日期不同产品线的消费情况，如 5 月 3 日网盟推广消费为 129.15 元；

总计——所有日期所有产品线的消费情况，为 17327.54 元。

1.4 SEM 数据分析常用术语与数据指标

在进行 SEM 数据分析时，常常要用到一些术语和数据指标，作为 SEM 专员，要了解其基本意义及其应用场景。

1.4.1 常用术语

常用的术语主要有 IP、UV、PV 等。

IP，是指当天记录的唯一的 IP 数，一般以 IP 地址来统计。具体到 SEM 推广来说，主要是用来判断该 IP 是不是存在无效点击。

UV，即 Unique Visitor，访问网站的一台计算机客户端为一个访客。00:00 ～ 24:00 内相同的客户端只被计算一次。是指当天有多少台计算机访问，一般以 cookie 来统计。

PV，即 Page View，即页面浏览量或点击量，用户每次刷新即被计算一次。是指同一个 IP 地址被不同的计算机访问过的数量。PV 主要用来判断网站访问深度，以及访客的质量。

那么 IP、UV、PV 究竟怎么区分呢？

举个例子来说，在北京某大学的一个宿舍里，今天有 3 个人用共享 IP 地址上网，且都访问了 A 网站，每个人浏览了 10 个不同页面。那对于 A 网站来说，则今天有 1 个 IP 数，3 个 UV 数，30 个 PV 数。

平均访问时长的时间长短是网站分析的一个重要指标，通常用于评估网站的用户体验，可以用于指导网站以及页面的改善。平均访问时长越长，说明网站或页面对用户的吸引力越强，能带给用户的有用信息越多，用户越喜爱。反之，对用户的吸引力越差，可用的有用信息越少，也说明网站需要优化或添加有用信息了。

1.4.2 数据指标

对于 SEM 数据分析来说，常用的数据指标是搜索引擎推广漏斗模型（见图 1.7）中的数据以及其他的一些数据指标。

图 1.7 搜索引擎推广漏斗模型

1. 搜索引擎推广漏斗模型数据指标

搜索引擎推广漏斗模型主要有展现量、点击量、访问量、咨询量和转化量 5 个数据指标。

展现量：在用户搜索查询时，如果账户内符

合用户搜索需求的关键词被触发，该关键词所对应的创意将出现在搜索结果页，称之为关键词和创意的一次展现。一段时间内获得的展现次数称之为“展现量”(简称“展现”)。

点击量：在企业的推广结果展现时，如果用户对推广结果感兴趣，希望进一步了解企业的产品 / 服务，可能会点击访问企业的网站。一段时间内推广结果获得的点击次数称之为“点击量”（简称“点击”）。

点击率也是 SEM 专员常常用到的数据指标。点击率的计算公式为：点击率 = 点击量 / 展现量。当点击率过低时首先要检查是否是账户出问题，如账户质量过低，有可能是关键词创意无法吸引用户点击或是排名太靠后，这时可以尝试重新修改创意或出价。

访问量：如果企业的推广链接无误，用户通过点击推广结果，则会到达企业的推广网站。此时产生的数据则称之为“访问量”。网站访问量是指网站流量（traffic），是用来描述访问一个网站的用户数量以及用户所浏览的网页数量等指标，常用的统计指标包括网站的独立用户数量、总用户数量（含重复访问者）、网页浏览数量、每个用户的页面浏览数量、用户在网站的平均停留时间等。

咨询量：如果用户对网站内展现的内容感兴趣，则会咨询在线客服人员，其产生的咨询数量则称之为“咨询量”。咨询量反映了用户对于产品 / 服务的关注度，以及在线客服人员的工作情况。

转化量，则代表着最终的转化，是衡量 SEM 推广好坏的最终标准。

转化率的计算公式为：转化率 = 转化量 / 点击量。当转化率过低时要考虑几个因素。首先查看关键词是否符合受众人群搜索习惯和是否够精准，或是推广页面是否够吸引人。分析时可以结合页面访问时长和页面跳出率等其他推广数据，然后根据分析结果做出相应的优化调整。

2. 其他数据指标

除了搜索引擎漏斗模型中常用的这 5 个数据指标之外，还有其他一些常用的数据指标：

网站抵达率 = 访问量 / 点击量。抵达率低说明你的网站体验不好，网站链接可能出现了问题，造成了无法访问或者访问速度慢的问题。如果抵达率偏低，可以考虑三方面原因：一、创意与推广页面主题相关性不大，可通过修改相应创意或落地页 URL 改善；二、落地页 URL 打不开或者打开速度太慢，可查看推广 URL 速度报告解决；三、推广页面用户体验欠佳。

网站跳出率：指某个时间段内，只浏览了一页即离开网站的访问次数占总访问次数的比例。对于某页面的跳出率算法：从这个页面进入网站没有再点击其他页面即离开的次数 / 所有进入这个页面的次数。对于整个网站跳出率的算法：只浏览一个页面即离开的访问次数 / 进入网站的总次数。网站跳出率是评价一个网站性能的重要指标，跳出率高，说明网站用户体验做得不好，用户进去就跳出去了，反之如果跳出率较低，说明网站用户体验做得不错，用户能够找到自己需要的内容。而且以后他可能还会再来光顾你的网站，提高了用户黏性。慢慢地就可以积累大量的网站用户。

优化方法：网站跳出率高低决定了这个网站的用户黏性如何，在搜索引擎优化中，把网站跳出率作为相对重要的考核标准之一。网站跳出率的优化方式：提升网站的访问速度；关注浏览器的兼容性；网站导航加搜索；增加相关性强的内容；巧妙的锚文本。

平均点击价格计算公式为：消费 / 点击量，它的调整可以更好地控制推广成本。

ROI（return on investment），即投资回报率，等于利润 / 投入的百分比。

本章总结

- 数据分析的定义及其三大作用：现状分析、原因分析、预测分析。
- 数据分析的六大步骤：明确分析目的与框架、数据收集、数据处理、数据分析、数据展现和撰写数据报告。
- SEM 数据分析常用的分析方法：对比分析法、平均分析法、分组分析法、交叉分析法。
- SEM 数据分析常用术语以及数据指标：IP、PV、UV、展现量、点击量、访问量、转化量、ROI 等。

本章作业

1. 简述数据分析的三大作用。
2. 详细介绍数据分析的六大步骤。
3. 简述对比分析法、平均分析法、分组分析法、交叉分析法，并举例说明。
4. 简述 SEM 数据分析常用术语以及数据指标。
5. 登录课工场，按要求完成预习作业。

第 2 章

SEM 在线客服系统介绍

技能目标

❖ 掌握 SEM 行业中各种在线客服系统的使用技巧
❖ 能够从在线客服系统熟练导出各种数据报表
❖ 熟练掌握在线客服系统功能分布与设置

本章导读

随着互联网的发展，以及互联网营销模式重要性的凸显，在线客服系统已成为互联网营销的重要工具之一，也成为提升企业网站形象、加强企业与访客互动的必备工具。目前市面上主流的咨询工具有商务通、乐语、53kf、live800、百度商桥等。因为在线咨询工具之间存在着较大的共性，所以本章主要介绍商务通的安装、各咨询工具提供的数据和咨询工具对比选择等。工欲善其事，必先利其器。强大的工具与熟练的使用是提高工作效率的关键。

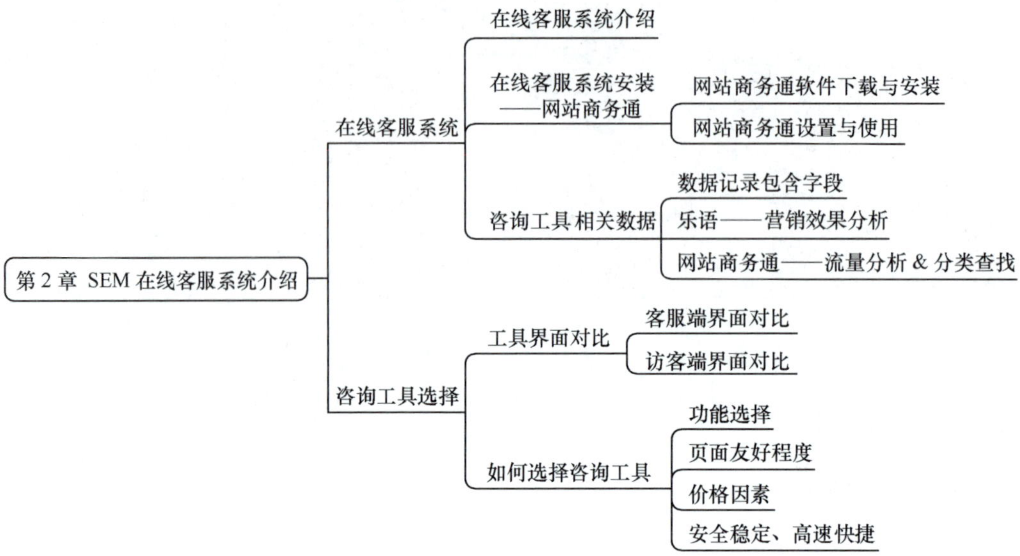

2.1 在线客服系统

在线客服系统经过近几年的发展，已经成为服务网站客户、辅助网站销售不可缺少的工具。在线客服系统除了具备实时的网页聊天功能，还兼具对话框主动邀请访客聊天、文件对传等功能，方便网站客服人员与在线访客沟通，变流量为销量，抓住每一个潜在客户。

2.1.1 在线客服系统介绍

在线客服系统一般是基于网页的，网站访客不需要安装任何软件，在浏览器窗口就可以进行实时交谈。

首先，网站在线客服系统作为企业网站的客服和主动营销工具，必须具有主动营销、客服支持及客户关系管理方面的功能。结合各类统计数据及历史资料，可以使企业针对每一位网站页面的访客建立档案，以便提供个性化服务，达到变访客为客户的营销目的，使公司形象更为专业化。

其次，为了避免客户因员工离开而流失，必须完整地保留员工与客户的交谈内容，以便能保持与客户的联系。

再次，功能完善的网站在线客服系统还必须能够实时监控网站访问者的一切，包括访问者通过哪种途径来到网站，正在访问网站的哪个页面，停留了多久，这些对于互联网营销都是必不可少的。

最后，在线客服系统还必须具有员工绩效管理的功能，只有这样才能更好地对员工进行系统的管理。

2.1.2　在线客服系统安装——网站商务通

在线客服系统具有较大的共性，安装步骤基本相同，本节以网站商务通为例，来讲解安装过程。网站商务通是一款专业的在线客服系统，可以像雷达一样对网站进行实时的监控，有效把握访客的来源地址、搜索关键词、正在访问的页面等，广告投放情况更是一目了然。同时网站商务通在线客服系统可以为正在访问的访客和客服建立快速沟通的桥梁，有效提升成交率。网站商务通经过十余年的打磨，已成为一款高效率、高性价比的在线客服系统。

1. 网站商务通软件下载安装

主要包括软件安装、软件设置与代码部署两步。

（1）软件安装

进入网站商务通官方网站，下载网站商务通安装包。

第一步：若计算机上已经安装了 .NET Framework 2.0，此步骤可忽略。

第二步：下载网站商务通客服端程序。目前提供了三种版本的安装程序，分别是 Windows 桌面端下载、iPhone/iPad 版、Android 版，如图 2.1 所示。可分别在 PC、iPhone 手机、iPad 和安卓系统手机上使用，做到了 PC/ 移动全面覆盖。

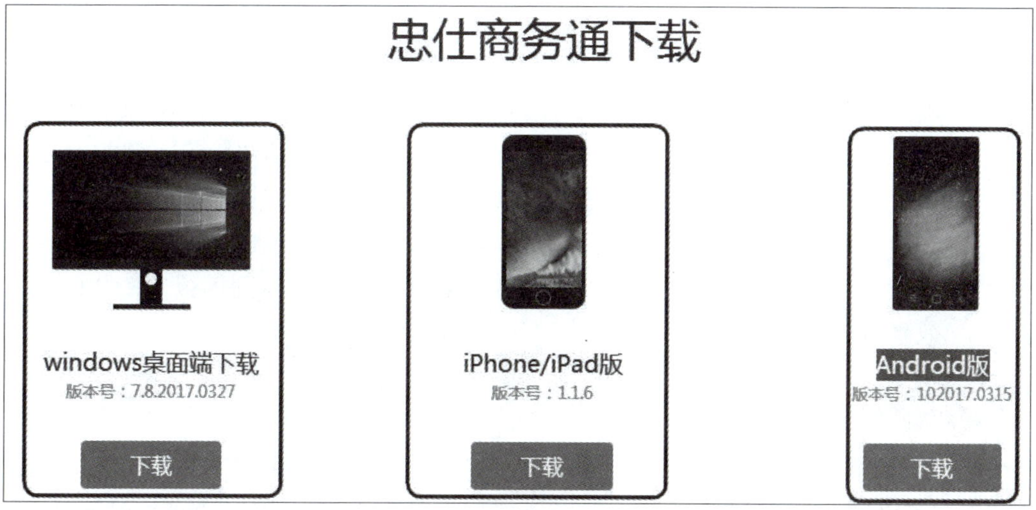

图 2.1　网站商务通下载安装界面

第三步：按照软件提示完成安装即可。

（2）软件设置与代码部署

软件安装好以后，打开软件，输入网站商务通客服提供的账号和密码登录。首次登录是以管理员身份登录，需修改管理员密码。密码修改完之后要对软件进行初步设置，网站商务通软件方可正常使用。

- 绑定域名，需输入网站域名的根域，例如 www.aaa.com，只需要输入 aaa.com 即可；多个域名之间请以“|”隔开。已经被其他站点报备的域名将无法绑定，如图 2.2 所示。

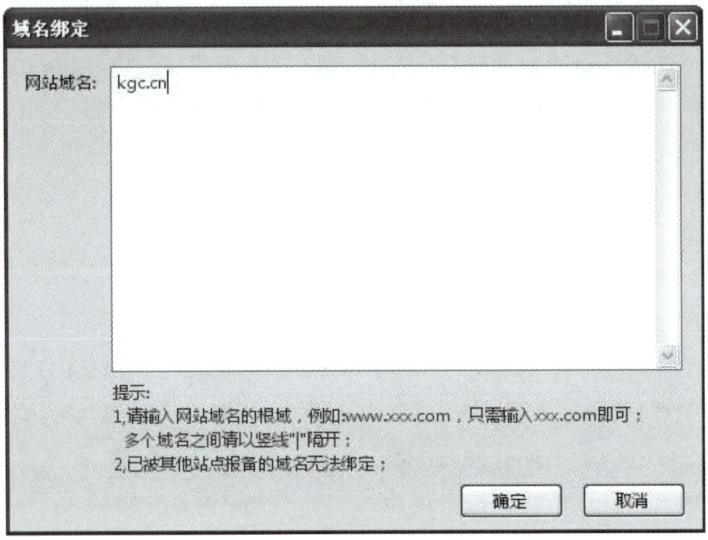

图 2.2　域名绑定

- 生成网页代码，以管理员身份登录后，在主面板顶部依次点击“系统设置→生成网页代码”，弹出“生成网页代码”窗口，默认显示常用的“默认代码”选项卡，如图 2.3 所示。选择需要使用的功能，如显示浮动图标、进行自动邀请、显示固定图标入口等。选择好功能后，点击“复制代码”按钮，并把代码嵌入到网页源代码的最后面。如果是第一次安装，不知道具体功能的使用情况，可以点击“预览效果”按钮进行预览，在页面上就可以看到模拟安装代码后的效果。

注意

网站商务通需要在 .NET Framework 的环境下运行，另外 Windows XP 系统的计算机必须安装 .NET Framework 2.0 版本，安装高版本的 NET Framework 将无法正常运行。

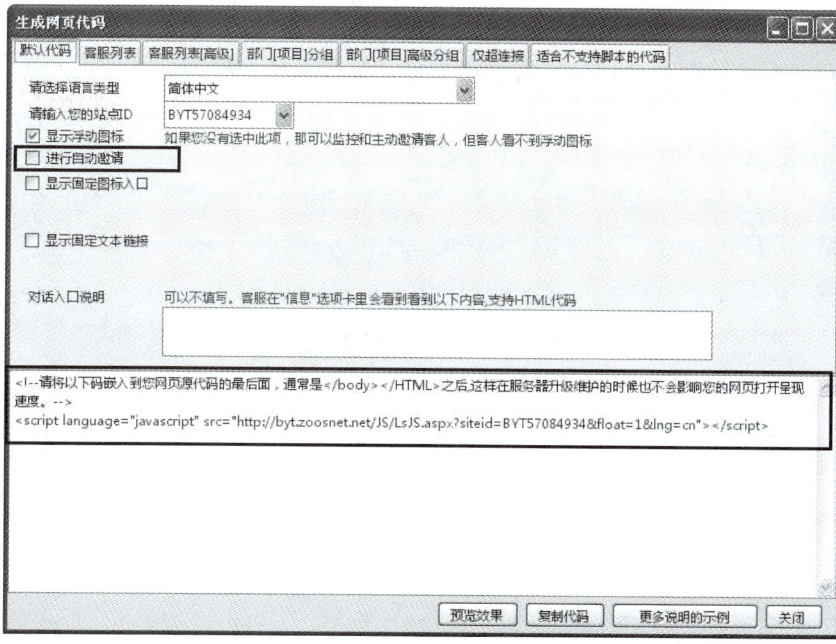

图 2.3　生成页面代码

2. 网站商务通设置与使用

将网站商务通代码部署到网站之后，可以通过网站商务通软件查看到目前网站上访客的行为（访客的进入页面、开始访问时间、页面停留时间、访客 IP 等一系列信息），如图 2.4 所示，如果要发挥软件的最大功效，促成转化，还需要对网站商务通软件进行相应的设置。

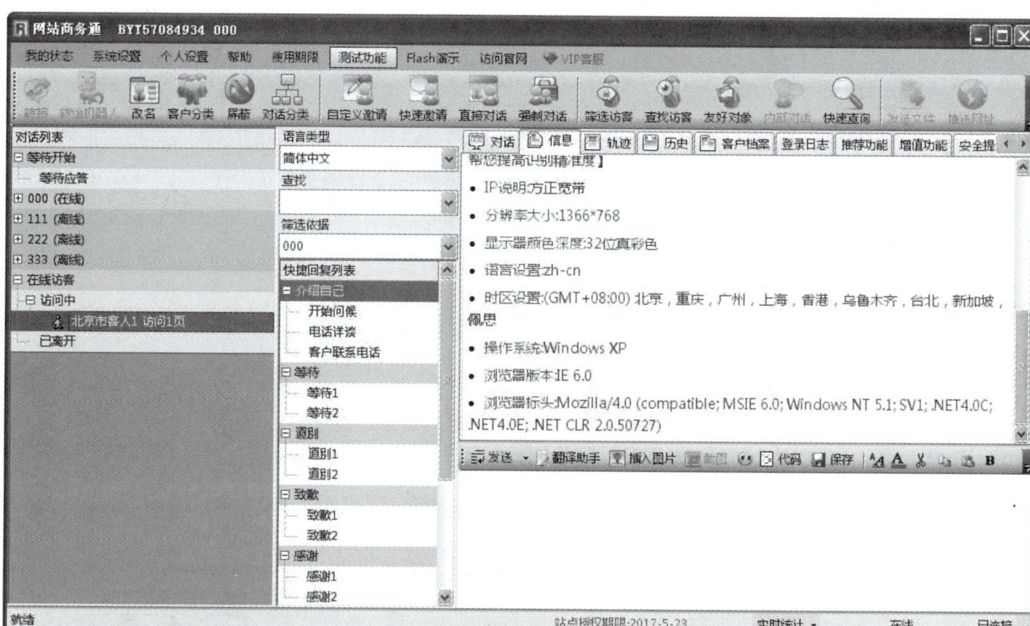

图 2.4　商务通主界面

（1）开场白设置

开场白能够让访客在对话开始之前就了解到公司的业务情况、服务时间或联系电话等基本信息，可以把想让访客第一时间了解到的信息编辑到自定义开场白中。

在“系统设置”菜单中选择“参数设置”命令，如图 2.5 所示。打开“参数设置”窗口，选择“PC 对话窗口”下面的“标准窗口”，有两处开场白可以编辑。开场白内容可以选择品牌优势、主营产品、服务时间等优先级最高的内容，如图 2.6 所示。当有访客进入网站，并且接受我们的对话邀请时，在对话窗口中就会显示我们的开场白内容，如图 2.7 所示。

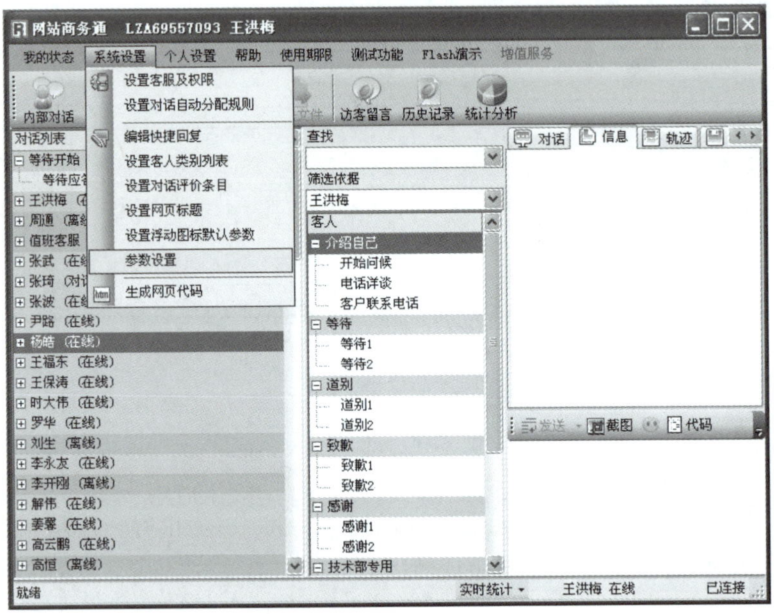

图 2.5　参数设置

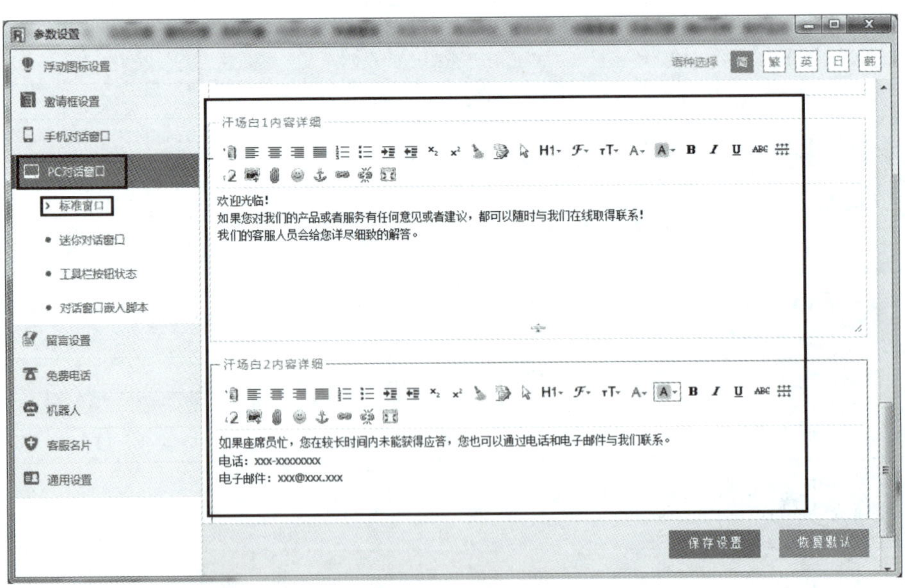

图 2.6　开场白设置

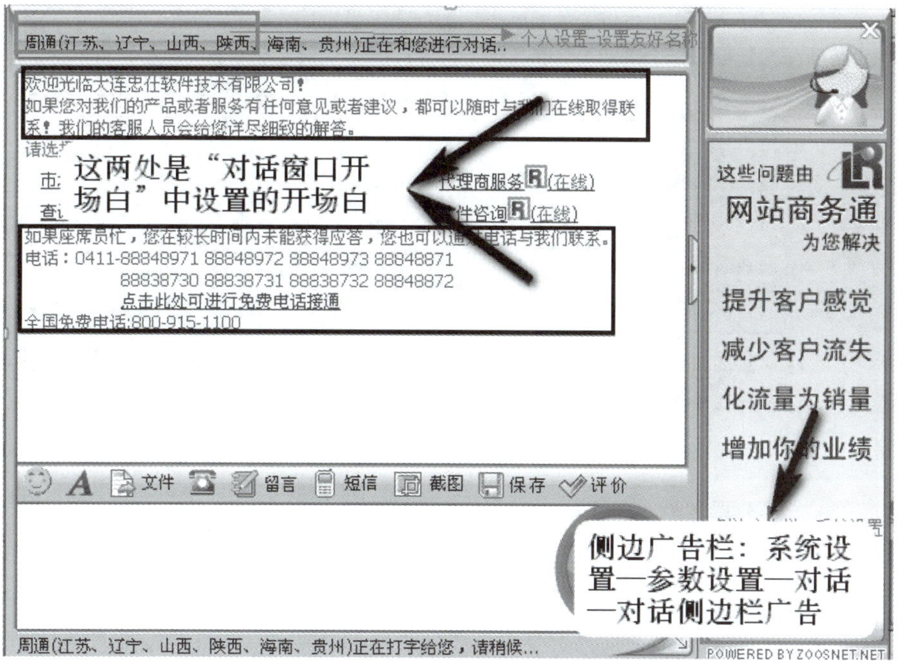

图 2.7　开场白效果

（2）自动应答设置

自动应答功能可以在访客进入对话的第一时间就自动发送一条友好的问候信息给访客。通过自动应答可以让访客感觉到高效优质的服务，同时也为客服人员免去了一些重复性操作，节省了时间，真正意义上提高了客服人员的接待效率。

在“个人设置”菜单中选择“自动应答”命令，如图 2.8 所示，打开“自动应答”窗口，可对自动应答答复内容进行自定义设置。自动应答的内容是问候性的话语，可让访客感到对话环境很舒适，这样做对于后期的深度沟通能起到很大的铺垫作用，如图 2.9 所示。设置完成后，访客方的对话窗口就会显示自动应答的内容，如图 2.10 所示。

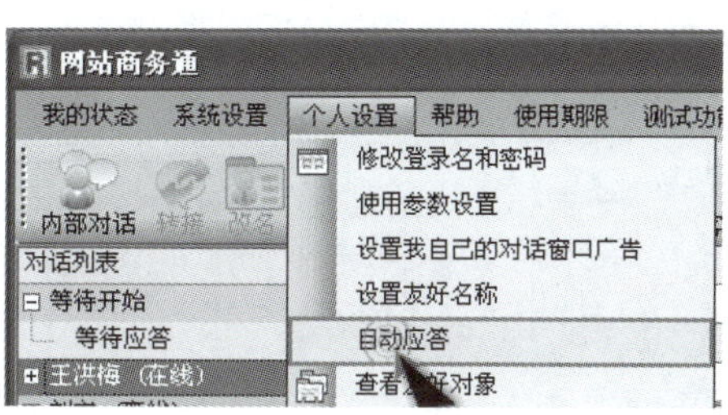

图 2.8　自动应答

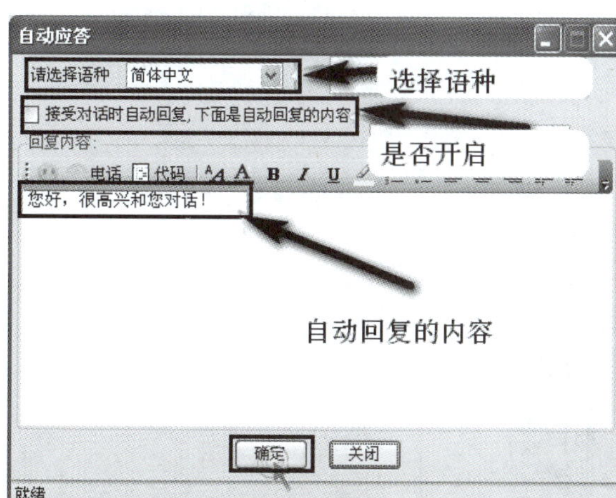

图 2.9　自动应答设置窗口

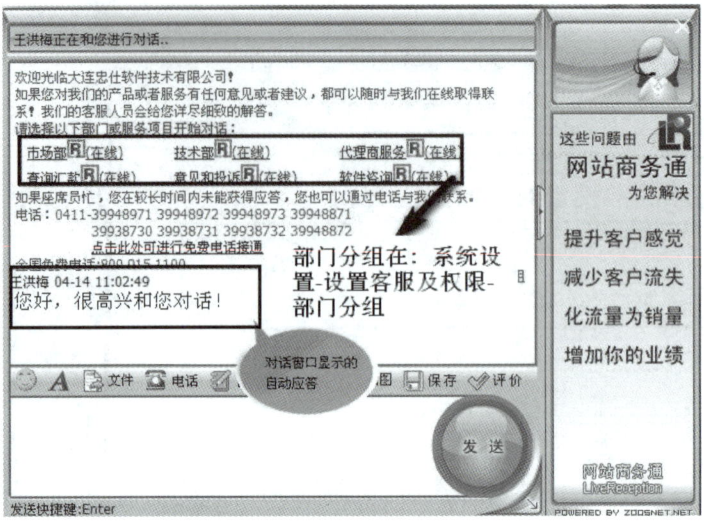

图 2.10　自动应答展示

（3）快捷回复设置

访客在咨询过程中会提出各种各样的问题，但大多数集中在产品亮点、产品价格、产品使用等方面，如果每次回复都手动输入，效率比较低。快捷回复可以帮助客服快速提升对话效率，实现一对多沟通。通过查找某个“关键词”可以查找需要使用的快捷回复，也可以在筛选依据的位置选择其他客服的快捷回复，如图 2.11 所示，“快捷回复列表”中是网站商务通软件预置的快捷回复内容。

在“系统设置”菜单中选择“编辑快捷回复”命令，如图 2.12 所示，可以修改系统预置内容，也可以新建快捷回复。把事先准备的营销亮点作为快捷回复内容来添加。目录是高级别的层级，一个目录下是一类回复，图 2.13 中的“介绍自己”就是一个目录，这个目录下包含 3 个回复。

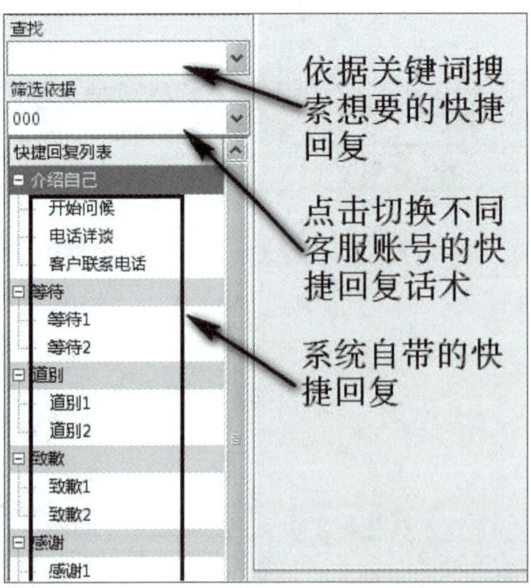

图 2.11　快捷回复设置

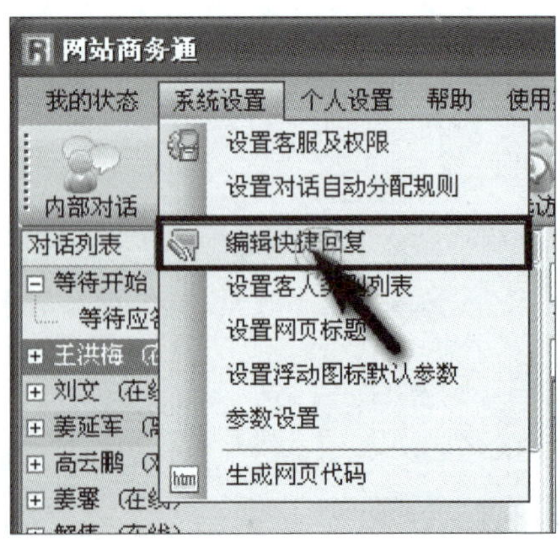

图 2.12　编辑快捷回复

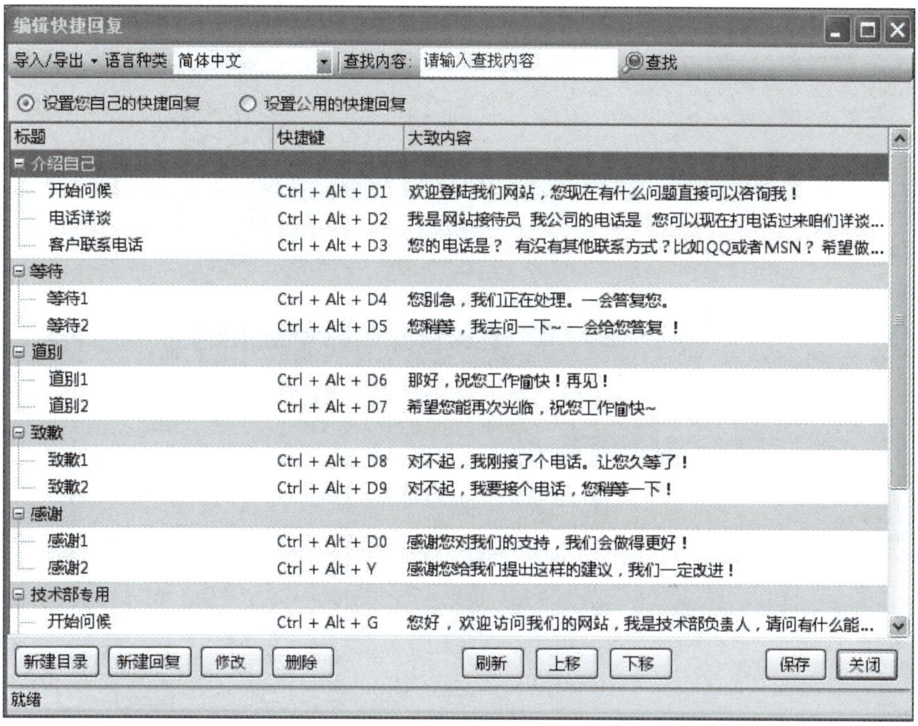

图 2.13　快捷回复编辑窗口

（4）自动分配设置

在访客进入网站之后，网站代码和网站商务通代码会先后加载，一旦网站商务通代码加载完毕，访客就会出现在网站商务通的访客列表中，如图 2.14 所示。

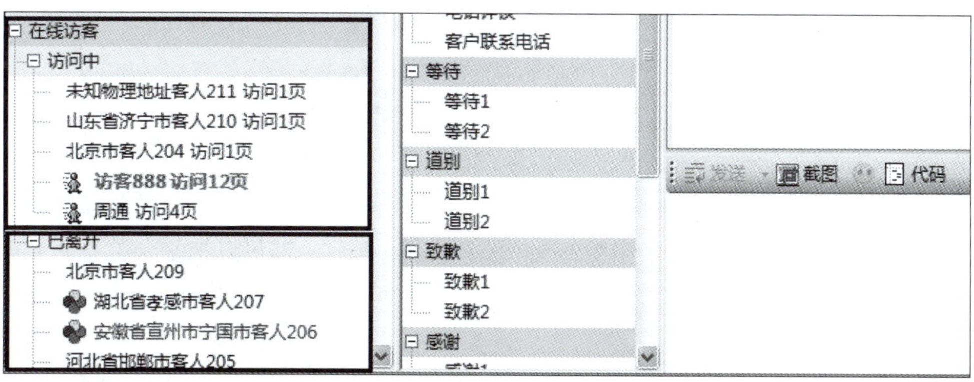

图 2.14　访客列表

可以看到当前在网站上浏览的访客有 5 个，如果客服想要和访客进行沟通，需要邀请访客进行对话，访客接受对话后，对话建立。但是在线访客非常多时，使用手动邀请就显得非常麻烦。自动分配系统可以根据设定的规则自动为客服分配咨询访客，不用手动去接待咨询访客，大大提升客服接待效率，具体设置步骤为选择“系统设置→设置对话自动分配规则”命令。首先是设置能同时接待的最大对话数量，根据客服的对话能力、打字速度等因素给客服设定最大的对话数量。对于工作能力强的客服可以多设置，反之亦然。对于工作散漫、责任心不强的客服可以选择设置“永远不要对此客服进行自动分配”。其次是设置自动分配给上次接待的客服人员，因为已经接待过一次，所以对于该访客的情况比较熟悉，便于沟通和转化（避免重复嘘寒问暖、重复索要信息），如图 2.15 所示。

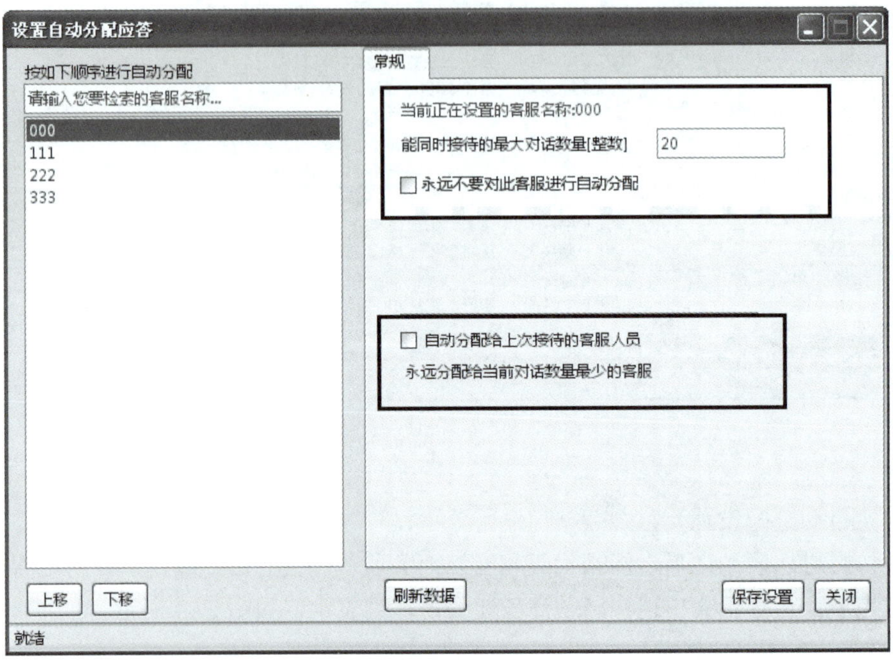

图 2.15　设置自动分配规则

2.1.3　咨询工具相关数据

咨询工具在记录访客数据时会有差别，但大体上的数据格式还是比较相似的。所以无论使用哪个工具导出数据，利用 Excel 进行初步处理后，都可以把平台差异带来的影响避免掉。

1. 数据记录包含字段

咨询工具会把网站上的访客，按照每一个访客一条记录来保存，在需要进行数据分析时，可以把指定时间段、指定维度的数据导出，一条记录代表一个访客，一条记录中有若干个字段来表示该访客的某些属性，一般访客属性多达 40 多个。无论是商务通，还是乐语、live800、53kf、百度商桥，其访客记录的字段都大同小异。我们以商务通访客记录中的字段为例做一个展示，并简单梳理一下每个字段的含义及其在数据分析中的应用。

- 开始对话时间：是指访客点击网站商务通打开对话窗口的时间，开始对话时间和结束对话时间之差即为对话时长，对话时长可用来衡量该访客的意向强弱。
- IP：访客上网的公网 IP，IP 对应有实际地址，对于恶意骚扰访客、内部访客等，可以用在线客服系统进行屏蔽，以避免给正常工作带来困扰。
- 关键词：访客是搜索什么关键词进入的网站，通过最终客户的相关信息，来确定那些关键词能锁定潜在客户。如果访客通过直接输入网址进入网站，是不会有关键词的，所以在访客类别中有“直接进入”这一类。
- 访问来源：访客是通过什么网站进入的网站，如通过百度就会显示 www.baidu.com，通过友情链接就会显示具体的友情链接，如果是直接输入网址进行访问的话，此项为空。通过每个渠道最终的成单数可确定各个渠道的投入产出比。
- 备注：对某个访客或某次对话的备注，需要手动添加。
- 对话来源：访客在网站哪个页面发起的对话，可能是网站的首页，也可能是网站的子页面。
- 对话类型：系统会根据客服设定的标准判定此次对话是有效对话、一般对话、极佳对话，还是较好对话。客服在对话完毕后会对该次对话的质量进行分类，优质对话意味着有较强的意向。
- 会员名称：这个字段只有将商务通与自身会员系统进行关联定制后才会有内容（适用于商城类的大型网站）。
- 开始访问时间：访客进入网站的时间，统计最终成单客户的访问时间，推断潜在客户上网的主要时段，进而在主要时段进行重点投放。
- 之前访问次数：此次访问之前的访问次数，用来判断是新访客，还是老访客，进而针对性地沟通和转化。
- 操作系统：访客浏览网站所使用设备的操作系统。
- 参与接待客服：在此次对话过程中参与对话的客服人员，例如在对话过程中将对话转接给其他客服，此处就会出现两个客服人员名称。
- 打分备注：客服或管理员对此次对话的打分情况，可以在统计分析中对打分进行分析。
- 之前访问页数：与访问次数类似，在这里只统计访问的页面数。
- 客人类别：需要客服手动对访客进行分类。系统中用于识别是重点客户、次重点客户、非重点客户的一个功能。
- 初次访问网址：访客进入网站的第一个网页地址。
- 客人说明：如果访客是点击自动弹出邀请框进入对话，一般提示“来自首页的对话”；如果访客是点击漂浮或者超链接进入对话，一般提示“来自网站主域名的对话”。
- 浏览器：访客使用的是何种浏览器。

- IP 定位：根据访客 IP 判断访客所在地域，如北京。根据 IP 所在地可以统计该地域的进入访客数、对话数等，进而评估地域投放效率。
- 初始接待客服：对话最早接待的客服人员，在业绩核算时，一般情况下，是算作初始接待客服的业绩。
- 持续时间：对话的时长，对话时长越长，说明客户意向越强。
- 永久身份：网站商务通会根据访客软硬件，给访客生成唯一的身份标识。
- 首次访问：如果访客在此之前有访问过，会列出最早访问时间，如果是新访客则为空。
- 本次访问页数：访客这次访问浏览的页面数。
- IP 说明：访客 IP 的运营商。
- 上次访问时间：此次访问前一次的访问时间，通过时间间隔可以判定该访客是否是回头客，近期有无购买意向。
- 分辨率：访客访问终端的屏幕分辨率。
- 开始方式：客人请求还是客服邀请，不同行业对于对话开始方式的要求不同，通过开始方式可以判断客服是否尽职尽责。
- 客服讯息数：在和访客对话过程中，客服发出的消息条数。对比客人讯息数和客服讯息数，从一定程度上可以判定客服是否服务积极。
- 编号：每个对话的编码。
- 浏览器标头：标识浏览器。
- 结束方式：客人主动结束还是客服主动结束。
- 客人讯息数：客人的对话条数，消息条数越多，咨询内容量越大，说明对产品或服务越感兴趣。
- 参与邀请客服：邀请过此访客的客服都会出现，主要用于考评客服服务态度。
- 访客评价：对话结束时，访客对此次对话做出的评价。
- 分数：管理员给此次对话打出的分数。
- 名称：客服备注访客的信息，需要手动填写，一般对重点意向访客标识，可以用重要信息标识，如姓名、电话、性别、产品需求等。

2. 乐语——营销效果分析

乐语的营销效果分析主要包括流量分析、名片分析、留言分析、客服考核分析、访客相关分析等方面。

（1）流量分析

流量分析反映的是客户网站流量的相关数据，可以查看到网站的独立 IP 数、独立访客数、访客来访次数、页面浏览次数，当然还可以按日期、时段、国家（地区）、省份、地市、搜索引擎、搜索词、友情链接来统计流量，如图 2.16 所示。

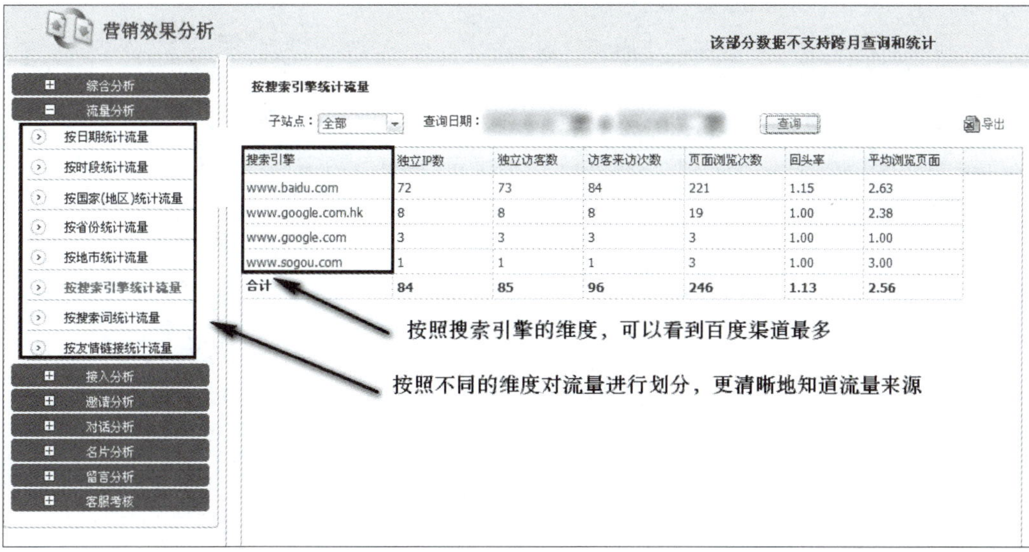

图 2.16　流量分析

（2）名片分析

名片分析主要反映的是名片的一些数据，可以看到获得名片个数，如留下电话的名片个数、留下手机的名片个数，以及留下 QQ、邮件的名片的个数，还可以按照日期、国家（地区）、省份、地市、搜索引擎、搜索词、友情链接来统计这些数据，如图 2.17 所示。

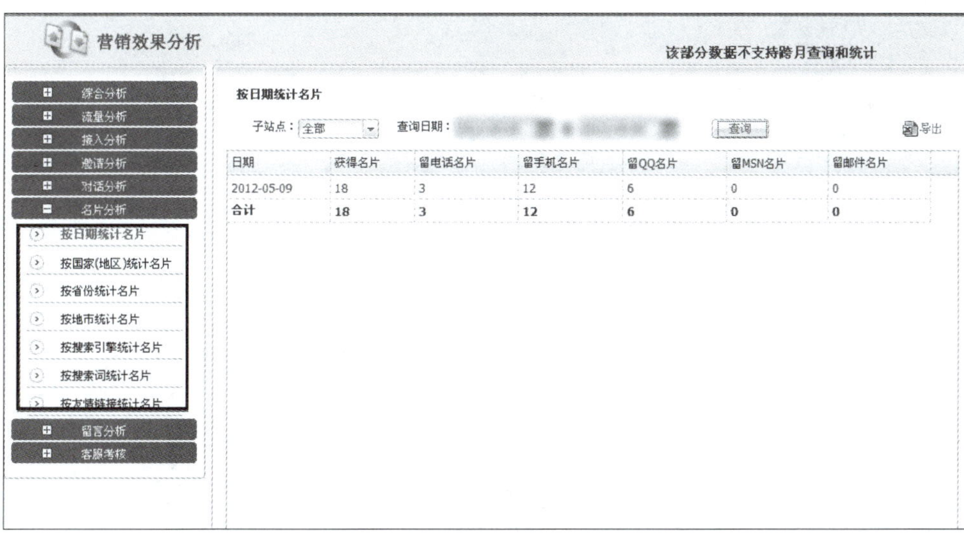

图 2.17　名片分析

（3）留言分析

留言分析主要反映的是留言的一些数据，可以看到获得的留言个数，需要邮件回复的个数，需要电话回复的个数，已处理的留言的个数，未处理的留言的个数，如图 2.18 所示。

日期	获得留言	邮件回复	电话回复	已处理留言	未处理留言
2012-05-01	2	0	2	2	0
2012-05-04	1	0	1	1	0
2012-05-05	2	0	2	2	0
2012-05-06	1	0	1	0	1
2012-05-07	2	1	1	1	1
2012-05-08	2	2	0	1	1
2012-05-09	1	0	1	0	1
合计	**11**	**3**	**8**	**7**	**4**

图 2.18　留言分析

（4）客服考核分析

客服考核分析主要反映的是客服的一些数据，可以看到客服的邀请考核、对话数量和对话质量的考核、留言的考核、对话时长的考核，还可以具体查看客服的在线时长、发起邀请次数的考核、接待对话的考核、处理留言的考核，以及获得名片的考核，如图 2.19 所示。

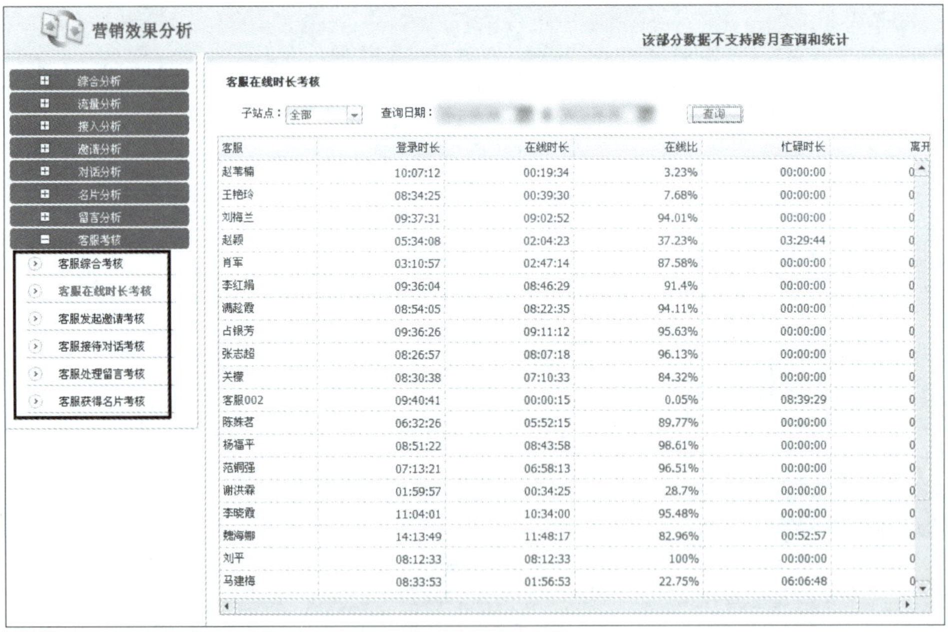

客服	登录时长	在线时长	在线比	忙碌时长	离开
赵苇楠	10:07:12	00:19:34	3.23%	00:00:00	0
王艳玲	08:34:25	00:39:30	7.68%	00:00:00	0
刘梅兰	09:37:31	09:02:52	94.01%	00:00:00	0
赵颖	05:34:08	02:04:23	37.23%	03:29:44	0
肖军	03:10:57	02:47:14	87.58%	00:00:00	0
李红娟	09:36:04	08:46:29	91.4%	00:00:00	0
满超霞	08:54:05	08:22:35	94.11%	00:00:00	0
占银芳	09:36:26	09:11:12	95.63%	00:00:00	0
张志超	08:26:57	08:07:18	96.13%	00:00:00	0
关檬	08:30:38	07:10:33	84.32%	00:00:00	0
客服002	09:40:41	00:00:15	0.05%	08:39:29	0
陈姝茗	06:32:26	05:52:15	89.77%	00:00:00	0
杨福平	08:51:22	08:43:58	98.61%	00:00:00	0
范铜强	07:13:21	06:58:13	96.51%	00:00:00	0
谢洪霖	01:59:57	00:34:25	28.7%	00:00:00	0
李晓霞	11:04:01	10:34:00	95.48%	00:00:00	0
魏海娜	14:13:49	11:48:17	82.96%	00:52:57	0
刘平	08:12:33	08:12:33	100%	00:00:00	0
马建梅	08:33:53	01:56:53	22.75%	06:06:48	0

图 2.19　客服考核分析

（5）访客相关分析

访客相关分析主要分析网站访客的行为习惯，如访客来源网站、所用搜索引擎、访问页面等，如图 2.20 所示，还可以查看到搜索词、客人轨迹、客服邀请、访客名片、客人留言等情况。

图 2.20　访客相关分析

3. 网站商务通——流量分析 & 分类查找

主要介绍网站商务通的流量分析和分类查找两方面。

（1）流量分析

网站商务通软件可以准确地定位客人并进行汇总统计。网站商务通特有的永久识别技术使流量统计数据更具精准性和分析性，不仅能提供其他流量统计软件所具有的常规统计，还能提供各个访客的信息、轨迹等明细。

- 可在任意时间段按区域流量进行统计分析，例如按照省份统计访客，仅访问的有多少？客服未接受的有多少？客服无讯息的有多少？客人无讯息的有多少？这个省份的一般对话有多少个？较好对话有多少个？更好对话有多少个？以及合计是多少？在“区域流量分析”中可以获取到详细数据，如图 2.21 所示。
- 可在任意时间段按搜索引擎流量进行统计分析。
- 可在任意时间段按搜索关键词流量进行统计分析。
- 可在任意时间段按友情链接流量进行统计分析。
- 可在任意时间段按日或月的流量进行统计分析。
- 可按在线时间进行实时统计分析。

（2）分类查找

除了提供流量统计的数据报表，还可利用历史记录的分类功能查看各类流量统计的明细。在工作时可以按需查看，并且可以更方便迅速地查找到某个具体的对话记录，如图 2.22 所示，从而大大提高工作效率，节省员工的工作成本。

名称	仅访问	客服未接受	客服无讯息	客人无讯息	一般对话	较好对话	更好对话	合计
广东省	132	0	0	16	4	3	3	158
辽宁省	96	0	0	4	1	0	1	102
上海市	88	0	0	3	3	3	2	99
北京市	80	0	0	4	0	2	2	88
浙江省	58	0	0	4	2	1	1	66
江苏省	53	0	0	7	3	1	0	64
山东省	44	0	0	6	2	1	3	56
福建省	42	0	0	3	2	4	0	51
四川省	33	0	0	4	1	0	2	40
河南省	33	0	0	2	1	1	1	38
湖北省	33	0	0	2	1	1	0	37
河北省	33	0	0	0	1	0	1	35
江西省	25	0	0	2	2	1	0	30
湖南省	27	0	0	1	1	0	0	29
安徽省	26	0	0	2	0	0	0	28
陕西省	25	0	0	0	0	1	1	27
重庆市	25	0	0	0	1	1	0	27
黑龙江省	20	0	0	1	1	0	0	22
山西省	18	0	0	2	1	0	0	21

图 2.21　区域流量统计分析

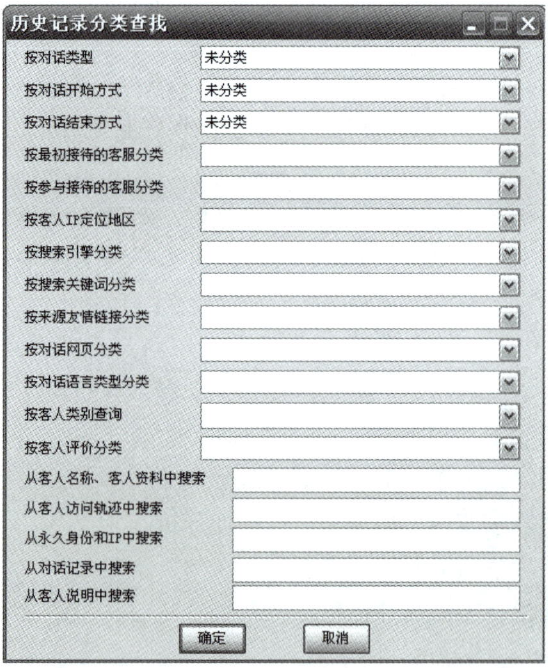

图 2.22　分类查找

2.2 咨询工具选择

现在市面上的在线咨询工具很多，作为一家企业，选择哪个咨询工具更加合适呢？

这也是困扰着很多企业主和推广人员的问题。记住这句话：没有最好的，只有最合适的。

2.2.1　工具界面对比

在线咨询工具界面主要有客服端界面和访客端界面两部分。友好的客服端界面可以提高客服工作效率，友好的访客端界面可以提升访客体验，促进转化。

1. 客服端界面对比

（1）网站商务通

网站商务通主要功能设置区域：大部分功能都可以在主菜单栏中找到，主菜单栏的下面是快捷功能按钮，对访客进行操作时，可快捷方便地找到对应的功能按钮。“对话列表”项为软件界面的核心部分，在此可以清楚地查看到后台的在线客服及访客的浏览情况。

软件后台左侧的对话列表分类清晰，并且设有访客分类（分为访客状态分类、来源分类、性质分类 3 种）和对话分类注释（和客服有过对话的访客名称会自动注释为绿色，和其他客服人员有过对话的访客名称会注释为蓝色），即使有再多的访问者，客服人员也可以轻而易举地辨识出自己曾沟通过的访客。软件设有针对各个独立访客的历史记录调取和历史浏览轨迹查看功能，这些都是其他同类软件所不具有的特点。

（2）乐语

单纯就后台布局而言，乐语采用的是“T”字或者“干”字的布局方式，需要客服人员去适应这样的界面布局。当访问量达到几十个的时候，查找一个曾经和自己有过对话的访客会相当困难，因为它的访客状态分类不明显，并且没有访客对话注释。在针对一个曾经有过对话记录的访客的跟进方面，因为不具备直接调出此客人的历史对话记录和访问轨迹功能，所以在后续跟进上也存在一定的问题。

2. 访客端界面对比

主要介绍网站商务通与乐语的区别。

（1）网站商务通

- 在访客端对话窗口侧边留出了 125 像素 ×300 像素大小的广告位，可以设置用户自己的 Flash、图片广告、JavaScript 等。
- 在对话窗口企业可以放置自己的 LOGO，用来展示企业形象。
- 可以设置部门分组，访客可以选择不同部门的人员进行咨询。
- 访客端对话窗口有 21 套可选模板，可以按照自己的喜好来设置。
- 访客端含有多个功能按钮，如截图、免费电话、短信、字体设置等。

（2）乐语

没有给企业用户留出更多展现企业形象的位置，功能按钮也很少，无法直接拨打电话，访客聊过一次之后关闭窗口再次打开窗口将无法看到上次的聊天记录。

2.2.2　如何选择咨询工具

下面深入分析一下以上几款工具有什么不同：

- 从发展态势上来看，即时在线工具的功能越来越完善和多样，商务通、乐语、百度商桥的功能都是相似的，如接待访客、免费 400 电话、数据统计、客户管理系统等都较相似。
- 从功能选择上来看，即时在线工具注重的是什么功能，如访客登录、客户管理系统等就是比较实用的功能。功能选择应从实际情况出发，够用就好。
- 从界面的友好程度来看，商务通、乐语、百度商桥都比较接近。
- 从价格上来看，价格都相近（百度商桥不收费），在不同的地域收费不一致，随着时间的推移，软件使用费也在变化。具体收费明细见表 2.1（实际收费以当地运营商为准）。百度商桥可以结合百度的竞价推广使用，且无需安装软件代码，依托百度统计代码即可。
- 从界面设计和技术层面上来看，即时通讯工具都需要在网页上加装代码，需要漂浮窗和弹窗来与客户建立对话窗口，但有些软件做得不是很好，引起访客反感，起到了适得其反的作用，得不偿失。
- 安全稳定：要能正常地接待客户的咨询，在线客服系统必须稳定有效。在线客服系统也会出现状况，如频繁掉线、登录过久或登录不上、无法接收消息或无法发送消息等。因此，把握住每条咨询并给予及时的反馈，必须选择稳定的在线客服系统。乐语在延迟时间上略短，稳定性上略好。
- 高速快捷：从公司角度来说，就是客户访问公司网页时，在线客服咨询图标能立即呈现；从客户角度来说，就是客户点击在线客服咨询图标后，对话框能以最短的时间出现（客户的耐心仅仅是几秒）。高速的在线客服系统才能带来更多咨询。
- 高效易用：部署在线客服系统是一件一劳永逸的事，而培训客服人员如何使用好在线客服系统则需要花费一定的人力和成本，但公司是不愿意花费过大的成本在培训上的。客服人员如果不能熟练操作在线客服系统，将会影响公司的在线咨询效率，损失很多咨询量，加上客服人员的流动性很大，公司需要不断增加培训投入，导致一个恶性循环。

综合以上因素，再结合表 2.1 中所列的功能，选择一款咨询工具。没有最好的，只有最适合自己的。

表2.1　在线客服系统对比

收费标准	乐语	53客服		商务通	百度商桥
		基本型	全功能型		
	1200元一个坐席	500元/套/年	2300元/套/年	900元一个坐席	仅对百度推广用户免费
无限坐席	无	有	有	无	无
主动发起	有	有	有	有	无
指定客服	有，需买多个坐席	无	有	有	有
客服转接	有，需买多个坐席	无	有	有	无

续表

收费标准	乐语	53客服		商务通	百度商桥
	1200元一个坐席	基本型	全功能型	900元一个坐席	仅对百度推广用户免费
		500元/套/年	2300元/套/年		
文件传输	有	有	有	有	有
客户管理	有	无	有	有	无
流量统计	有	无	有	有	有
自定义LOGO	有	无	有	有	无
自定义风格	无	无	有	有	无
自定义URL	无	有	有	无	有
自定义客服图标	单独定制	无	有	有	有
自定义底部广告	无	无	有	单独定制	有
离线留言	有	无	有	有	无
客服评分	有	无	有	有	无
熟客识别	有	无	有	有	有
消息预知	有	有	有	有	无
客服隐身	无	无	有	有	有
常用语分类	无	无	有	有	有
IP阻止	无	有	有	有	无
访客端多语言版本切换	有	300元/年		有	无
网页及时对话	有	有	有	有	有
完备的聊天记录	有	有	有	有	无
一个坐席同时接待20个访客	有	有	有	有	无
智能机器人	无	无	有	无	无
内部通信	无	有	有	有	有
截屏	有	有	有	有	无
客服监控	无	无	无	有	有
访客免费电话	0.3元/分钟	1800 元起充 0.3元/分钟		有，单独购买	无
自定义风格	无	有，按套餐提供1～3套		无	无
访客注册	无	500元/年		无	无
添加收藏夹	无	有	有	有	无
强制评分	有	有	有	有	无
访客留言设置	有	有	有	无	无
简介设置	有	有	有	有	无
客服考核	有	有	有	有	无
区域分流	无	有	有	有	无
客户服务	980元/年	7×9×365		7×12×365	热线24小时

本章总结

- 介绍在线客服系统概念、在线客服系统如何选择、在线客服系统功能。
- 介绍网站商务通如何下载、代码如何获取、如何部署到对应统计网站、开场白设置、自动应答设置、快捷回复设置、查看友好对象、自动分配设置等功能。
- 讲解咨询工具提供的数据及各数据标签的含义。
- 进行咨询工具优劣对比，以及如何选择咨询工具。

本章作业

1．先申请试用商务通，并将代码部署到要统计的网站源代码中。

2．在商务通内尝试开场白设置、自动应答设置、快捷回复设置、查看友好对象、自动分配设置等功能。

3．先申请试用乐语，并将代码部署到要统计的网站源代码中。

4．列举出商务通与乐语的两处不同。

5．选择咨询工具需要考虑哪几个维度？

6．登录课工场，按要求完成预习作业。

第3章

Excel表格技巧与公式使用

技能目标

- ❖ 能够熟练使用 Excel 表格技巧处理推广数据
- ❖ 能够把初步整理后的数据使用公式处理成指向性数据

本章导读

相信现在很多做SEM的企业都会被这样的问题所困扰——明明我的产品很好，项目很好，可就是没有流量，没有客户签约。于是为了抢流量，公司就开始加大广告投放的力度，但盲目加大投放力度，投放效果也未必会好，这时就需要对以往投放的历史数据进行分析，找出推广症结所在，这样才可以达到事半功倍的效果。一般中小企业做推广时进行数据分析常用的是Excel。本章针对性地介绍SEM数据分析需要使用的Excel技巧与公式，以便更好地开展SEM工作。

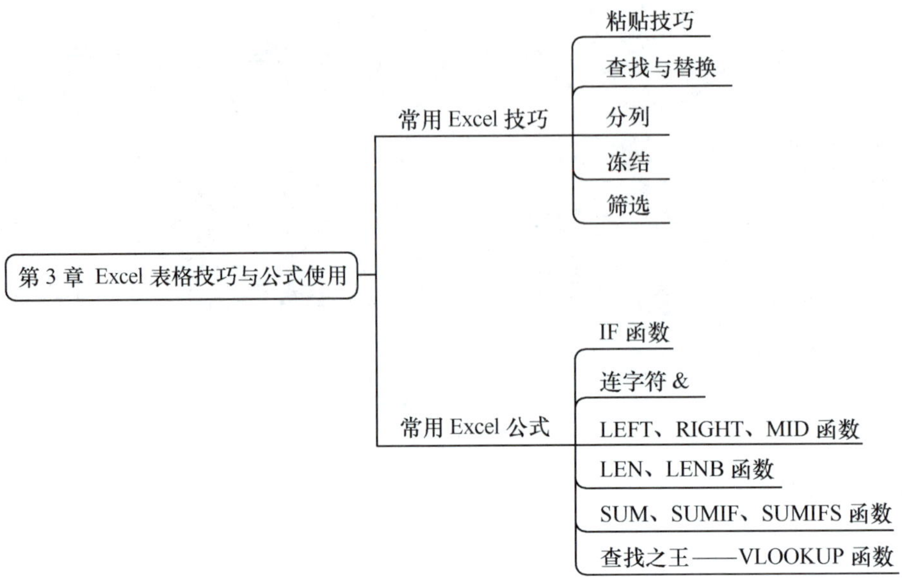

3.1 常用的 Excel 表格技巧

也许你已经在 Excel 中完成过上百张数据报表，也许你已经利用 Excel 函数实现过上千次的复杂运算，也许你认为 Excel 不过如此，甚至了无新意。但我们平日里无数次重复的使用方法只不过是 Excel 全部技巧的沧海一粟。本节就从 Excel 中的一些大家不太熟知的技巧入手，领略一下 Excel 的别样风情。

3.1.1 粘贴技巧

复制与普通粘贴的使用大家应该已经很熟悉了，但粘贴中还包含了选择性粘贴，下面就来重点介绍下“选择性粘贴”。

“选择性粘贴”是 Excel 中的一项重要功能，通过使用“选择性粘贴”能够将复制的内容过滤掉格式和样式，粘贴为不同于内容源的格式，这种用法能够在数据处理中起到非常大的作用和帮助。下面主要针对 Excel 表格中的“选择性粘贴”功能进行详细的介绍。

先复制内容→选定要粘贴的位置→点击右键→选择性粘贴，出现“选择性粘贴”对话框，如图 3.1 所示。我们可以把它划分成 4 个区域：粘贴方式区域、运算方式区域、特殊处理设置区域和按钮区域。

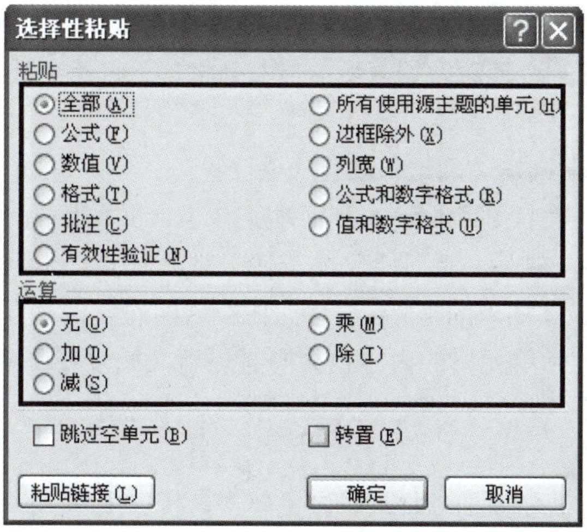

图 3.1　选择性粘贴

1. 粘贴方式区域

粘贴方式区域各项功能说明如下。

- 全部：包括内容和格式等，其效果等于直接粘贴。
- 公式：只粘贴文本和公式，不粘贴格式（字体、对齐、文字方向、数字格式、底纹等）、边框、注释、内容校验等（复制公式时，单元格引用将根据所引用类型而变化。如要保证单元格引用不变，需使用绝对引用）。
- 数值：只粘贴文本，单元格的内容是计算公式的只粘贴计算结果。公式和数值两项不改变目标单元格的格式。
- 格式：仅粘贴原单元格格式，不粘贴单元格的有效性。粘贴的格式包括字体、对齐、文字方向、边框、底纹等，不改变目标单元格的文字内容（功能相当于格式刷）。
- 批注：把源单元格的批注内容拷贝过来，不改变目标单元格的内容和格式。
- 有效性验证：将复制单元格的数据有效性规则粘贴到粘贴区域，只粘贴有效性验证内容，其他保持不变。
- 边框除外：粘贴除边框外的所有内容和格式，保持目标单元格和源单元格有相同的内容和格式。
- 列宽：将某个列宽或列的区域粘贴到另一个列或列的区域，使目标单元格和源单元格拥有同样的列宽，不改变内容和格式。
- 公式和数字格式：仅从选中的单元格粘贴公式和所有数字格式。
- 值和数字格式：仅从选中的单元格粘贴值和所有数字格式。

2. 特殊处理设置区域

特殊处理设置区域包括跳过空单元和转置两项设置。

- 跳过空单元：当复制的源数据区域中有空单元格时，粘贴空单元格不会替换粘贴区域对应单元格中的值；

- 转置：将被复制数据区域的列变成行，行变成列。源数据区域的顶行将位于目标区域的最左列，而源数据区域的最左列将位于目标区域的顶行。

3. 按钮区域

按钮区域包括粘贴链接、确定和取消三项设置。

- 粘贴链接：将被粘贴数据链接到活动工作表，粘贴后的单元格将显示公式。如将 A1 单元格复制后，通过“粘贴链接”粘贴到 D8 单元格，则 D8 单元格的公式为“=A1”（插入的是“= 原单元格”这样的公式，不是值）。如果更新源单元格的值，目标单元格的内容也会同时更新（如果复制单个单元格，粘贴链接到目标单元格，则目标单元格公式中的引用为绝对引用；如果复制单元格区域，则为相对引用）。
- 确定：选择好要粘贴的项目后，左键单击，执行操作。
- 取消：放弃所选择的操作。

相信大家对 Excel 的选择性粘贴已经有了更多的认识和了解，也知道了选择性粘贴是一个很强大的工具，但是俗话说得好：“工欲善其事，必先利其器”，要想把选择性粘贴用得淋漓尽致，就需要在平时的操作中，尽可能多地发挥自己的想象力，有些时候看似面对一个很难的问题，换个思路，或许就会非常简单。

3.1.2 查找与替换

Excel 中除了可以查找和替换文字外，还可以查找和替换公式和批注，利用格式查找等。虽然是基础操作，但若能灵活应用 Excel 的查找替换功能，可进一步提高编辑处理效率。

1. 查找范围

查找范围有全局查找和局部查找。如果查找是在整个工作表进行，随意单击任意单元格即可进行查找。如果是局部查找，首先确定查找范围，比如只在 A 列查找，可以先选中 A 列，然后再打开“查找和替换”对话框。

在“查找和替换”对话框中单击“选项”按钮，在“范围”下拉列表中可以根据需要选择“工作簿”和“工作表”。

2. 使用通配符

结合通配符“*”和“?”，可以实现高级模糊查找。

在 Excel 的“查找和替换”对话框中使用星号“*”可查找任意字符串。例如查找“IT*”，可找到“IT 主站”和“IT 论坛”等。

使用问号“？”可查找任意单个字符，但在查找时要勾选“单元格匹配”。例如查找“?23”，可找到“023”和“423”等。

另外，如果要查找通配符自身，可以输入“~*”“~”。“~”为波浪号，在数字键“1”的左边。如果要查找“~”，则输入两个波浪号“~~”。

3. 按 Shift 键反向查找

在“查找和替换”对话框中单击“查找下一个”按钮时，Excel 会按照某个方向进行查找。如果在单击“查找下一个”按钮前，按住 Shift 键，Excel 将按照与原查找方向相反的方向进行查找。

4. 关闭“查找和替换”对话框后继续查找下一个

在查找过程中，有时“查找和替换”对话框会遮住部分表格内容。其实在关闭“查找和替换”对话框后也可以继续查找下一个内容，方法是先进行一次查找，然后关闭“查找和替换”对话框，再按 Shift+F4 组合键即可继续查找下一个。

5. 查找大小写

可以指定 Excel 只查找具有某种大写格式的特殊文字。例如只查找“Green”，而不查找“green”，需要勾选“区分大小写”。

6. 定位

在 Excel 中，定位某一单元格，一般是使用鼠标拖动滚动条来实现，但如果数据范围超出屏幕显示范围或数据行数非常多时，想快速定位到某一单元格会比较困难，这时候就可以使用“定位”（Ctrl+G 组合键）功能迅速定位到指定的单元格。按 Ctrl+G 组合键后就出现“定位”对话框，如图 3.2 所示。单击“定位条件”即出现“定位条件”对话框，如图 3.3 所示。

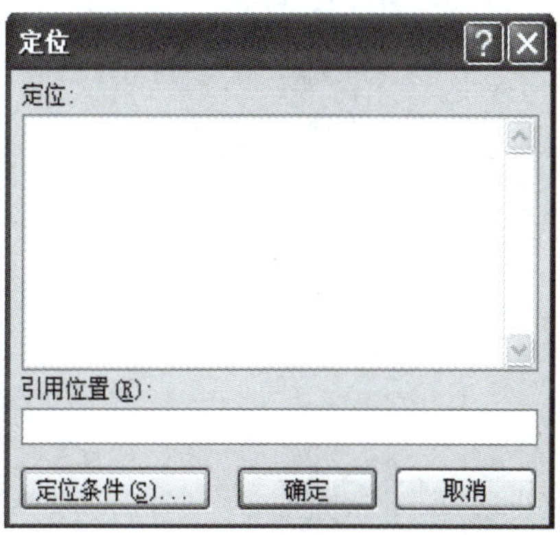

图 3.2　定位

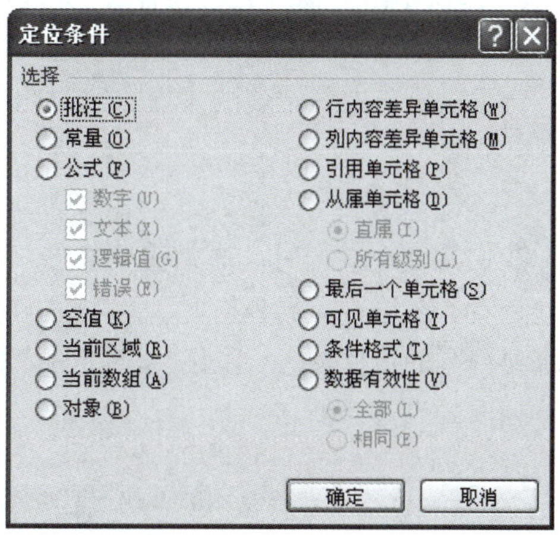

图 3.3　定位条件

定位是一种选定单元格的方式，主要用来选定位置相对无规则但条件有规则的单元格或区域。

- 例 1：需要选中 Y2009 单元格（或快速移动到 Y2009 单元格），我们可以打开“定位”对话框，在“引用位置”里输入“Y2009”后按回车键。
- 例 2：需要选中 Y 列的 2004 ～ 2009 行的单元格，可以按照相同的方法，在“引用位置”里输入“Y2004:Y2009”按回车键。
- 例 3：需要选中 2009 行的单元格，在“引用位置”里输入“2009:2009”按回车键即可。
- 例 4：需要选中 2004 ～ 2009 行的单元格，在“引用位置”里输入“2004:2009”按回车键即可。

➲示例 1

定位“公式”。在实际工作中会使用许多公式，为防止一不小心修改了这些公式，通常会把公式单元格字体设置为其他颜色，一个个去设置显然不符合高效办公的原则。借助“定位”功能就能快速实现了。操作步骤如下：

① 依次单击“编辑”→“定位”→“定位条件”。

② 选择“公式”→“确定”，所有的公式单元格被选中。

③ 依次单击“格式”→“单元格”→“字体”，颜色选择“红色”→“确定”。

➲示例 2

定位“空值”或者定位“常量”。在实际工作中，我们会为一个表格每隔一个固定的行数（本例中以一行为例）插入一行，一行一行的插入也不符合高效办公的原则。利用二次定位就能解决此问题，操作步骤如下：

① 在表格第一列前面插入一列作为辅助列，在 A1 单元格输入“1”，A2 单元格为空，选中“A1:A2”，当鼠标移到右下角变为“+”形状时，向下拖，拖的要比数据行多。

② 选中刚插入的这一列，依次单击“定位”→“定位条件”→“空值”→“确定”，此时会发现第一列的偶数单元格全部被选中。

③ 依次单击“插入”→“行”，会发现其他数据行下面都多出了一个空白行，这时我们只需删除辅助列，预想的目的就达到了。

定位常量与定位空值的步骤一致，此处不再赘述，大家可以自行练习。

3.1.3 分列

我们在处理数据时，通常需要将一组数据按照某个特定符号或一定宽度分成多列，以便查看。在进行数据分析时，要对数据进行拆分，这时正是“分列”大显身手的时候。选择要分列的数据，依次单击“数据”→“数据工具”→“分列”，如图 3.4 所示，打开“文本分列向导”对话框。

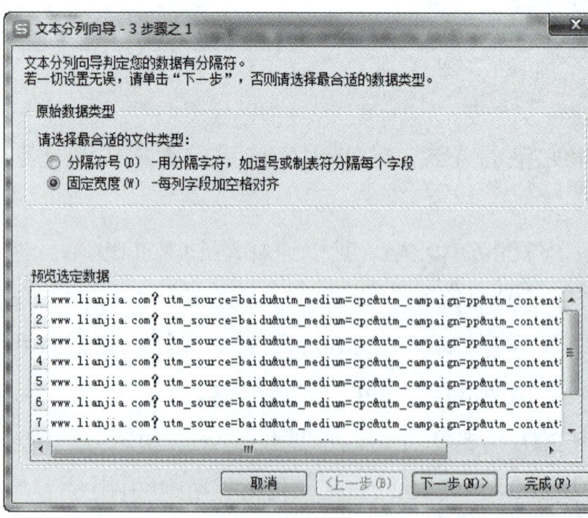

图 3.4 分列向导步骤一

分隔符号是对待分列的数据以某一些符号为分割点来进行分列，如分号、逗号、空格以及某些可以自行输入的符号，如图 3.5 所示。固定宽度适用于数据比较规整的情况，按照宽度来对数据进行分割。需要分析的数据一般不规整的居多，所以按照固定宽度分列不太常用，如图 3.6 所示。

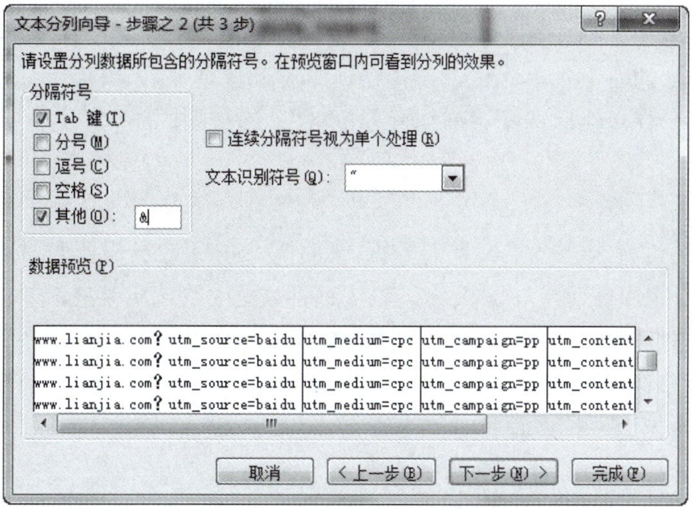

图 3.5　分列向导步骤二

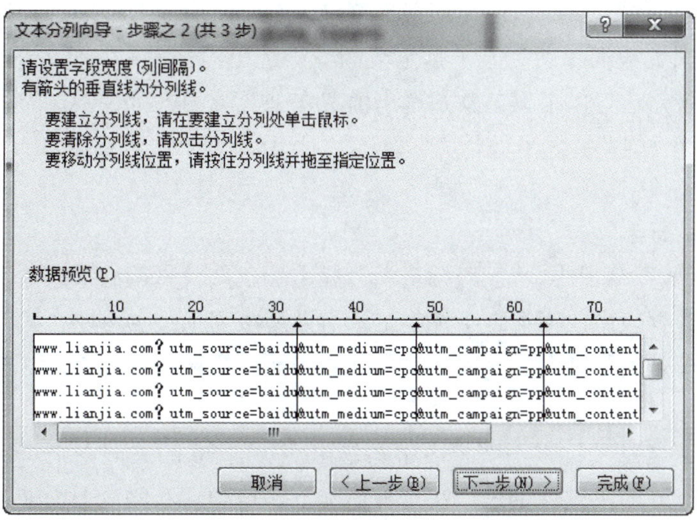

图 3.6　分列固定宽度

3.1.4　冻结

我们在制作一个 Excel 表格时，如果列数较多，行数也较多，一旦向下滚屏，则上面的标题行也跟着滚动，处理数据时往往难以分清各列数据对应的标题，利用“冻结窗格”功能可以很好地解决这一问题。将光标定位在要冻结的标题行（可以是一行或多行）

的下一行，然后选择“窗口→冻结窗格”即可。滚屏时，被冻结的标题行总是显示在最上面，大大增强了表格编辑的直观性。

冻结窗格有以下三种形式：

- 顶部首行：选取待冻结处的下一行单元格，选择“窗口→冻结窗格”菜单项。
- 左侧首列：选取待冻结处右边一列单元格，选择“窗口→冻结窗格”菜单项。
- 冻结拆分单元格：在 Excel 2007 中，如果同时冻结行和列，需要选择冻结行与列交汇处的右下角单元格，选择“冻结拆分窗格”。如果冻结某一行，选择冻结行的下一行，然后选择“冻结拆分窗格”；冻结列同理。

3.1.5 筛选

随着推广的进行，会产生大量的数据，而作为 SEM 专员需要时常对数据进行分析查看，往往会看得眼花缭乱。如果你只想从海量数据中筛选出某些想要的内容，筛选这个功能就派上用场了，下面就“筛选”这个功能来做介绍。

Excel 提供了两种数据筛选的操作：“自动筛选”和“高级筛选”。这两种筛选具体怎么使用呢？让我们一起来看看吧。

1. 自动筛选

“自动筛选”一般用于简单的条件筛选，筛选时将不满足条件的数据暂时隐藏起来，只显示符合条件的数据。图 3.7 为关键词消费报表，单击“数据”选项卡“排序和筛选”组中的“筛选”命令。以“消费”字段为例，单击其右侧向下的列表按钮，可以根据要求筛选出关键词消费为某一指定数额或筛选出消费最高（低）的前 10 个（该数值可调整）记录，还可以根据条件筛选出消费在某一范围内符合条件的记录，如用“等于”“不等于”“大于”“大于等于”“小于”“小于等于”等来约束区分条件，如图 3.8 所示。

2. 高级筛选

在 SEM 的数据分析中，“高级筛选”一般用于条件较复杂的筛选操作，其筛选的结果可显示在源数据表中，不符合条件的记录则被隐藏起来；也可以在新的位置显示筛选结果，不符合条件的记录同时保留在源数据表中而不会被隐藏起来，这样更便于进行数据的比较。

假设我们需要从关键词消费报表中筛选出消费前 20 的关键词中点击大于 100 或者是展现高于 10000 的关键词记录。在这种情况下，自动筛选就显得无能为力，需要使用高级筛选了。高级筛选分为两种，一种是“在原有区域显示筛选结果”，另一种是“将筛选结果复制到其他位置”，如图 3.9 所示。

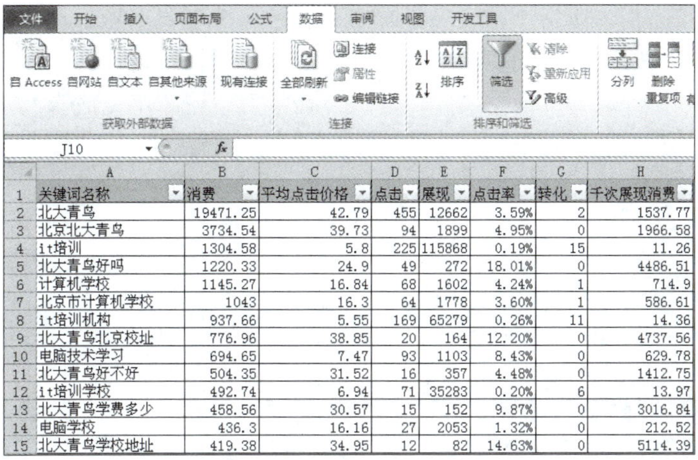

图 3.7　自动筛选

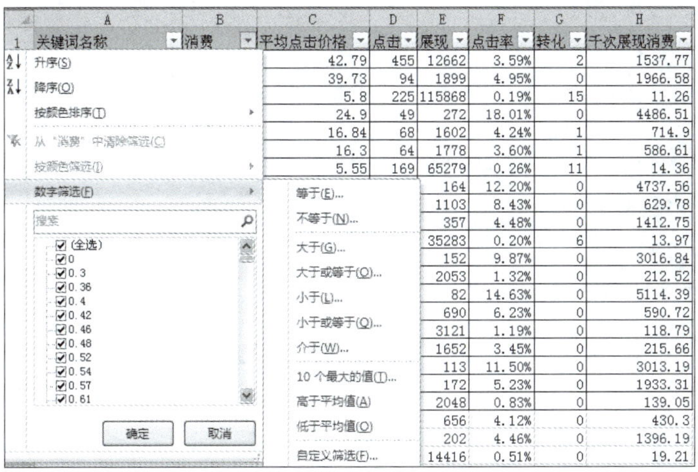

图 3.8　自动筛选

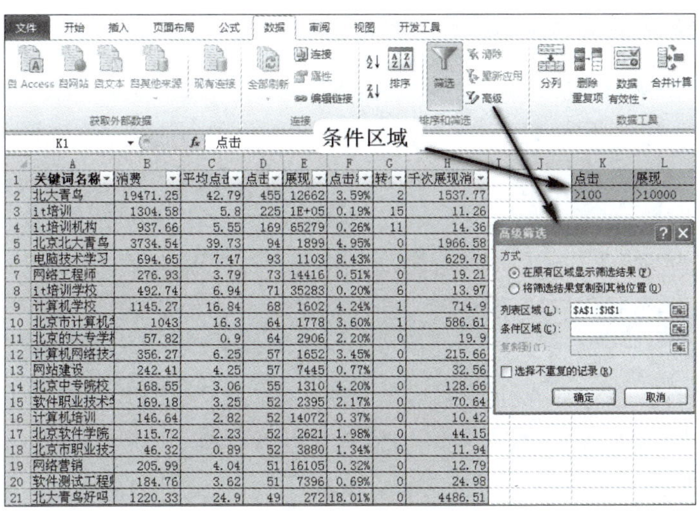

图 3.9　高级筛选

方式一：在原有区域显示筛选结果，然后设置筛选列表区域，点击“列表区域”后边的选择按钮，拖选需要筛选的数据区域 A1:H21。同理选择对应的“条件区域”为 K1:L2，如图 3.10 所示。设置完毕后，点击“确定”按钮即可完成本次筛选。筛选结果如图 3.11 所示。

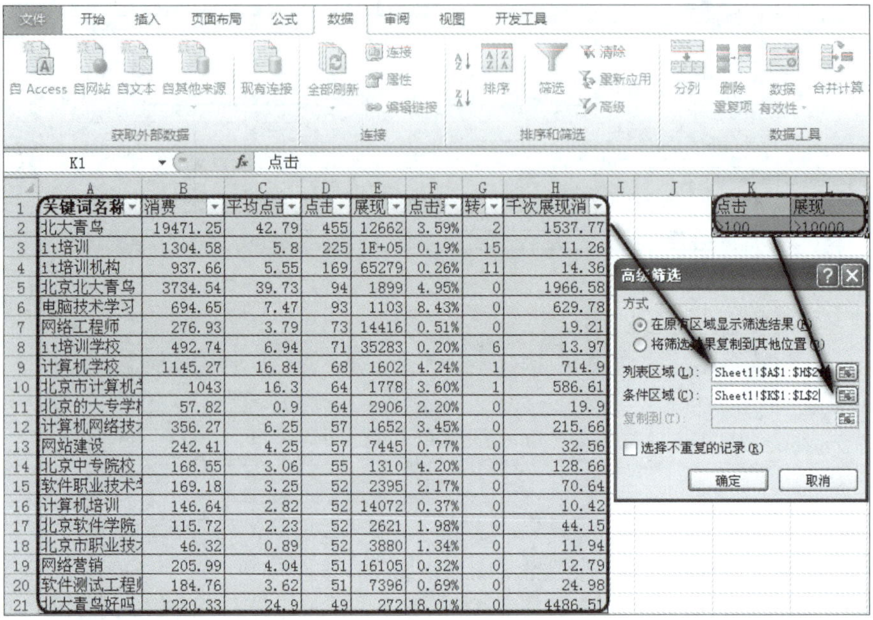

图 3.10　高级筛选——在原有区域显示筛选结果设置

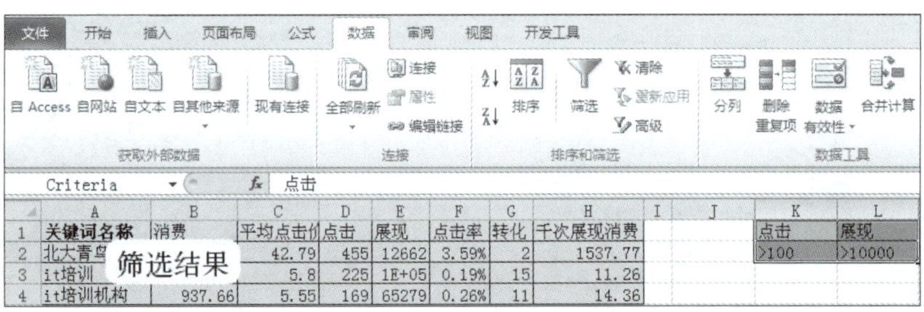

图 3.11　高级筛选——在原有区域显示筛选结果

方式二：将筛选结果复制到其他位置，如图 3.12 所示，该操作与方式一的设置类似，唯一不同之处是将筛选后的数据放置到新的位置。这样做的好处是不针对源数据进行任何更改，只需“复制到”对应的位置，即在本工作表或者新工作表选择一个放置筛选结果的单元格，点击“确定”按钮，即可完成筛选的操作，如图 3.13 所示。

在数据分析的过程中，往往会对源数据进行多样的筛选和处理。例如需要找到本月份的推广数据中，消费很高但点击低于 20 或展现低于 2000 的记录，进而对该部分数据进行分析，以找出本月推广的症结所在。就需要使用高级筛选来选出满足点击低于 20 或展现低于 2000 的记录。快来试试吧！

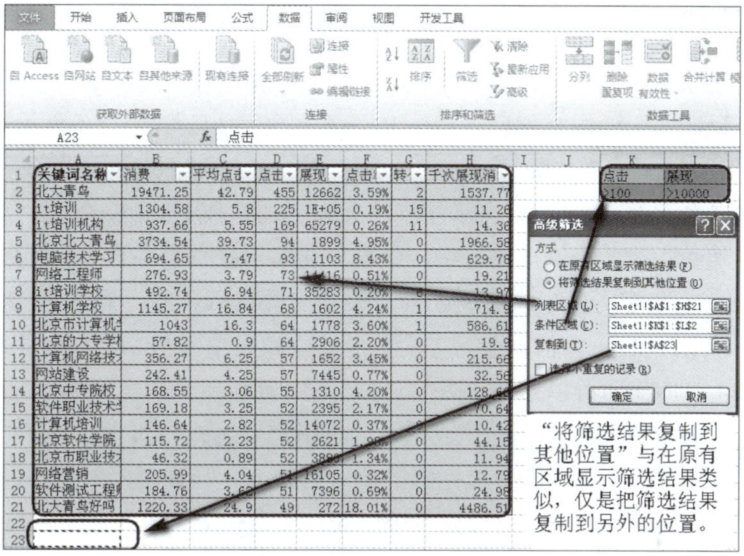

图 3.12 将筛选结果复制到其他位置

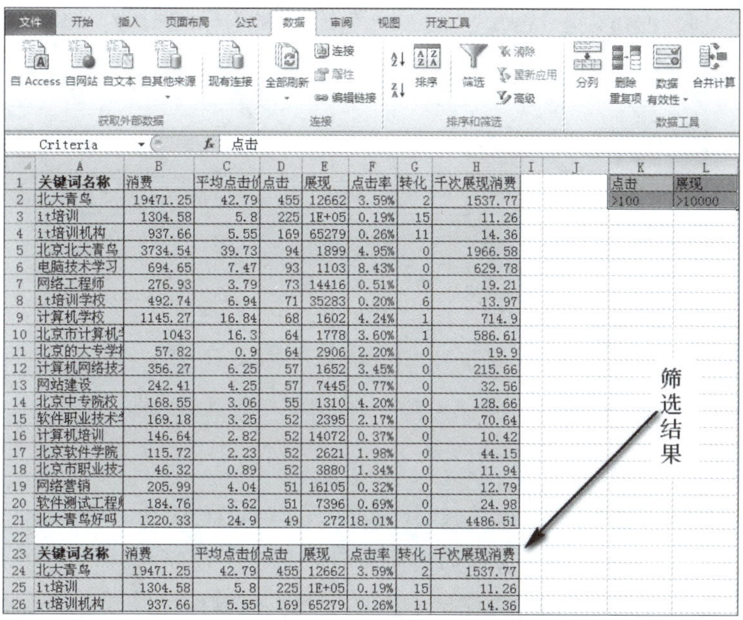

图 3.13 将筛选结果复制到其他位置结果

3.2 数据分析常用的 Excel 函数

在数据分析的过程中，对于数据的处理只靠 Excel 技巧是不够的，还需要一些 Excel 函数来快速地处理数据，经常使用的函数有 IF 函数、LEFT 函数、RIGHT 函数、MID 函数等，接下来我们一一介绍。

3.2.1 IF 函数

IF 函数根据指定的条件来判断“真”（TRUE）或“假”（FALSE），即根据逻辑计算的真假值，返回相应的内容。可以使用 IF 函数对数值和公式进行条件检测。

IF 函数的语法如下：=IF(logical_test, [value_if_true] , [value_if_false])=IF(" 判断条件 "," 成立 "," 不成立 ")，Logical_test 表示计算结果为 TRUE 或 FALSE 的任意值或表达式。

在对商务通数据进行处理的过程中，需要将访客对话信息条数大于 3 的对话，统计为一个有效对话，即对历史记录报表中的访客信息数进行判断。例如，C2>3 就是一个逻辑表达式，可以判断访客信息条数是否大于 3。如果单元格 C2 中的值大于 3，表达式计算结果即为 TRUE，可以返回“有效对话”；否则为 FALSE，返回“无效对话”。此处可使用任何比较运算符（一个标记或符号，来指定表达式内执行的计算的类型，有数学、比较、逻辑和引用运算符等）。完整的公式写法为：“=IF(A2>3," 有效对话 "," 无效对话 ")”，如图 3.14 所示。向下填充后就可以统计出有效对话个数与无效对话个数了。

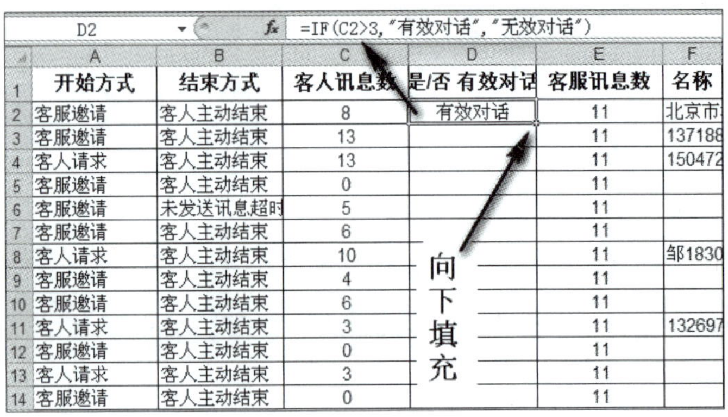

	A	B	C	D	E	F
1	开始方式	结束方式	客人讯息数	是/否 有效对话	客服讯息数	名称
2	客服邀请	客人主动结束	8	有效对话	11	北京市
3	客服邀请	客人主动结束	13		11	137188
4	客人请求	客人主动结束	13		11	150472
5	客服邀请	客人主动结束	0		11	
6	客服邀请	未发送讯息超时	5		11	
7	客服邀请	客人主动结束	6		11	
8	客人请求	客人主动结束	10		11	邹1830
9	客服邀请	客人主动结束	4		11	
10	客服邀请	客人主动结束	6		11	
11	客人请求	客人主动结束	3		11	132697
12	客服邀请	客人主动结束	0		11	
13	客人请求	客人主动结束	3		11	
14	客服邀请	客人主动结束	0		11	

图 3.14 IF 函数应用实例

注意

在 Excel 2007 及以上版本中 IF 函数可以嵌套 64 层，用 value_if_false 及 value_if_true 参数可以构造复杂的检测条件。例如对话信息数大于 10 条为优质对话，大于 3 条为有效对话，小于 3 条及以下为无效对话，就可以使用 IF 函数嵌套轻松解决。快来试一下，另外 IF 函数还可以在复杂的公式中发挥强大的作用。

3.2.2 连字符 &

曾经遇到这样的工作，需要把多个单元格内的内容连接在一起，有个朋友竟然非常有耐心地在每个单元格双击，然后在最终的单元格不断的粘贴。SEM 工作固然需要耐心和认真，但方法错了，只会事倍功半。

如图 3.15 所示，想要把表格中第一、二、三列的内容合并到第四列中，方法有很多，但最简单的莫过于使用"&"（连字符）了。使用连字符和文本处理函数均可以实现多个单元格内容的连接，但是"&"对于连接内容几乎没有什么限制。

	A	B	C	D
1	来源	媒介类型	关键词ID	合并项
2	source=baidu	medium=cpc	keywordid=00001	
3	source=baidu	medium=cpc	keywordid=00002	
4	source=baidu	medium=cpc	keywordid=00003	
5	source=baidu	medium=cpc	keywordid=00004	
6	source=baidu	medium=cpc	keywordid=00005	
7	source=baidu	medium=cpc	keywordid=00006	
8	source=baidu	medium=cpc	keywordid=00007	
9	source=baidu	medium=cpc	keywordid=00008	
10	source=baidu	medium=cpc	keywordid=00009	
11	source=baidu	medium=cpc	keywordid=00010	
12	source=baidu	medium=cpc	keywordid=00011	
13	source=baidu	medium=cpc	keywordid=00012	

图 3.15　合并单元格内容

在 SEM 推广中经常需要为账户内的关键词做追踪标记，作为获取原始数据的工具。在图 3.15 中，我们需要把来源、媒介类型、关键词 ID 这三个参数连接起来，使用"&"十秒就可以完成，无论数据是 10 行，亦或是十万行。如图 3.16 所示，在 D2 单元格内输入"=A2&B2&C2"，按回车键即可完成公式的输入，然后向下填充即可完成内容的合并，是不是很简单呢？你也快来试一下吧。

SUBSTITUTE　=A2&B2&C2

	A	B	C	D
1	来源	媒介类型	关键词ID	合并项
2	source=baidu	medium=cpc	keywordid=00001	=A2&B2&C2
3	source=baidu	medium=cpc	keywordid=00002	source=baidumedium=cpckeywordid=00002
4	source=baidu	medium=cpc	keywordid=00003	source=baidumedium=cpckeywordid=00003
5	source=baidu	medium=cpc	keywordid=00004	source=baidumedium=cpckeywordid=00004
6	source=baidu	medium=cpc	keywordid=00005	source=baidumedium=cpckeywordid=00005
7	source=baidu	medium=cpc	keywordid=00006	source=baidumedium=cpckeywordid=00006
8	source=baidu	medium=cpc	keywordid=00007	source=baidumedium=cpckeywordid=00007
9	source=baidu	medium=cpc	keywordid=00008	source=baidumedium=cpckeywordid=00008
10	source=baidu	medium=cpc	keywordid=00009	source=baidumedium=cpckeywordid=00009
11	source=baidu	medium=cpc	keywordid=00010	source=baidumedium=cpckeywordid=00010
12	source=baidu	medium=cpc	keywordid=00011	source=baidumedium=cpckeywordid=00011
13	source=baidu	medium=cpc	keywordid=00012	source=baidumedium=cpckeywordid=00012

图 3.16　"&"合并单元格内容

注意

在 Excel 中，CONCATENATE 函数与 PHONETIC 函数均可实现以上功能，但是 CONCATENATE 函数需要手动点选，不能连选。PHONETIC 函数连接的值类型有限，所以只要熟练掌握连字符"&"就可以满足 SEM 日常合并数据的需要。

3.2.3　LEFT、RIGHT、MID 函数

在 SEM 推广中，经常会对得到的潜在客户信息进行处理，例如现在我们获取到了大量客户的身份证号码，然后在客户生日的当天向客户发送祝福短信，这就需要从客户

的身份证号码中提取出生日期和性别。这时文本处理函数就可以大显身手了。下面我们介绍几个在 SEM 推广中常用的文本处理函数。

1. LEFT 函数

语法 LEFT(string, n)，函数执行成功时返回 string 字符串左边 n 个字符，发生错误时返回空字符串（""）。如果任何参数的值为 NULL，LEFT() 函数返回 NULL。如果 n 的值大于 string 字符串的长度，那么 LFET() 函数返回整个 string 字符串，但并不增加其他字符。

2. RIGHT 函数

语法 RIGHT (string, n)，函数执行成功时返回 string 字符串右边 n 个字符，发生错误时返回空字符串（""）。如果任何参数的值为 NULL，RIGHT() 函数返回 NULL。如果 n 的值大于 string 字符串的长度，那么 RIGHT() 函数返回整个 string 字符串，但并不增加其他字符。

3. MID 函数

语法 MID(text, start_num, num_chars)，是从一个字符串中截取出指定数量的字符，当 start_num 参数小于 1 时，函数返回一个错误；当 start-num 参数值大于 text 参数长度时，返回空字符串；若从 start-num 参数起截取长度超出字符串末尾，或 num-chars 参数被省略，则返回 start-num 参数位置到字符串结尾的所有字符。

你可能会有疑惑，学会以上三个函数，就可以把所有客户的生日日期提取出来，并在生日当天送上祝福了吗？那么我们一步一步来，首先我国居民身份证共 18 位，前 6 位为地址码，代表省、市、县三级地址，第 7 ～ 14 位为生日码，代表出生年月日，第 17 位为性别信息，奇数为男性，偶数为女性。大家可以综合使用 MID 函数、LEFT 函数、RIGHT 函数来提取身份证号码中的客户所在地信息、生日信息、性别信息。

如图 3.17 所示。首先利用 LEFT 函数从客户信息中提取客户的姓名，通过观察后发现客户名字均为 3 个字符，所以使用 LEFT 函数的公式即为：=LEFT(B2,3)，意思是对 B2 单元格的内容从左侧开始提取，提取的长度为 3 个字符。得到的结果就是客户姓名。实际的客户表中可能会有 2 个字的名字、4 个字的名字。在学习完其他函数之后对于名字长度不一致的数据也可以做到提取自如。

C2　fx　=LEFT(B2, 3)

	A	B	C	D	E
1	编号	客人信息	姓名（LEFT函数）	出生日期（MID函数）	地域（RIGHT函数）
2	1	张朝礼511901197811190711北京市客人	张朝礼		
3	2	范明芳370313199304161431上海市客人	范明芳		
4	3	程仕伟110181199310188611天津市客人	程仕伟		
5	4	李开红413016199701150914重庆市客人	李开红		
6	5	霍雨迁130519198503170315广州市客人	霍雨迁		
7	6	武建禄411701199608141719深圳市客人	武建禄		
8	7	王会莲131016198811151315成都市客人	王会莲		
9	8	赵京潇360111199406061130北京市客人	赵京潇		
10	9	张少巍371511199807178416北京市客人	张少巍		
11	10	张丽娜510511199801051918武汉市客人	张丽娜		

图 3.17　取左函数 LEFT()

接下来是出生日期的提取，出生日期是从身份证号码的第 7 位开始，接下来的 8 位数字，需要考虑到最前面的姓名 3 个字符，所以开始提取的位置为 10（汉字字符数 + 地域位数），提取的长度为 8。定位到 D2 单元格，在单元格内输入 =MID(B2,10,8)。然后向下填充，所有客户的出生日期信息都完整地提取出来了，如图 3.18 所示。如果想对出生日期信息做进一步的美化，可以在 “=MID(B2,10,8)” 的外围加上 TEXT 函数来转变格式。具体公式为“=TEXT(MID(B2,10,8),"0000 年 00 月 00 日 ")”，得出的结果如图 3.19 所示。

D2　　fx　=MID(B2,10,8)

	A	B	C	D	E
1	编号	客人信息	姓名（LEFT函数）	出生日期（MID函数）	地域（RIGHT函数）
2	1	张朝礼511901197811190711北京市客人	张朝礼	19781119	
3	2	范明芳370313199304161431上海市客人	范明芳	19930416	
4	3	程仕伟110181199310188611天津市客人	程仕伟	19931018	
5	4	李开红413016199701150914重庆市客人	李开红	19970115	
6	5	霍雨迁130519198503170315广州市客人	霍雨迁	19850317	
7	6	武建禄411701199608141719深圳市客人	武建禄	19960814	
8	7	王会莲131016198811151315成都市客人	王会莲	19881115	
9	8	赵京潇360111199406061130北京市客人	赵京潇	19940606	
10	9	张少巍371511199807178416北京市客人	张少巍	19980717	
11	10	张丽娜510511199801051918武汉市客人	张丽娜	19980105	

图 3.18　MID 函数

D2　　fx　=TEXT(MID(B2,10,8),"0000年00月00日")

	A	B	C	D	E
1	编号	客人信息	姓名（LEFT函数）	出生日期（MID函数）	地域（RIGHT函数）
2	1	张朝礼511901197811190711北京市客人	张朝礼	1978年11月19日	
3	2	范明芳370313199304161431上海市客人	范明芳	1993年04月16日	
4	3	程仕伟110181199310188611天津市客人	程仕伟	1993年10月18日	
5	4	李开红413016199701150914重庆市客人	李开红	1997年01月15日	
6	5	霍雨迁130519198503170315广州市客人	霍雨迁	1985年03月17日	
7	6	武建禄411701199608141719深圳市客人	武建禄	1996年08月14日	
8	7	王会莲131016198811151315成都市客人	王会莲	1988年11月15日	
9	8	赵京潇360111199406061130北京市客人	赵京潇	1994年06月06日	
10	9	张少巍371511199807178416北京市客人	张少巍	1998年07月17日	
11	10	张丽娜510511199801051918武汉市客人	张丽娜	1998年01月05日	

图 3.19　MID 函数嵌套使用

最后是提取客户的所在地，地域维度的客户量统计是一个很重要的指标，每一个地域的客户数量和我们的推广策略之间有着千丝万缕的关系，如广告的投放量和客户量之间是否成正比关系，所以统计清楚每个地域的客户量对于投放方向的判断有着相当重要的指向作用。如图 3.20 所示，我们根据当前数据表，首先从客户信息表中提取出地域，然后统计出每个地域的客户量。采用 RIGHT 函数来提取地域，定位到 E2 单元格，通过观察发现地域信息都是 5 个字符，在 E2 单元格内输入 “=RIGHT(B2,5)”，然后向下填充，即可完成所有地域信息的提取。接下来可以使用后续学习到的 Excel 功能来对地域的客户数量进行快速统计，以期达到数据分析的目的。

以上内容就是 LEFT 函数、MID 函数、RIGHT 函数的具体使用了，但是这三个函数的使用场合远不止这些，如果需要增加一列客户性别，那么就需要从客户信息中提取身份证号码的第 17 位（第 17 位为性别信息，奇数为男性，偶数为女性），快来试一下如何判断客户的性别吧！

E2 =RIGHT(B2,5)

	A	B	C	D	E
1	编号	客人信息	姓名（LEFT函数）	出生日期（MID函数）	地域（RIGHT函数）
2	1	张朝礼511901197811190711北京市客人	张朝礼	1978年11月19日	北京市客人
3	2	范明芳370313199304161431上海市客人	范明芳	1993年04月16日	上海市客人
4	3	程仕伟110181199310188611天津市客人	程仕伟	1993年10月18日	天津市客人
5	4	李开红413016199701150914重庆市客人	李开红	1997年01月15日	重庆市客人
6	5	霍雨迁130519198503170315广州市客人	霍雨迁	1985年03月17日	广州市客人
7	6	武建禄411701199608141719深圳市客人	武建禄	1996年08月14日	深圳市客人
8	7	王会莲131016198811151315成都市客人	王会莲	1988年11月15日	成都市客人
9	8	赵京潇360111199406061130北京市客人	赵京潇	1994年06月06日	北京市客人
10	9	张少巍371511199807178416北京市客人	张少巍	1998年07月17日	北京市客人
11	10	张丽娜510511199801051918武汉市客人	张丽娜	1998年01月05日	武汉市客人

图 3.20　RIGHT 函数

注意

提取性别信息时可以先使用 RIGHT() 函数取得身份证最后两位，再使用 LEFT() 函数取得这两位数中的第一位，然后使用 MOD() 函数对 2 取余数，此时得到的余数只能是 0 和 1，最后使用 TEXT() 函数将余数转换为员工的性别，"[=0] 女 ;[=1] 男 " 是一个条件格式，表示前面的值为 0 时输出文本“女”，为 1 时输出文本“男”，公式为 =TEXT(B1,"[=0] 女 ;[=1] 男 ")。或者也可采用 IF 函数来判断。

3.2.4　LEN、LENB 函数

在实际的客户信息表中，3 个字的名字居多，但 2 个字、4 个字的名字也不少见。对于名字长度不一的信息表，如图 3.21 所示，如何提取呢？此时 LEN 函数、LENB 函数就可以派上用场了。

C2 =LEN(B2)

	A	B	C	D	E
1	编号	客人信息	LEN函数	LENB函数	身份证号码
2	1	张朝511901197811190711	20		
3	2	范芳370313199304161431	20		
4	3	程仕伟110181199310188611	21		
5	4	李红413016199701150914	20		
6	5	霍雨130519198503170315	20		
7	6	武建禄411701199608141719	21		
8	7	王会莲131016198811151315	21		
9	8	赵京360111199406061130	20		
10	9	张少371511199807178416	20		
11	10	张娜510511199801051918	20		

图 3.21　LEN 函数

LEN 函数：LEN 函数的功能为返回文本字符串中的字符数，如图 3.21 所示。

语法 LEN (string)：函数执行成功时返回字符串 string 的长度，发生错误时返回 -1。如果参数的值为 NULL，则 LEN() 函数返回 NULL。

LENB 函数：LENB 函数的功能是返回字符串中用于代表字符的字节数。一个汉字

为一个字符，但却是两个字节，所以分别使用 LEN 函数和 LENB 函数对一串含有汉字的字符进行测长的话，返回的数字肯定不一样，如图 3.22 所示。

D2　=LENB(B2)

	A	B	C	D	E
1	编号	客人信息	LEN函数	LENB函数	身份证号码
2	1	张朝511901197811190711	20	22	
3	2	范芳370313199304161431	20	22	
4	3	程仕伟110181199310188611	21	24	
5	4	李红413016199701150914	20	22	
6	5	霍雨130519198503170315	20	22	
7	6	武建禄411701199608141719	21	24	
8	7	王会莲131016198811151315	21	24	
9	8	赵京360111199406061130	20	22	
10	9	张少371511199807178416	20	22	
11	10	张娜510511199801051918	20	22	

图 3.22　LENB 函数

如图 3.22 中所示的客户信息表，客户姓名长度不一，怎样提取名字后边的身份证号码呢？仔细观察下 LEN 函数和 LENB 函数的结果，发现 LENB() 减去 LEN() 的差刚好是第一个客户姓名的字符长度。反之 2*LEN() 减 LENB 得到的差刚好等于身份证号码的长度。至此，是不是发现了什么？如图 3.23 所示，选中 E2 单元格，输入提取身份证号码的公式为："=MID(B2,LENB(B2)-LEN(B2)+1,2*LEN(B2)-LENB(B2))"。此逻辑不单单适用于这种情况，汉字 + 数字类型的文本均可用此方法进行提取，例如姓名 + 手机号、姓名 + 员工编号等，大家要学会举一反三。

E2　=MID(B2,LENB(B2)-LEN(B2)+1,2*LEN(B2)-LENB(B2))

	A	B	C	D	E
1	编号	客人信息	LEN函数	LENB函数	身份证号码
2	1	张朝511901197811190711	20	22	511901197811190711
3	2	范芳370313199304161431	20	22	370313199304161431
4	3	程仕伟110181199310188611	21	24	110181199310188611
5	4	李红413016199701150914	20	22	413016199701150914
6	5	霍雨130519198503170315	20	22	130519198503170315
7	6	武建禄411701199608141719	21	24	411701199608141719
8	7	王会莲131016198811151315	21	24	131016198811151315
9	8	赵京360111199406061130	20	22	360111199406061130
10	9	张少371511199807178416	20	22	371511199807178416
11	10	张娜510511199801051918	20	22	510511199801051918

图 3.23　LEN 与 LENB 函数的配合使用

3.2.5　SUM、SUMIF、SUMIFS 函数

求和函数在做数据汇总时使用最多。直接求和、有条件求和的使用都很频繁，下面我们主要介绍 SUM 函数、SUMIF 函数、SUMIFS 函数。

SUM 函数：返回某一单元格区域中数字、逻辑值及数字形式的文本表达式之和。如果参数中有错误值或为不能转换成数字的文本，将会导致错误。SUM 函数内的参数可以是多个单元格，以逗号隔开；也可以是连续的单元格区域。SUM 函数的使用方法有很多种，函数内的参数也灵活多变，我们先介绍一种最常见的使用形式。如图 3.24 所示，拿到一份推广报表后，想对消费进行汇总，就可以使用 SUM 函数，求和既方便又快速。

B11　　=SUM(B2:B10)

	A	B	C	D	E	F
1	关键词名称	消费	点击	展现	点击率	转化
2	it培训学校	492.74	71	35283	0.20%	6
3	北京的大专学校	57.82	64	2906	2.20%	0
4	北京软件学院	115.72	52	2621	1.98%	0
5	北京市计算机学校	1043	64	1778	3.60%	1
6	北京中专院校	168.55	55	1310	4.20%	0
7	软件测试工程师	184.76	51	7396	0.69%	0
8	软件职业技术学院	169.18	52	2395	2.17%	0
9	网络工程师	276.93	73	14416	0.51%	0
10	网络营销	205.99	51	16105	0.32%	0
11	合计	2714.69				

图 3.24　SUM 函数使用

SUMIF 函数的语法是：SUMIF(range, criteria, sum_range)。SUMIF 函数的参数介绍如下：

- 第一个参数：range 为条件区域，用于条件判断的单元格区域。
- 第二个参数：criteria 是求和条件，是由数字、逻辑表达式等组成的判定条件。
- 第三个参数：sum_range 为实际求和区域，是需要求和的单元格、区域或引用。

当省略第三个参数时，则条件区域就是实际求和区域。criteria 参数中可以使用通配符，包括问号（?）和星号（*）。问号匹配任意单个字符；星号匹配任意一串字符。如果要查找实际的问号或星号，需在该字符前输入波浪号（~）。只有在区域中相应的单元格符合条件的情况下，sum_range 中的单元格才求和。在如图 3.25 所示的数据表中，对点击率大于 1% 的点击量进行求和，而点击率小于 1% 的点击量不计入求和。只有点击率大于 1% 这一个条件，那么使用 SUMIF 函数可以轻松完成。选中单元格 C11，输入公式“=SUMIF(E1:E10,">1%",C1:C10)”，就可以求出点击率大于 1% 的点击量之和了。

C11　　=SUMIF(E1:E10,">1%",C1:C10)

	A	B	C	D	E	F
1	关键词名称	消费	点击	展现	点击率	转化
2	it培训学校	492.74	71	35283	0.20%	6
3	北京的大专学校	57.82	64	2906	2.20%	0
4	北京软件学院	115.72	52	2621	1.98%	0
5	北京市计算机学校	1043	64	1778	3.60%	1
6	北京中专院校	168.55	55	1310	4.20%	0
7	软件测试工程师	184.76	51	7396	0.69%	0
8	软件职业技术学院	169.18	52	2395	2.17%	0
9	网络工程师	276.93	73	14416	0.51%	0
10	网络营销	205.99	51	16105	0.32%	0
11	合计	2714.69	287			

图 3.25　SUMIF 函数

SUMIF 函数是对满足指定条件的若干单元格进行求和，而 SUMIFS 函数，顾名思义，就是对满足指定的多个条件的若干单元格进行求和。相比较 SUMIF 函数，SUMIFS 函数是对指定条件进行了升级，由一个条件增加到了多个条件，更复杂了，求和功能也更多样化、更强大了。另外 SUMIFS 函数区别于 SUMIF 函数的是求和区域前置了，第一个参数为求和区域，其次是条件一判断区域、条件一，条件二判断区域、条件二……

SUMIFS(sum_range, criteria_range1, criteria1, [criteria_range2, criteria2], ...)

- criteria_range1 为计算关联条件的第一个区域。
- criteria1 为条件 1，条件的形式为数字、表达式、单元格引用或者文本，可用来定义将对 criteria_range1 参数中的哪些单元格求和。例如，条件可以表示为 32、“>32”、B4、" 关键词 "。
- criteria_range2 为计算关联条件的第二个区域。
- criteria2 为条件 2。条件区域和条件均成对出现。Excel 最多允许 127 个条件区域、条件对，即参数总数不超 255 个。
- sum_range 是需要求和的实际单元格，包括数字或包含数字的名称、区域或单元格引用，忽略空白值和文本值。

所以对满足两个或两个以上的条件求和都属于多条件求和，我们就以两个条件为例来介绍。在如图 3.26 所示的表中，对展现量求和，要求既满足消费大于 100，又满足点击量大于 60。所以选中 D11 单元格，先输入函数名 SUMIFS，第一个参数是要求和的区域，也就是 D1:D10；第二、三个参数为条件判断区域一、条件一，条件判断区域一为 B1:B10，条件一为“>100”；第四、五个参数为条件判断区域二、条件二，条件判断区域二为 C1:C10，条件二为“>60”。所以完整的公式为“=SUMIFS(D1:D10,B1:B10,">100",C1:C10,">60")”。如果再有条件增加，依次类推即可。是不是很简单呢？快来试一下吧！

D11　=SUMIFS(D1:D10,B1:B10,">100",C1:C10,">60")

	A	B	C	D	E	F
1	关键词名称	消费	点击	展现	点击率	转化
2	it培训学校	492.74	71	35283	0.20%	6
3	北京的大专学校	57.82	64	2906	2.20%	0
4	北京软件学院	115.72	52	2621	1.98%	0
5	北京市计算机学校	1043	64	1778	3.60%	1
6	北京中专院校	168.55	55	1310	4.20%	0
7	软件测试工程师	184.76	51	7396	0.69%	0
8	软件职业技术学院	169.18	52	2395	2.17%	0
9	网络工程师	276.93	73	14416	0.51%	0
10	网络营销	205.99	51	16105	0.32%	0
11	合计	2714.69	287	51477		

图 3.26　SUMIFS 函数

注意

只有在判断区域中相应的单元格符合条件的情况下，sum_range 中的单元格才求和，如果省略了 sum_range，则对判断区域中的单元格求和。

3.2.6 查找之王——VLOOKUP 函数

VLOOKUP 函数，曾有人戏称其为“查找之王”“函数之王”，从这些美誉中足以感知到它的强大。VLOOKUP 函数应该算是 SEM 日常工作中最常用的函数之一，对于 SEM 专员来讲，不懂 VLOOKUP 函数，就很难做好数据分析，所以说它是 SEM 数据分析的函数之王。掌握 VLOOKUP 函数是进行数据分析的关键，因为在推广中会产生大量的数据，大致可分为账户推广数据、统计工具数据、咨询工具数据。如何将这三部分数据整合起来，形成完整的数据链，VLOOKUP 函数是不二之选。

VLOOKUP 函数的语法是：VLOOKUP(lookup_value,table_array,col_index_num,range_lookup)，参数的具体含义如表 3.1 所示。

表3.1 VLOOKUP函数参数说明

参数	简单说明	输入数据类型
lookup_value	要查找的值	数值、引用或文本字符串
table_array	要查找的区域	数据表区域
col_index_num	返回数据区域的第几列	正整数
range_lookup	模糊匹配	TRUE（或不填）/FALSE

- lookup_value 为需要在数据表第一列中进行查找的数值。lookup_value 可以为数值、引用或文本字符串。当 VLOOKUP 函数省略第一个参数查找值时，表示用 0 查找。
- table_array 为需要在其中查找数据的数据表，是对区域或区域名称的引用。
- col_index_num 为 table_array 中查找数据的数据列序号。col_index_num 为 1 时，返回 table_array 第一列的数值；col_index_num 为 2 时，返回 table_array 第二列的数值，依次类推。如果 col_index_num 小于 1，函数 VLOOKUP 返回错误值 #VALUE!；如果 col_index_num 大于 table_array 的列数，函数 VLOOKUP 返回错误值 #REF!。
- range_lookup 为一逻辑值，指明函数 VLOOKUP 查找时是精确匹配，还是近似匹配。如果为 FALSE 或 0，则返回精确匹配，如果找不到，则返回错误值 #N/A；如果 range_lookup 为 TRUE 或 1，VLOOKUP 函数将查找近似匹配值，也就是说，如果找不到精确匹配值，则返回小于 lookup_value 的最大数值；如果 range_lookup 省略，则默认为近似匹配。

下面我们用一个实例来演示 VLOOKUP 函数的使用，图 3.27 左侧是汇总好的每一名销售在第一、二、三、四季度的销售业绩以及全年总计销量。由于数据量太大（无法全部罗列出来，只取部分数据以作演示），领导仅给出了几名销售骨干的工号，希望看下这几名销售骨干的业绩。

在当前工作表或者其他工作表输入工号，如图 3.27 右侧所示，选中工号后边单元格 I4，要查找的工号为 100003，查找的区域为左侧的 A2:F12，返回值在查找区域的第

6 列，按照精确查找模式进行查找，因为每一名员工都是唯一的。那么对应公式的第一个参数即为 H4，第二个参数为 A2:F12，此处要注意查找值一定是在查找区域的第一列，也就是左侧的工号列一定要在查找区域的最前面。第三个参数为返回值所在的列，返回的全年总计在第 6 列，故参数为 6。精确查找的话，第四个参数就为 FALSE。所以在 I4 单元格内输入完整公式 "=VLOOKUP(H4,A2:F12,6,FALSE)"，如图 3.28 所示。然后向下拖拉就可以完成这几名骨干员工业绩的查找。

	A	B	C	D	E	F	G	H	I	J
1	年度销量报表									
2	工号	第一季度	第二季度	第三季度	第四季度	全年总计				
3	100001	91	91	68	87	337		工号	全年总计	
4	100002	59	78	69	80	286		100003		
5	100003	71	88	89	70	318		100004		
6	100004	91	60	66	89	306		100005		
7	100005	84	89	86	57	316		100007		
8	100006	86	83	67	63	299		100010		
9	100007	77	90	67	73	307				
10	100008	79	88	74	70	311				
11	100009	74	68	69	74	285				
12	100010	69	89	84	62	304				
13										

图 3.27　VLOOKUP 函数使用

I4　　=VLOOKUP(H4,A2:F12,6)

	A	B	C	D	E	F	G	H	I
1	年度销量报表								
2	工号	第一季度	第二季度	第三季度	第四季度	全年总计			
3	100001	91	91	68	87	337		工号	全年总计
4	100002	59	78	69	80	286		100003	318
5	100003	71	88	89	70	318		100004	306
6	100004	91	60	66	89	306		100005	316
7	100005	84	89	86	57	316		100007	307
8	100006	86	83	67	63	299		100010	304
9	100007	77	90	67	73	307			
10	100008	79	88	74	70	311			
11	100009	74	68	69	74	285			
12	100010	69	89	84	62	304			
13									

图 3.28　VLOOKUP 函数查找结果

注意

VLOOKUP 函数最容易出错的地方：第一是查找区域的首列必须含有查找的内容，第二是查找区域要使用绝对引用。切记切记！

本章总结

- 粘贴技巧：要善于使用选择性粘贴，可以做到事半功倍。
- 分列、冻结、筛选需要在数据分析中经常使用，熟能生巧。
- 高级筛选是一项非常强大的功能，其强大主要在于条件区域可以使用公式产生多种变化，实现多重数据筛选需求。

- 文本处理函数：LEFT 函数、RIGHT 函数、MID 函数、连字符 &、LEN 函数、LENB 函数在处理不规则数据时，非常强大。
- VLOOKUP 函数是 SEM 数据分析中最重要的一个函数，没有之一，也是 Excel 中的一个经典函数。

本章作业

1. 说出定位功能的快捷键（说出两种）。
2. 简述分列功能的使用步骤。
3. 冻结窗格有几种方式？简述每一种冻结方式的操作步骤。
4. 自拟一份语文成绩表，90 分以上为优秀，80 ～ 90 分为良好，60 ～ 80 分为合格，60 分以下为不及格，请使用 IF 函数来判断学员成绩是否合格。
5. 写出你对 VLOOKUP 函数的理解，并自拟数据进行 VLOOKUP 函数的使用练习。
6. 登录课工场，按要求完成预习作业。

第 4 章

数据获取与处理

技能目标

- ❖ 掌握 SEM 各阶段数据的导出方法
- ❖ 能够独立完成数据的清洗工作
- ❖ 掌握数据链合成的方法，并对合成后的数据链进行分析

本章导读

随着推广的深入，会产生大量的数据，有咨询工具部分的数据、推广账户后台的数据、网站统计工具的数据，各种数据分布在不同的平台。我们需要把不同阶段的数据导出，并把数据处理成有价值的、可供分析的格式，而不再是零零散散的数据；再根据数据链计算相关量指标和质指标，并用来指导和修正投放方向和投放策略。

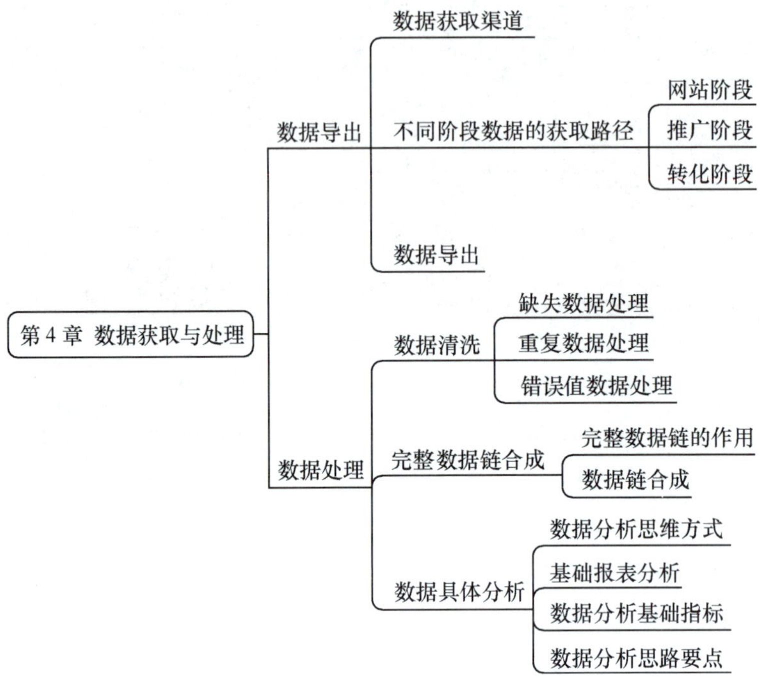

4.1 数据导出

数据导出，顾名思义就是把各个平台上提供的数据导出到本地。因为数据来自于不同的平台，所以数据格式难免会有出入，需要对格式不一致的数据进行处理，以符合我们的数据分析要求。

4.1.1 数据获取渠道

数据获取的渠道一共分为三大块，首先是推广阶段的数据，也就是账户后台提供的相关数据；其次是网站统计阶段的数据，也就是百度统计相关报告提供的数据；最后是在线咨询工具数据。

1. 账户数据报告

数据报告是获取自身账户推广数据最直接的入口，在百度推广后台“数据报告”中提供了多个维度的数据报告可供下载。登录百度推广账户，进入搜索推广版块，点击“推广报告”选项卡或者底部的“数据报告”选项卡均可以进行数据报告的下载。数据报告目前提供基础报告、维度分析报告、产品效果报告、定制报告、其他报告等，其中基础报告和维度分析报告是最常用的数据报告。

（1）基础报告

基础报告里包含账户、推广计划、推广单元、关键词四个层级的数据报告，另外还包含基础创意报告、高级创意报告、组件创意报告、搜索词报告，如图 4.1 所示。各报告统计的数据指标包括：

- 消费：指定范围内的点击消费总金额。
- 点击量：指定范围内获得的点击次数，即潜在客户点击推广结果的次数。
- 平均点击价格：每次点击平均价格，即消费 / 点击量。
- 展现量：指定范围内获得的展现次数，即推广结果覆盖了多少网民。

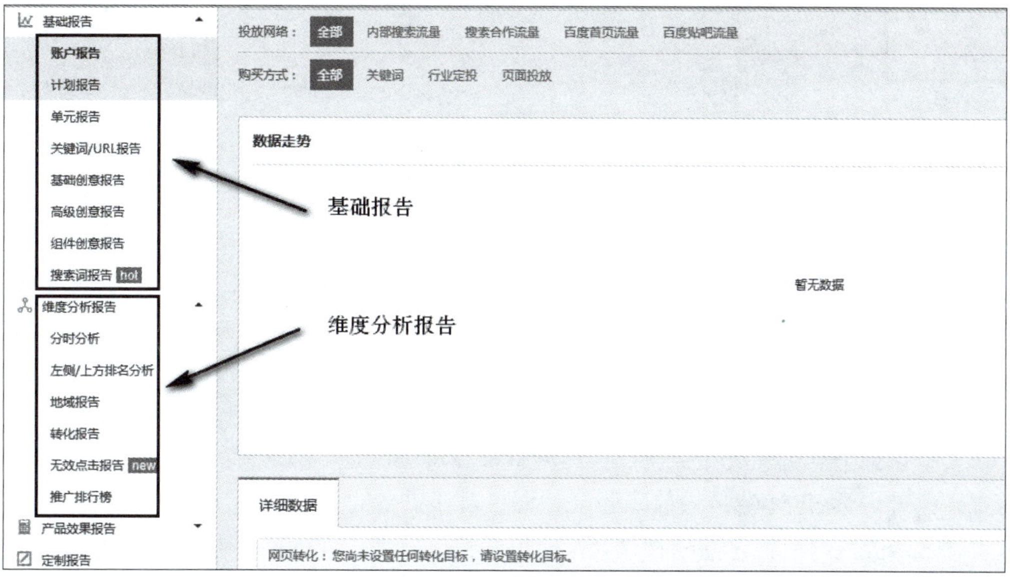

图 4.1　百度数据报告

（2）维度分析报告

维度分析报告里包含分时分析报告、左侧 / 上方排名分析报告、地域报告、转化报告、无效点击报告、推广排行榜报告等。

注意

统计报告中的数据并非实时数据，系统可能无法提供最近半小时内的展现量、点击量、消费和点击率数据等。另外，由于反作弊系统对于无效展现的排查会引发数据修正，最近 1 小时内的展现数据可能会发生波动。无效展现是与正常展现相对而言的，是经系统确认非正常检索行为带来的展现。包括机器产生的检索和人为不以搜索为目的产生的检索行为，如 SEO 刷词、爬虫流量、双击检索等。

2. 百度统计相关报告

百度统计提供各种维度的访客行为分析报告，如图 4.2 所示，这些报告可以帮助企业全方位改善网站质量与推广方案。

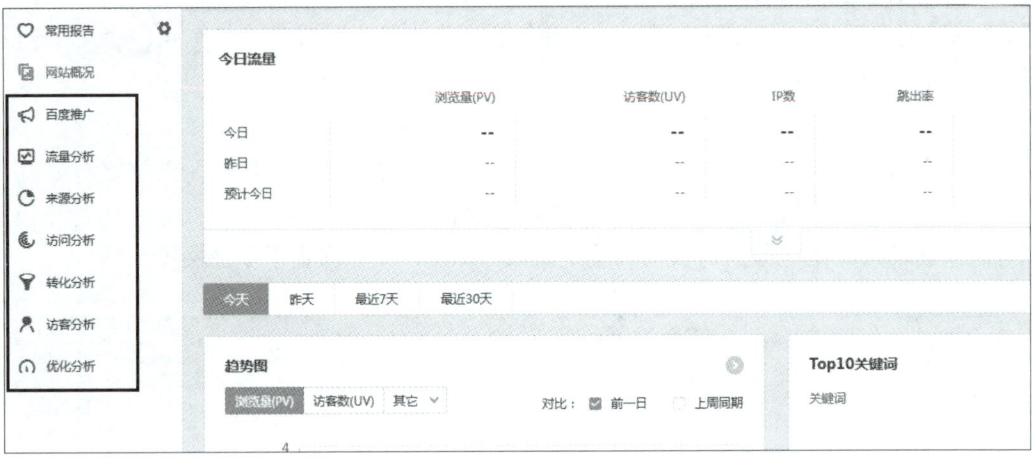

图 4.2 百度统计报表

（1）流量分析报告

流量分析——多少人来过企业网站？流量分析模块包含流量趋势分析、实时访客、跨屏分析等报告，能告诉 SEM 专员谁来过企业网站，他们分别来自什么地域，以及这些访客是否足够关注你的网站等。

（2）来源分析报告

流量来源——访客从什么途径来？流量来源模块包含全部来源、搜索引擎、搜索词等报告，能告诉 SEM 专员投放哪些关键词可以让更多的潜在客户找到企业网站，哪些关键词还需要进一步优化，哪种媒介推广方式更有效果，哪种推广方式需要改善等。

（3）百度推广报告

推广效果——推广效果如何？推广效果模块包含百度推广报告，如搜索推广、网盟推广等，能告诉 SEM 专员投放的关键词中哪些访问及转化效果更好，哪些需要进一步优化等。

（4）访问分析报告

网站访问——网站够好么？该模块包含受访页面、入口页面、页面热力图、页面上下游等报告，能告诉 SEM 专员网站上哪些页面最受网民欢迎，页面的热点区域，访客习惯的访问轨迹等。

（5）访客分析报告

访客特征——来访的访客什么样？访客特征模块包含地域分布、访客属性和系统环境等报告，能告诉 SEM 专员访客从什么地区来，使用何种系统环境，男女年龄比例等信息。

（6）转化分析报告

转化情况——转化效果怎么样？该模块包括转化概况、转化路径、订单分析等报告，能帮助企业监控转化效果，有针对性地发现问题、提升转化。

（7）优化分析报告

网站诊断——网站流畅吗？该模块包括 SEO 分析、搜索词排名、升降榜等报告，能帮助 SEM 专员检查网站对百度搜索引擎的友好程度，并提出优化的官方建议，评估网站推广效果或查找变化原因。

3. 咨询工具数据

咨询工具都具有数据导出的功能，例如网站商务通，在主界面上显示有“历史记录”字样，如图 4.3 所示，点击“历史记录”即可进入访客记录下载界面，选择对应时段的报告下载即可。

图 4.3　历史记录入口

“导出报表”功能是历史记录的主要功能之一，它可以方便地将历史记录的数据进行分类或排序后生成一套系统的报表数据，如图 4.4 所示。

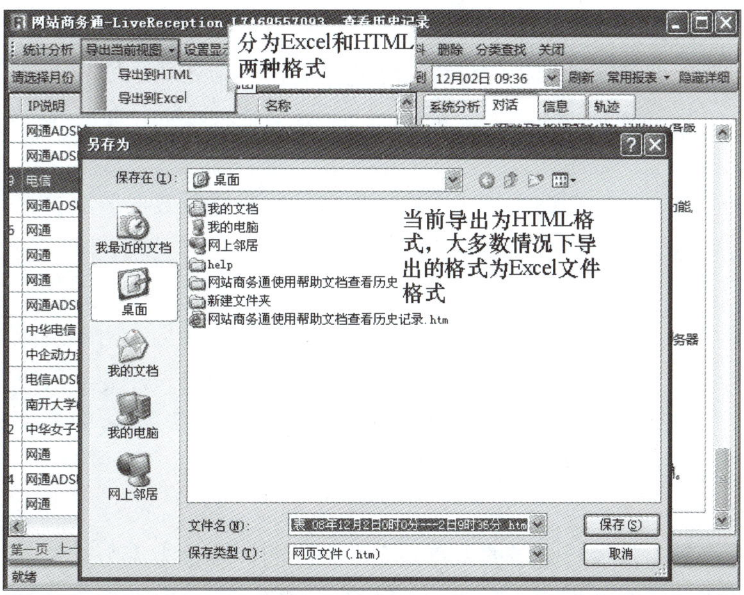

图 4.4　历史记录导出

4.1.2 不同阶段数据的获取路径

数据越全面，推广的分析和推演越接近真实情况，所以要尽可能把所有的数据都获取到，并进行汇总和整理。主要有推广阶段数据、网站阶段数据、转化阶段数据。

1. 推广阶段

推广阶段的数据主要来源于各推广平台后台的数据报告，例如百度凤巢后台数据报告、360 点睛营销平台数据报告、搜狗推广后台数据报告。目前各搜索引擎的后台都已日趋成熟，直接登录账户进入后台的数据中心，下载对应数据报告即可。

2. 网站阶段

网站阶段数据的获取，大多中小企业都是直接外挂的第三方统计软件，如 GA、百度统计、CNZZ、51LA 等，虽然大多数统计工具在功能上相差无几，但是统计数据还是有微小的差别。例如对百度统计和 CNZZ 两个平台难以取舍，可以两个平台都上，当双重保险。平时的分析中，CNZZ 使用得更普遍，如果你的网站使用了百度竞价，那么百度统计是更好的选择。或者两种统计代码全部部署到网站上去。现在统计代码基本都是异步加载，不用太过担心网站打开速度的问题。

3. 转化阶段

转化阶段的数据主要来源于咨询工具（例如网站商务通、乐语、live800、53kf、百度商桥等）和公司 CRM 系统，主流的在线客服系统在数据留存方面已经相当成熟，在客服软件后台直接选定时间段下载即可，CRM 系统可直接导出销售记录。

4.2 数据处理

数据处理是数据分析过程中非常重要的一个环节，没有数据处理，就没办法进行分析。如何将数据处理成便于分析的样式。这就需要在数据处理上好好下一番功夫。

4.2.1 数据清洗

从各个渠道获取到的数据在格式上难免存在一些问题，数据清洗的过程就是对数据中的缺失值、重复值、错误值、文本型数值等纠错的过程。

1. 缺失数据处理

数据缺失主要有记录的缺失和记录中某个字段信息的缺失，两者都会造成统计结果的不准确。销售阶段的数据在整理时可能会人为造成数据缺失，使数据的完整性受到破坏。如果是主关键词缺失，该条记录已经失去了分析的意义，直接删除该条记录；如果是某个属性值缺失，以零补缺，如图 4.5 所示。

2. 重复数据处理

数据重复一般是指一行记录的信息是完全一样的，多数为人为重复录入。一条记录多次录入，会影响分析结果的准确性，在错误的数据上分析出错误的结果，所以重复数据也是不允许存在的，要做好去重处理，如图 4.6 所示。

关键词	展现量	点击量	消费	点击率	平均点击价格	平均排名
网络营销课程	143	8	134.95	5.59%	16.87	2.63
	79	4	41.44	5.06%	10.36	4
哪里有网络营销培训	17	1	5.47	5.88%	5.47	

图 4.5　缺失数据处理

关键词	展现量	点击量	消费	点击率	平均点击价格	平均排名
网络营销课程	143	8	134.95	5.59%	16.87	2.63
网络营销学习	79	4	41.44	5.06%	10.36	4
网络营销课程	143	8	134.95	5.59%	16.87	2.63

图 4.6　重复数据处理

3. 错误值数据处理

数据格式错误，如时间、日期、数值、全半角等显示格式不一致。例如销售表格，可能由很多名销售的表格合并而成，所以会存在格式不一致、全半角字符等问题，这一类的问题均需要进行格式统一化。格式不一致的数据如图 4.7 所示。

日期	账户	推广计划	推广单元	关键词	展现量	点击量	消费	点击率	平均点击价格
2017-2-20	A账户	网络营销	营销-培训	四川网络营销培训	3	0	0	0.00%	0
2017-2-20	A账户	网络营销	营销-培训	网络营销培训	12	3	51.77	25.00%	17.26
2017-2-20	A账户	网络营销	营销-培训	成都网络营销培训	1	0	0	0.00%	0
02-20-17	A账户	网络营销	网络营销	四川网络营销	9	0	0	0.00%	0
2017-2-20	A账户	网络营销	网络营销	网络营销	6 2	2	16.42	3.23%	8.21
2017-2-20	A账户	网络营销	网络营销	成都网络营销	5	1	8.67	0.2	8.67
2017-2-20	A账户	网络营销	营销-哪里好	网络营销哪里好	31	1	9.41	3.23%	9.41

图 4.7　数据格式不一致

4.2.2　完整数据链合成

在数据分析中，得到一些阶段性的数据，例如推广阶段数据、网站阶段数据、咨询转化阶段数据。对阶段性数据进行分析得到的是阶段性质指标，阶段性质指标能说明的问题往往比较片面，而数据分析需要纵观全局，所以需要把阶段性的数据进行对接，得到一条完整的数据链，才能在最大程度上反映出推广的过程，以及整个过程中出现的问题，进而根据问题来进行优化调整。

1. 完整数据链的作用

完整数据链的作用主要包括以下六个方面。

（1）完整的数据链更能反映推广真实情况

形成完整数据链后，真实的推广情况都会反映到数据链变化上，这样能对问题的排查和解决提供更多的便捷，驱动营销决策。

（2）指导关键词调价

完整的数据链可以快速制作出关键词 ROI 值表，如图 4.8 所示，即关键词—关键词消费—关键词对话量—关键词留电量—关键词对话成本—关键词留电成本。根据这一关键词维度的数据链，可以计算出关于关键词的一系列指标，如点击成本、对话成本、留电成本、转化成本、点击率、进入率、转化率等。通过对量指标和质指标的分析，可以全方位对该关键词的“能力”进行评估，从而对关键词出价进行考量，是提高出价，还是降低出价。

关键词名称	消费	展现	点击	平均排名	点击率	转化	转换率	转化成本	出价	平均点击价格
上海有哪些医院有儿科	5461.27	758	72	2.51	9.50%	14	19.44%	390.09	98.06	75.85
上海哪些医院儿科好	5397.16	1571	73	2.41	4.65%	13	17.81%	415.17	93.72	73.93
长宁区妇幼保健院	3987.32	1419	365	1.22	25.72%	77	21.10%	51.78	11.36	10.92
上海医院排名	3033.46	711	79	2.75	11.11%	3	3.80%	1011.15	26.81	38.4
上海儿科	2703.19	282	11	1.68	3.90%	3	27.27%	901.06	365.88	245.74
脑瘫早期症状	1830.21	306	63	1.08	20.59%	7	11.11%	261.46	35.23	29.05
脑瘫好治疗吗	1824.18	242	30	1.91	12.40%	5	16.67%	364.84	56.26	60.81
儿童医院	1795.94	184	7	3.26	3.80%	2	28.57%	897.97	255.66	256.56
上海儿童医院	1774.75	341	40	1.1	11.73%	0	0.00%	#DIV/0!	65.55	44.37
上海哪家医院儿科好	1699.46	862	16	2.72	1.86%	1	6.25%	1699.46	58.99	106.22
脑瘫治疗最佳时间	1577.28	338	26	4.1	7.69%	2	7.69%	788.64	50.24	60.66
上海浦东儿科	1396.9	197	10	3.14	5.08%	2	20.00%	698.45	148.7	139.69
上海正规儿童医院	1364.22	1324	18	3.89	1.36%	4	22.22%	341.06	92.65	75.79
上海 脑瘫治疗	1351.43	113	9	3.06	7.96%	1	11.11%	1351.43	195.48	150.16
上海医保儿童医院	1313.86	2713	16	3.6	0.59%	3	18.75%	437.95	96.68	82.12
上海公立医院	1261.07	250	54	1.1	21.60%	9	16.67%	140.12	23.88	23.35
上海妇幼保健医院	1233.76	145	20	3.23	13.79%	3	15.00%	411.25	158.26	61.69
上海最好的儿童医院	1196.87	79	32	0.72	40.51%	0	0.00%	#DIV/0!	75.88	37.4
闵行区妇幼保健院	1158.33	772	108	1.49	13.99%	8	7.41%	144.79	11.36	10.73
儿童哮喘	1094.17	374	42	1.35	11.23%	0	0.00%	#DIV/0!	55	26.05
上海哪家医院治疗儿童哮喘	1088.58	724	14	2.19	1.93%	3	21.43%	362.86	96.42	77.76
上海儿科	1038.63	257	8	4.99	3.11%	3	37.50%	346.21	106.95	129.83
上海儿科医院	947.27	235	4	3.23	1.70%	1	25.00%	947.27	365.88	236.82
上海最好的儿童医院	917.18	87	5	3.19	5.75%	1	20.00%	917.18	284.73	183.44
儿童癫痫	865.06	470	40	1.87	8.51%	3	7.50%	288.35	28.96	21.63
普陀区妇幼保健院	856.04	271	80	1.02	29.52%	11	13.75%	77.82	11.36	10.7

图 4.8　指导关键词调价

（3）指导推广地域选择

完整的数据链可以快速制作出地域 ROI 值表，如图 4.9 所示，即地域—地域展现量—地域点击量—地域消费—地域咨询量—地域留电量，从而计算出地域的投放成本高低。对于投放成本低的地域，说明该地域获客成本较低，可以作为重点投放地域，反之亦然。

（4）指导推广时段选择

在同等投放力度下，可以计算出时段—时段消费—时段点击量—时段访客数—时段对话数—时段转化数，同理计算出时段对话成本、转化成本等指标，然后选择转化成本低的时段作为重点时段进行投放（说明我们的意向客户在该时段比较密集）。

（5）更合理的分配预算

每个账户每天的预算总额是固定的，如何实现效益最大化是至关重要的。根据完整数据链可以得出计划—计划展现量—计划点击量—计划访客数—计划对话数—计划信息数—计划转化数，从而可以计算出每个计划的点击成本、信息成本、转化成本。到这里我们应该都明白，预算需要向转化成本低的计划倾斜，这样就可以在预算不变的情况下，获取到更多的转化。

地域	展现量	点击量	消费	留电数	留电成本
四川省成都市	1951040	50867	248706.37	1166	213.29877
四川省南充市	200187	6973	27193.53	88	309.01739
四川省达州市	195663	7050	25017.12	116	215.66483
四川省绵阳市	282089	5983	24736.02	157	157.55427
四川省乐山市	112728	3962	21047.19	62	339.47081
四川省宜宾市	131033	4062	16605.11	76	218.48829
四川省德阳市	130923	3653	15928.51	44	362.01159
四川省巴中市	101478	4043	15528.81	94	165.20011
四川省凉山州	97920	3711	13906.56	110	126.42327
四川省泸州市	108153	3434	13609.49	61	223.10639
四川省眉山市	89886	3100	13150.91	60	219.18183
四川省广元市	95989	3254	12395.89	76	163.10382
四川省广安市	91056	3024	12078.76	62	194.81871
四川省内江市	89286	2752	11233.94	47	239.02
四川省遂宁市	128324	2790	10983.42	55	199.69855
四川省未知地域市	65588	3975	10685.87	#N/A	#N/A
四川省资阳市	74797	2401	9820.99	39	251.82026
四川省自贡市	82975	2318	9554.52	52	183.74077
四川省雅安市	55793	1794	7685.66	35	219.59029
四川省攀枝花市	54392	1658	7611.64	24	317.15167
四川省阿坝州	27790	937	3416.91	13	262.83923
四川省甘孜州	22558	737	2611.39	14	186.52786

图 4.9　指导推广地域选择

（6）选择更合适的着陆页

网站的着陆页各不相同，究竟什么样的着陆页更能迎合潜在目标客户，获得更多的转化呢？可以从完整数据链 URL 维度来进行，URL—URL 进入数—URL 对话数—URL 信息数—URL 转化数。URL 转化数 /URL 进入数 =URL 效率值（仅供参考）。URL 效率值可在一定程度上说明该 URL 是否符合潜在目标客户的需求，从而在现有的 URL 中选择出更优的 URL 来作为着陆页，同时还可以提取转化比较高的着陆页的元素，添加到新设计的页面中去做测试，争取使着陆页越来越符合潜在目标客户的要求。

2. 数据链合成

数据链合成主要包括以下几个步骤。

（1）数据准备

各个阶段的数据均需要围绕某一关键词进行数据梳理。

- 地域：地域消费、地域访问量、地域咨询数、地域转化数。
- 计划：计划消费、计划访问量、计划咨询数、计划转化数。
- 关键词：关键词消费、关键词访问量、关键词咨询数、关键词转化数。
- 时段：时段消费、时段访问量、时段咨询数、时段转化数。
- URL：URL 进入数、对话数、留电数、跳出量等。

（2）VLOOKUP 函数

函数语法：VLOOKUP(lookup_value, table_array, col_index_num, [range_lookup])。函数的参数分别对应的是：VLOOKUP（查找值，查找范围，查找列数，精确匹配或者近似匹配）。我们在 SEM 数据分析中，通常要求精确到每个计划、关键词等，所以几乎都使用精确匹配，该项的参数一定要选择为 FALSE，否则返回值可能是错误的。

lookup_value 是一个很重要的参数，它可以是数值、文字字符串或引用地址。我们常常用的是引用地址。使用这个参数时，有两点要特别提醒：

table_array 是搜寻的范围，col_index_num 是范围内的列数。

参数 range_lookup 是个逻辑值，我们常常输入 0 或者 FALSE，其实也可以输入 1 或者 TRUE。

（3）完整数据链合成（以地域维度为例）

首先准备好地域维度消费报告（如图 4.10 所示）、地域维度对话量（如图 4.11 所示）、地域维度电话量（如图 4.12 所示）、地域维度转化量（如图 4.13 所示），数据准备好之后，就可以开始数据的匹配调用了。首先地域维度消费报告中已经有地域的展现量、点击量和消费这三项，通过查找“城市”这个值，在“地域维度对话量”表找到对应城市的对话量。应用 VLOOKUP 函数可以把两个表按照“城市”一一匹配起来，如图 4.14 所示。

账户	地域	城市	展现量	点击量	消费
A账户	四川	成都	2151080	43058	353989.5
A账户	四川	绵阳	241992	5815	34823.53
A账户	四川	达州	223042	6901	32090.33
A账户	四川	南充	187002	6161	30985.84
A账户	四川	宜宾	135607	3951	20665.7
A账户	四川	德阳	134486	3513	20085.02
A账户	四川	巴中	96243	3722	17507.23
A账户	四川	乐山	106842	2873	16419.83
A账户	四川	泸州	113230	3247	16117.64
A账户	四川	广安	89268	3015	15396.5
A账户	四川	眉山	88597	2750	15137.21
A账户	四川	凉山	102929	3375	14959.73
A账户	四川	内江	95655	2813	14664.78
A账户	四川	广元	93288	3099	14081.87
A账户	四川	资阳	75995	2470	13641.19
A账户	四川	自贡	90180	2272	12373.72

图 4.10　地域维度消费报告

地域	对话数
四川省成都市	1193
四川省	195
四川省绵阳市	189
四川省达州市	137
四川省巴中市	86
四川省南充市	84
四川省广安市	82
四川省广元市	79
四川省凉山州	77
四川省泸州市	73
四川省宜宾市	66
四川省眉山市	62
四川省遂宁市	58
四川省内江市	57
四川省德阳市	55
四川省自贡市	44

图 4.11　地域维度对话量

地域	留电数
四川省成都市	946
四川省	155
四川省绵阳市	138
四川省达州市	102
四川省巴中市	61
四川省南充市	61
四川省广安市	64
四川省广元市	50
四川省凉山州	61
四川省泸州市	48
四川省宜宾市	49
四川省眉山市	51
四川省遂宁市	42
四川省内江市	45
四川省德阳市	43
四川省自贡市	35

图 4.12　地域维度电话量

地域	转化数
四川成都市	33
四川	10
四川绵阳市	6
四川达州市	9
四川广安市	6
四川南充市	5
四川巴中市	3
四川凉山州	4
四川眉山市	2
四川广元市	8
四川宜宾市	8
四川泸州市	5
四川内江市	8
四川德阳市	4
四川遂宁市	5
四川自贡市	2
四川资阳市	7

图 4.13　地域维度转化量

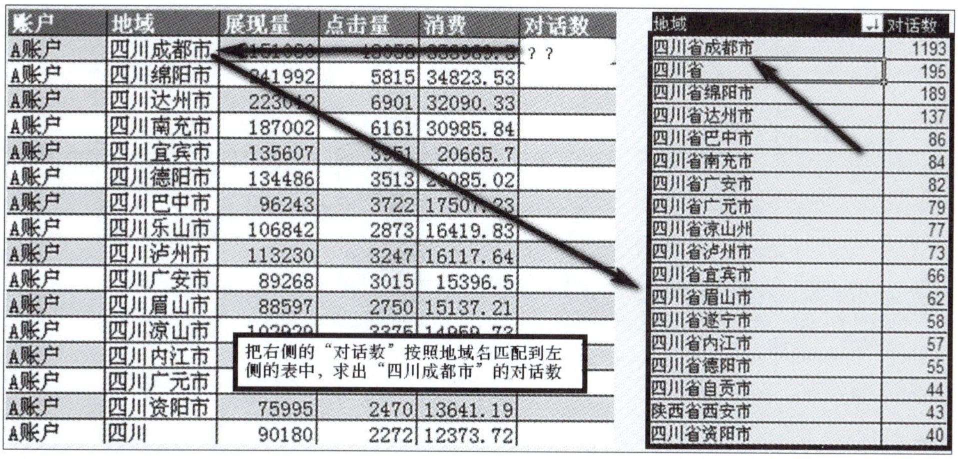

图 4.14　数据链实现过程

4.2.3　数据具体分析

数据分析是从“数据获取”到“信息转化”的过程，换言之就是获取到数据后，数据本身并没有什么价值，而有价值的是我们从数据中提取出来的转化信息。

1．数据分析思维方式

数据分析的目的是解决现实中的某个问题或者满足现实中的某个需求。在这个从数据到信息的过程中，无论遇到多少复杂多变的数据布局，肯定是有一些固定的思路或者称之为思维方式，来作为统一的分析模式。

（1）对照

俗称对比，单独看一个数据是绝对化的数字，不能代表什么，只有跟另一个数据做对比，才能比较出数据价值。图 4.15 为今天销量的柱状图，对数据分析思维来说，今天的销量就是个数字，无数据价值和意义；图 4.16 为今天与昨天的销量，经过跟昨天的销量做对比，就会发现，今天的销量实际比昨天的销量差了一大截。这样数据就有了自己的数据价值。

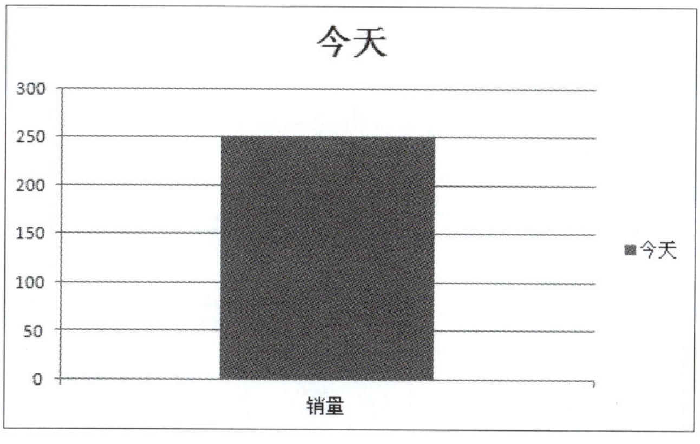

图 4.15　今天销量

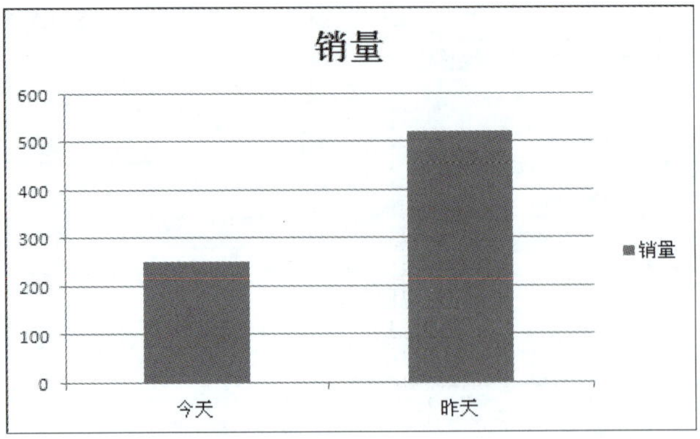

图 4.16　今天销量 VS 昨天销量

这是最基本的思路，也是最重要的思路。在现实数据分析中的应用非常广，大到业绩汇报，小到选款测款、监控店铺数据等工作，这些过程都是在做“对照”。数据分析人员获取到数据后，若数据是单独的，无法进行对比参照的话，就不能用来作为判断依据，也就没有实际意义，也就不能从数据中提取出有价值的信息了。

（2）拆分

分析这个词从字面上来理解，就是拆分和解析。因此可见拆分在数据分析中的重要性。我们回到第一个思维方式“对照”上面来，当某个维度可以对比的时候，我们选择对比。在对比后发现问题需要找出原因的时候却没得可对比，怎么办？这个时候，“拆分”就闪亮登场了。

例如：运营人员小美，经过对比店铺的数据，发现今天的销售额只有昨天的 50%，这个时候，我们再怎么对比销售额这个维度，已经没有意义了。这时就需要对销售额这个维度（或指标）做进一步分解。

根据电商基本公式：销售额 = 成交用户数 × 客单价，成交用户数 = 访客数 (UV)× 转化率。

如图 4.17 所示，为了有更清晰的脉络和思路，我们将两个电商的基本公式拆解成图。

如图 4.18 所示，将流量结构按照免费与付费拆解，再进一步细分，对流量成分进行更全更细的拆解（其实还可以分得更细，此处以思路为重点就暂不展开拆分后的结果，相对于拆分前会清晰许多，便于分析，查找细节）。

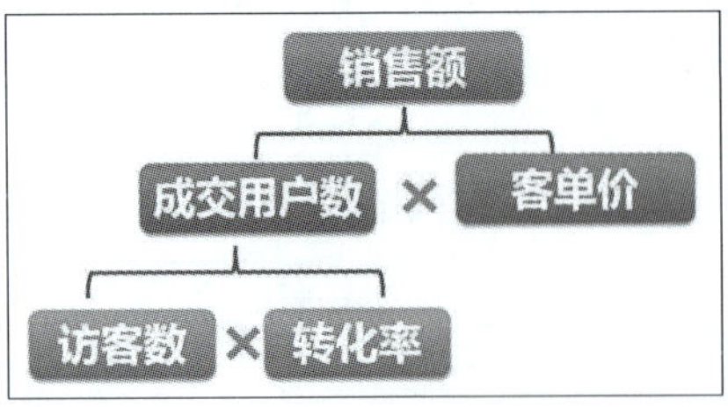

图 4.17　销售额计算

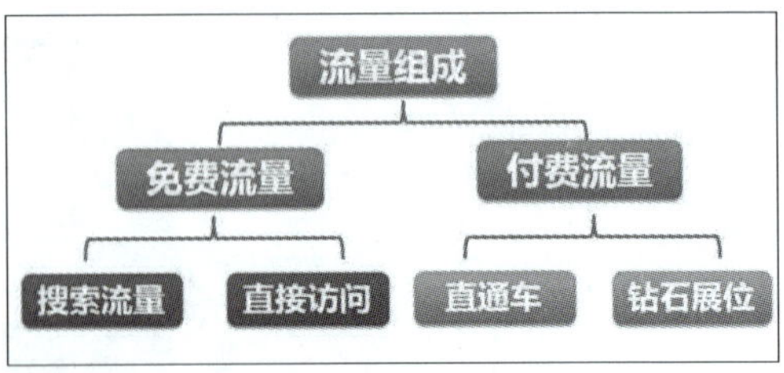

图 4.18　流量组成

例如“流量多还是少”的论断是不利于采取决策的，将流量细分到免费流量和付费流量上来判断，是“免费流量过少，付费流量占比太大”还是“免费流量很稳定，付费流量不够”，判断越细致，越利于解决问题进而采取有效精准的措施。

（3）降维

面对一大堆不同维度的数据束手无策，看着屏幕发呆……你是否有过这样的经历？当数据的维度太多的时候，我们不可能分析每一个维度。对一些相关联的数据指标，只筛选出数据堆中能够合并的维度即可，如图 4.19 所示。

日期	浏览量	访客数	访问深度	销售额	销售量	订单数	成交用户数	客单价	转化率
2017/7/1	2584	957	2.7	9045	96	80	67	135	7%
2017/7/2	3625	1450	2.5	9570	125	104	87	110	6%
2017/7/3	2572	1286	2	12780	130	108	90	142	7%
2017/7/4	4125	1650	2.5	15345	143	119	99	155	6%
2017/7/5	3699	1233	3	8362	107	89	74	113	6%
2017/7/6	4155	1286	3.2	14040	130	108	90	156	7%

图 4.19　降维

这么多的数据维度，其实不必每个都分析。我们知道了“成交用户数 / 访客数 = 转化率”，所以当存在这种维度时，是可以通过其他两个维度计算出来的，这时就可以“降维”，即三选二。例如，当数据堆中含有成交用户数、访客数和转化率三个数据维度时，三选二可只留访客数与转化率。而“成交用户数 × 客单价 = 销售额”这三个数据维度也可以三选二，即选择销售额与成交用户数。

综上，通常我们只关心对自己有用的数据，当某些维度的数据跟我们的分析无关时，就可以直接过滤掉，也能达到“降维”目的。

（4）增维

增维和降维是相对应的，有降必有增。当目前的数据维度不能很清晰全面地解释问题时，我们就需要对数据做一个运算，多增加一个指标。

例如，我们发现一个搜索指数和一个宝贝数，这两个指标一个代表需求，一个代表竞争，有很多人用“搜索指数 / 宝贝数 = 倍数”来代表一个词的竞争度（仅供参考）。这种做法，就是在给数据增维。增加维度有一种叫法称之为“辅助列”。

需要强调的是，做好“增维”和“降维”之前，必须要充分、熟练掌握数据本身的意义与相互之间的关系，有目的地对数据进行转换处理和运算，才能最终达到分析数据的目的。

（5）假说

当我们根据现有数据分析不出头绪时，可以采用“假说”。假说是统计学的专业名词，俗称假设。当我们不知道结果，或者可能面临几种选择的时候，那么我们就召唤“假说”吧，即先假设有了结果，然后运用逆向思维来进行分析。

从结果到原因，要有什么样的原因，才能产生这种结果。这有点寻根的味道。我们可以知道，现在满足了多少因，还需要多少因。如果是多选的情况下，我们就可以通过这种方法来找到最佳路径（决策）。我们在做未来一年的年度计划或者月度计划的时候，都是对未来拿不准的，这个时候就要假设一个目标，倒推分析达成这个目标需要做什么；或者某项营销活动的结果可能有好几种，那么设想针对不同的结果，应该有什么样的数据现象，然后需要什么样的准备。

当然，“假说”的威力不仅仅如此，除了结果可以假设，过程也是可以假设的。我们回到数据分析的目的，就会知道只有明确了问题和需求，才能选择分析的方法。

以上内容，就是 5 个核心的思维方式：对照、拆分、降维、增维以及假说，大家在做简单数据分析时可尝试着套用。

2. 基础报表分析

账户数据统计分析作为 SEM 工作中最为重要最为核心的一个工作阶段，很多 SEM 专员都曾经在这个阶段中迷失过、困惑过。到底该怎么去统计数据？怎么去分析数据？怎么去根据数据来调整账户？这无疑是很多 SEM 专员心中最为头疼、最为棘手的事情了。

通常账户后台中的数据给人的感觉是又多又杂。“多”指的是数据量过于庞大，“杂”指的是数据过于复杂。

一个账户在日常管理中少不了要做以下几份数据：

（1）各个推广平台的汇总数据（如图 4.20 所示）。

日期	账户日常数据报告						
	展现	点击	消费	点击率	均价	转化	转化成本
12	180133	3803	11867	2.11%	3.12	39	304.29
13	214463	4082	15122	1.90%	3.70	40	378.06
14	244460	4061	16327	1.66%	4.02	54	302.36
15	242217	4257	16784	1.76%	3.94	57	294.46
16	255780	4659	17975	1.82%	3.86	43	418.02
17	247969	4833	18252	1.95%	3.78	57	320.20
18	298929	5392	1850	1.80%	0.34	58	31.90
19	350631	5692	18114	1.62%	3.18	59	307.02
20	343388	5442	17611	1.58%	3.24	68	258.99
21	304786	5535	17527	1.82%	3.17	52	337.06
22	278421	5464	16120	1.96%	2.95	50	322.39
23	295148	5680	17394	1.92%	3.06	64	271.78
24	304647	6106	17437	2.00%	2.86	48	363.27
25	277678	5155	16443	1.86%	3.19	47	349.85
26	285683	4974	16645	1.74%	3.35	46	361.84
27	229850	4859	14368	2.11%	2.96	54	266.07
28	238716	5295	17415	2.22%	3.29	53	328.59
29	164935	5497	18396	3.33%	3.35	67	274.56
30	169954	5377	18806	3.16%	3.50	43	437.35
总计	7020824	140686	434221	63.50%	3.09	1535	282.88

图 4.20　各平台汇总数据

- “展现量”指的是在推广平台上的曝光量
- “点击量”是给网站带来的流量
- “消费”指投入的推广费用
- “点击率” = 点击 / 展现
- “点击均价”指点击一次所支付的平均费用
- “转化成本” = 总消费 / 转化

这份数据不只是要给自己看，更是要给领导看，这是评估账户推广效果的一份汇总数据，记录着账户中每日的总消费以及投资回报率，是每日必做的一份数据。

（2）每个推广账户的各病种分类转化数据（以医疗行业为例）（如图 4.21 所示）。

如果你对账户中的计划和单元进行了一个病种标注，那这份数据是很容易汇总出来的。某个病种每天消费多少、点击多少、转化多少，不是当领导这样问你的时候，你才想着去统计这份数据。这份数据不是做给领导看的，而是自己在分析账户时，真正需要去认真看待的一份数据。

病种分类数据							
病种	展现	点击	消费	点击率	均价	转化	转化成本
脱发	19480	473	2880.58	2.43%	0.16	15	192.04
水泡	7543	145	748.7	1.92%	0.19	16	46.79
跖疣	5085	261	765.23	5.13%	0.34	7	109.32
寻常疣	237	24	92.5	10.13%	0.26	1	92.50
扁平疣	4834	339	1499.67	7.01%	0.23	13	115.36
头皮癣	2404	74	419.63	3.08%	0.18	2	209.82
花斑癣	1963	117	483.68	5.96%	0.24	6	80.61
紫癜	1261	77	267.26	6.11%	0.29	3	89.09
行业词	5769	380	782.61	6.59%	0.49	12	65.22
酒糟鼻	648	26	783.92	4.01%	0.03	2	391.96
疥疮	396	20	73.07	5.05%	0.27	1	73.07
灰指	125	6	23.64	4.80%	0.25	1	23.64
荨麻疹	1681	86	290.98	5.12%	0.30	10	29.10
牛皮癣	873	37	142.68	4.24%	0.26	1	142.68
湿疹	618	49	346.44	7.93%	0.14	4	86.61
青春痘	1984	74	477.75	3.73%	0.15	4	119.44
掌跖脓疱病	184	10	58.37	5.43%	0.17	1	58.37
总和	55085	2198	10136.71	3.99%	0.22	99	102.39

图 4.21　病种分类数据

（3）每个推广账户的病种地区转化数据（如图 4.22 所示）。

病种地区转化数据									
病种	脱发			水泡			跖疣		
地区	消费	转化	转化成本	消费	转化	转化成本	消费	转化	转化成本
湖北	3376.82	25	135.07	4272.49	21	203.45	3319.93	23	144.34
河南	3141.3	37	84.90	4095.09	35	117.00	3899.58	33	118.17
湖南	2126.57	19	111.92	2219.4	16	138.71	2113.62	18	117.42
河南	211.42	1	211.42	261.08	3	87.03	229.41	4	57.35
广东	213.57	2	106.79	453.82	3	151.27	332.11	1	332.11
山西	205.41	4	51.35	174.65	1	174.65	143.23	3	47.74
山东	45.58	1	45.58	22.21	0	#DIV/0!	37.44	2	18.72
甘肃	39.9	0	#DIV/0!	4.49	0	#DIV/0!	3.88	0	#DIV/0!
辽宁	234.68	4	58.67	397.72	5	79.54	398.38	6	66.40
吉林	249.82	5	49.96	232.01	1	232.01	230.96	7	32.99
黑龙江	0.93	0	#DIV/0!	0	0	#DIV/0!	0	0	#DIV/0!
云南	25.03	0	#DIV/0!	112.68	1	112.68	16.41	0	#DIV/0!
贵州	62.91	3	20.97	17.94	0	#DIV/0!	7.66	0	#DIV/0!
重庆	43.15	0	#DIV/0!	58.26	3	19.42	19.9	1	19.90
陕西	14.01	0	#DIV/0!	6.99	0	#DIV/0!	2.93	1	2.93
其它区域	105.64	3	35.21	62.79	2	31.40	36.89	4	9.22
合计：	10096.74	104	97.08	12391.62	91	136.17	10792.3	103	104.78

图 4.22　病种地域数据分析

如果你的账户是全国推广，是很有必要每周将各个推广地区的投放情况进行一次数据统计的。作为一名精细化 SEM 专员，每月上级给出一个总的推广费用，你是否会将这些推广费用事先划分到各个推广地区去，a 地区划分多少费用投放，b 地区划分多少费用投放，以及每个地区所投放的病种分别划分多少费用投放，后期你都要制作一份地区数据来跟踪好这些数据，做好反馈和调整。

数据统计虽然复杂，但如果你对竞价具有这种钻研琢磨的精神，这些数据统计都不在话下，当然你还会挖掘统计到更有价值的数据，这也是我们做竞价的精髓之一。

汇总的数据也就是各个推广平台的汇总数据，如图 4.20 所示；一个推广平台总的消费，我们知道了；但是这个总的消费是怎么得来的，于是我们将汇总数据进行了分解统计，也就是统计出了每个推广账户的各病种分类转化数据，如图 4.21 所示。

3. 数据分析基础指标

数据分析对于搜索引擎竞价推广账户来说至关重要。因为每次点击都会产生消费，如果数据分析工作没做好，就会造成广告费用的浪费。那么，百度竞价推广账户日常需要分析哪些基础数据呢？

（1）网站展现量

在网民搜索查询时，如果账户内符合网民搜索需求的关键词被触发，该关键词所对应的创意将出现在搜索结果页，称之为关键词和创意的一次展现。一段时间内创意获得的展现次数就称之为“展现量”。

想让用户搜索到你，就需要有足够的展现量。如果展现量过低，说明选择的搜索引擎和关键词出现了问题。首先应分析网站受众人群和搜索引擎使用人群是否匹配，关键词数量是否适中。总的来说，可以通过增加关键词数量、调整关键词价格、设置关键词匹配模式等方面来解决展现量过低问题。

（2）网站访问量

网站访问量是指网站流量（traffic），是用来描述访问一个网站的用户数量以及用户所浏览的网页数量等指标。常用的统计指标包括网站的独立用户数量、总用户数量（含重复访问者）、网页浏览数量、每个用户的页面浏览数量、用户在网站的平均停留时间等。

- 访问数（IP）：指独立 IP 数。00:00 ～ 24:00 内相同 IP 地址只被计算一次。
- 独立访客（UV）：访问网站的一台计算机客户端为一个访客。00:00-24:00 内相同的客户端只被计算一次。
- 综合浏览量（PV）：即页面浏览量或页面被看了多少次，如果一个页面被一个访客看了多次就多次累积，每次刷新也被计算一次。

（3）网站点击率

企业推广结果展现时，如果网民对企业的推广结果感兴趣，希望进一步了解企业的产品 / 服务，可能会点击访问企业的网站。一段时间内企业获得的点击次数称为“点击量”。

点击率的计算公式为：点击量 / 展现量。当点击率过低时首先检查是否是账户出了问题，如账户质量过低，有可能是关键词创意无法吸引用户点击或是排名太靠后，此时可以尝试重新修改创意或出价。

（4）网站抵达率

抵达率 = 访问量 / 点击量。如果抵达率偏低，可以考虑以下三方面原因：

- 创意与推广页面主题相关性不大，可通过修改相应创意或着陆页 URL 解决。
- URL 打不开或者打开速度太慢，查看推广 URL 速度报告以进行排查。
- 推广页面用户体验欠佳。抵达率低说明你的网站体验不好，网站链接可能出现了问题，造成无法访问或者访问速度慢的问题。

（5）转化率

网站转化率（conversion rate）是指用户进行了相应目标行动的访问次数与总访问

次数的比率。相应的行动可以是用户登录、用户注册、用户订阅、用户下载、用户购买等一些用户行为，因此网站转化率是一个广义的概念。简而言之，就是当访客访问网站的时候，把访客转化成网站常驻用户，也可以理解为访客到用户的转换。

转化率的计算公式为：转化量 / 点击量。当转化率过低时要排查是哪些因素造成的。首先查看关键词是否适合受众人群搜索习惯和是否够精准，或是否推广页面不够吸引人。分析时可以结合页面访问时长和页面跳出率等其他推广数据，然后根据分析结果做出相应的优化调整。

（6）网站跳出率

跳出率：指在某个时间段内，只浏览了一页即离开网站的访问次数占总访问次数的比例。对于某页面的跳出率算法是从这个页面进入网站没有再点击其他页面即离开的次数 / 所有进入这个页面的次数。对于整个网站跳出率的算法是只浏览一个页面即离开的访问次数 / 进入网站的总次数。

网站跳出率是评价一个网站性能的重要指标。跳出率高，说明网站用户体验做得不好，用户进去就跳出去了；反之如果跳出率较低，说明网站用户体验做得不错，用户能够找到自己需要的内容。而且以后他可能还会再来光顾你的网站，提高了用户黏度，慢慢地可以积累大量的网站用户。

（7）平均访问时长

平均访问时长的长短是网站分析的一个重要指标，通常用于评估网站的用户体验，可以用于指导网站以及页面的改善。平均访问时长越长，说明网站或页面对用户的吸引力越强，能带给用户的有用信息越多，用户越喜爱；反之，对用户的吸引力越差，可用的有用信息越少，也说明网站需要优化了。

（8）转化次数

转化次数是指访客到达转化目标页面的次数，说明该页面用户体验好，访客有黏度，对网页有兴趣且进行了多次访问，成交意向较高。

（9）推广关键词

首先查看投放的关键词流量报告，查看哪些词带来了流量，哪些词带来了对话用户？哪些词带来了咨询用户并留下联系方式或上门报名或直接购买产品等，即形成转化的词，我们通过数据还可以观察推测哪些词是被恶意点击的。

筛选关键词，对于竞价咨询率比较高，有意向能够达成转化的这类词，可以加大投入，增加此类相关词，并做着陆页策划，写好创意；相反，对转化率低、消费高的或者没有转化率的词，可以考虑暂停或直接删掉。

（10）平均点击价格

平均点击价格的调整可以更好地控制推广成本。首先找出单次点击成本过高的词和日点击次数过多的词，对重点词调整出价。通过不断调整、优化关键词质量度（质量度是根据关键词的点击率、关键词与创意的相关性、账户整体表现等多个因素计算出来的。搜索者越感兴趣，越多人点击，访问者体验越好，质量度越高），用最低的价格达到最佳的排名位置，节省推广费用。

关键词排在所有推广结果的最后一名，或是唯一一个可以展现的推广结果，则点击价格为该关键词的最低展现价格。其他情况下，理论上每次点击价格 =（下一名出价 * 下一名质量度）/ 关键词质量度 +0.01 元。

对百度搜索推广来说，综合排名指数（CRI），即出价与质量度的乘积，才是排名真正的衡量标准。也就是说，如果关键词有很好的质量度就有可能在出价较低的情况下排名靠前。

4. 数据分析思路要点

这里以医疗行业为例，在进行数据分析时，主要有以下几个方面的思路要点。

（1）高消费高转化病种分析方向

- 高消费高转化的病种为什么消费那么多？分别是哪些词在消费？成本是否在可控范围？
- 高消费高转化的病种分别是哪些词产生转化？我们能否让这些产生转化的词继续保留转化下去？
- 高消费的病种是不是我们主推的病种？
- 高消费高转化的病种里面是否包括一部分有消费无转化的关键词？我们是否找出高消费无转化的词做好调整，让高消费高转化的病种成本更低。

（2）高消费低转化病种分析方向

- 高消费低转化的病种为什么消费那么多？是哪些词在消费？为什么这些消费的词没有产生转化？要怎么去调整好这些高消费无转化的词。
- 高消费低转化的病种分别是哪些词产生转化？我们能否让这些产生转化的词继续保留转化下去？让高消费低转化的病种成本能够控制在正常的范围之内？
- 高消费低转化的病种是不是我们主推的病种？我们是否考虑将高消费低转化的病种转化成本先压低下去，让一个总体的数据成本能更低些？

（3）低消费高转化病种分析方向

- 低消费高转化的病种分别是哪些词产生转化？为什么这类病种消费这么少就能产生这么多转化？
- 我们是否将这类低消费高转化的病种进一步加大扩展投放，让这些低消费高转化的病种能带来更多转化？

（4）低消费低转化病种分析方向

- 低消费低转化的病种转化成本是否在正常范围之内？又分别是哪些词在消费？产生转化的词又是哪些？
- 对低消费低转化的病种接下来我们该怎么去做好优化和调整工作，能让这类病种发挥出最大的存在价值？这些我们都要去进行深度思考和规划总结。

上面我们分别通过四个方向进行了深度分析和思考。总的分析方向告诉我们：有消费的病种为什么消费那么多，有转化的病种怎么让这些病种继续保留转化，以及该怎么对这些病种做好优化及管理工作。

本章总结

- 数据获取渠道：推广数据报告、百度统计相关报告、咨询工具数据历史记录。
- 数据阶段：主要是推广阶段数据、网站统计阶段数据、咨询工具 &CRM 阶段数据。
- 数据处理：数据缺失处理、数据重复处理、数据格式不一致处理、CSV 格式分列处理。
- 完整数据链的作用、完整数据链合成、VLOOKUP 函数使用。
- 数据分析思维方式：对照、拆分、降维、增维、假设。
- 基础指标分析："消费""点击率""点击均价""转化""转化成本"。

本章作业

1. 说出数据分析需要的数据由哪几大部分组成。
2. 说出 VLOOKUP 函数的每一个参数的含义。
3. 独立完成数据链合成的实战（自行准备数据）。

- 合成地域维度完整数据链（地域—地域展现量—地域点击量—地域访问量—地域信息量—地域转化量）。
- 合成关键词维度完整数据链（关键词—关键词展现量—关键词点击量—关键词访问量—关键词信息量—关键词转化量）。

4. 登录课工场，按要求完成预习作业。

随手笔记

第 5 章

数据透视表的制作与应用

技能目标

- 学会数据透视表的制作与基本设置
- 学会创建动态透视表

本章导读

数据透视表（Pivot Table）是一种交互式的表，可以对指定区域数据进行计算，让用户便捷快速地实现根据不同分类、不同汇总方式查看各种形式的数据汇总。通俗地说，就是能够快速对表格中的数据进行分类汇总。数据透视表功能强大，如果能熟练应用，在处理庞大的数据时就会轻松很多。

SEM 专员每天都要汇总更新数据表，如果数据透视表也能与源数据同步更新，将会大大提高工作效率，而动态透视表即可完美实现这一功能。

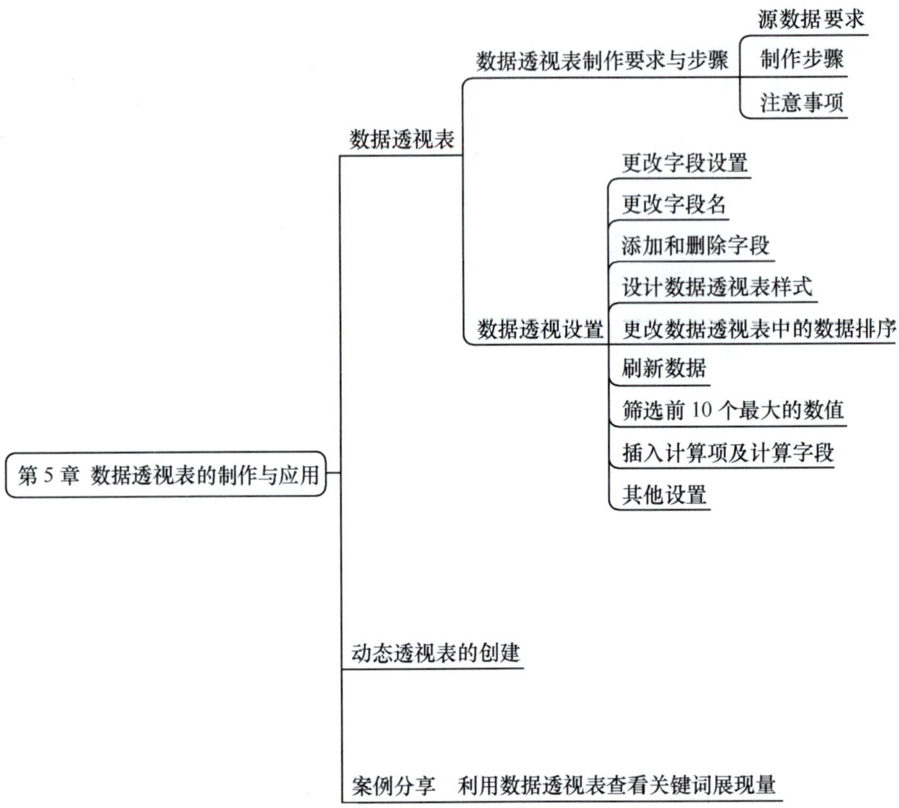

5.1 数据透视表

数据透视表是一种可以快速汇总大量数据的交互式报表。使用数据透视表可以深入分析数据，根据数据结果可以诊断出 SEM 账户在推广过程中存在的问题，进而制作出有针对性的优化方案。可见数据透视表在账户效果分析时作用很大。

例如，不同时间段内每个关键词展现了多少次、有多少个网民关注了你的广告、这些网民有多少人真正访问了你的网站、你的这些访客为你带来了多少销售订单等。我们可以通过对某个指标的分析来诊断每个投放环节中存在的问题，对效果差的环节中重点表现不好的指标，要进行进一步的优化，表现好的指标则继续加大投放，增强效果。对效果好的环节也要分析成功的秘诀，并继续保持，甚至进一步提升。

也许你的广告是全国投放的，各个投放区域内都展现了多少次、带来了多少销售额等，这些指标的分析便于我们了解主要目标用户在哪里，广告费要倾向于哪个区域，这样我们就能进一步提升转化效果。

或许你的广告不仅在百度投放，还在谷歌、搜狗、360 投放，那么各个平台投放的效果如何，哪个平台的占有率更高？各个平台在全国不同区域的表现是有差异的，我们就是要通过数据分析找到这种差异，并强化这种差异中的优势，将预算向对应的平台倾斜，这样才能保证投入产出比的最大化。

以上数据我们都可以获取，在第 4 章中已经讲过了。从我们提供的电子版数据表格中，可以看出原始数据很庞大，其中有很多重复数据，这时我们就可以借助透视表来实现快速的筛选、分类和汇总。本节我们以“分地域报告”为例讲解如何利用数据透视表更快地得出数据结论，其他数据报告的处理方法也是一样的，都要根据企业的实际推广情况具体分析。

5.1.1　数据透视表制作要求与步骤

制作数据透视表主要分为三个步骤：①选中数据区域；②插入数据透视表；③选择要透视的数据类型。

注意

为保证截图的完整性，操作演示部分仅截取了“分地域报告”中的部分数据，源数据供读者练习时使用。

1. 源数据要求

要准确地统计、筛选出对应的数据，源数据的表格应符合以下要求：

① 数据区域的首行为字段名，如日期、地域、展现量、消费等，字段名不能为空。

② 数据区域中不能有空行和空列。空行是指在某行的各列中没有任何数据，如果该行的某些列没有数据，但其他列有数据，那该行就不是空行。同样，空列也是如此。

③ 数据区域中的各列只能包含一种类型的数据，以免透视出的结果不准确。

④ 数据区域中不能有合并的单元格，且单元格的开始和末尾均不能有空格。

⑤ 在一张工作表中最好不要建立多个数据区域，每张工作表最好只保留一个需要透视的数据区域。

⑥ 如果工作表中有多个数据区域，需要透视的数据区域应与其他数据之间至少留出一个空列和一个空行，以便于选定要透视的数据区域。

2. 制作步骤

透视表的制作步骤如下。

① 选中数据区域。单击数据区域中的任意一个单元格，选中数据（也可以单击后继续按 Ctrl+A 组合键，这样能看到所选的全部数据区域），如图 5.1 所示。

② 插入数据透视表。

第一步：选择“插入”→“数据透视表”，出现“数据透视表”和“数据透视图”两个选项后，选择“数据透视表”，如图 5.2 所示。

第二步：为创建的数据透视表选择一个放置的位置，可以选择“新工作表”，也可以选择“现有工作表”，如图 5.3 所示，单击“确定”按钮即可。

	A	B	C	D	E	F	G
1	日期	账户	地域	城市	展现量	点击量	消费
2	2016-01-01至2016-6-03	A账户	重庆	重庆	16626	76	305.86
3	2016-01-01至2016-6-03	A账户	广东	深圳	36195	55	220.81
4	2016-01-01至2016-6-03	A账户	上海	上海	41683	31	155.68
5	2016-01-01至2016-6-03	A账户	广东	东莞	4977	37	140.62
6	2016-01-01至2016-6-03	A账户	江苏	苏州	3599	22	122.54
7	2016-01-01至2016-6-03	A账户	陕西	西安	4492	14	83.67
8	2016-01-01至2016-6-03	A账户	北京	北京	22850	19	81.72
9	2016-01-01至2016-6-03	A账户	浙江	杭州	6033	10	76.04
10	2016-01-01至2016-6-03	A账户	贵州	遵义	1419	13	75.62
11	2016-01-01至2016-6-03	A账户	广东	广州	25515	27	75.28
12	2016-01-01至2016-6-03	A账户	新疆	伊犁	725	16	55.79
13	2016-01-01至2016-6-03	A账户	山西	太原	1358	10	55.63
14	2016-01-01至2016-6-03	A账户	广东	佛山	2611	16	55.57
15	2016-01-01至2016-6-03	A账户	福建	厦门	1962	9	55.51
16	2016-01-01至2016-6-03	A账户	江苏	徐州	1157	2	50.71
17	2016-01-01至2016-6-03	A账户	山东	淄博	394	1	41.08
18	2016-01-01至2016-6-03	A账户	贵州	贵阳	2082	9	39.81
19	2016-01-01至2016-6-03	A账户	广东	中山	1636	10	39.06
20	2016-01-01至2016-6-03	A账户	西藏	拉萨	897	9	37.6
21	2016-01-01至2016-6-03	A账户	贵州	六盘水	570	3	37.37

图 5.1　选中源数据中的任意单元格

图 5.2　插入“数据透视表”

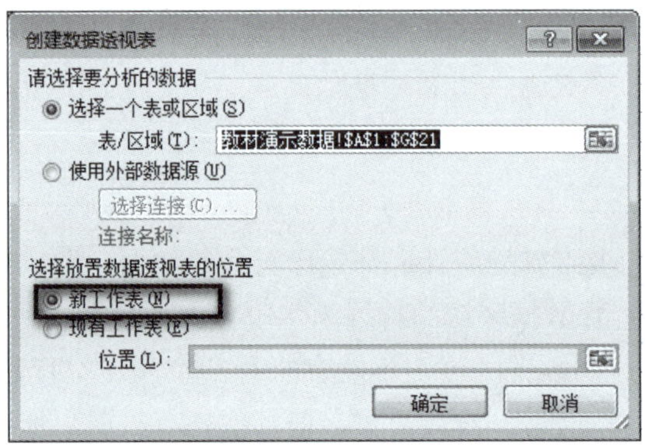

图 5.3　选择“新工作表”

注意

如果在现有工作表中放置数据透视表，需要拖动滚动条才能查看到全部源数据和数据透视表，在操作不熟练的情况下，有可能损坏源数据，导致透视出的结果不准确。因此，我们建议读者选择在“新工作表”中放置数据透视表，这样可以避免损坏源数据。

第三步：选择要透视的数据类型。在“数据透视表字段列表”里选择要添加到报表的字段，如图 5.4 所示，字段列表中的字段“地域”“展现量”“点击量”“消费”等都是引用的源数据中的字段。“数据透视表字段列表”分为上下两个主要区域，上半区是可以进行筛选的字段列表区，下半区是操作区，下半区还细分为四个区域。

- 报表筛选——添加字段到报表筛选区，可以使该字段包含在数据透视表的筛选区域中，以便对其数据项进行筛选，如将日期、地域、关键词等不同的字段放置于该区域，就可以对这三个字段分别进行筛选，如筛选不同地域的指标数据、不同关键词的指标数。

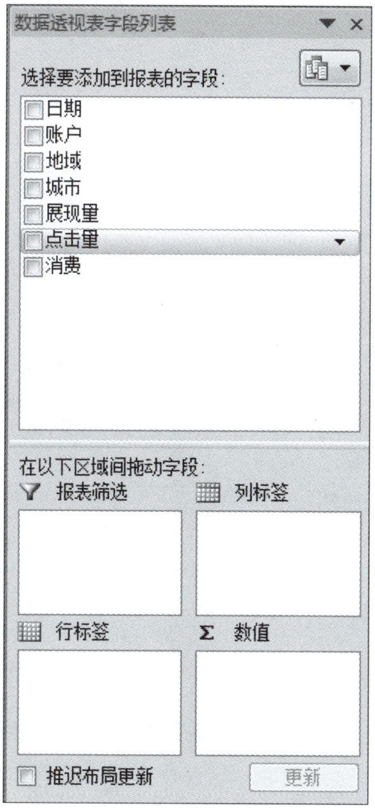

图 5.4　数据透视表字段列表

- 列标签——添加一个字段到“列标签”区域，可以在数据透视表顶部显示该字段名，字段对应的数据显示在字段名下方，呈纵向排列。
- 行标签——添加一个字段到“行标签”区域，可以在数据透视表左侧第一列显示该字段名，字段对应的数据显示在字段名右侧，呈横向排列。
- 数值——添加一个字段到“数值”区域，可以使该字段包含的数据显示在值区域中，并使用该字段中的值进行指定的计算。

如示例中要分析不同地域的展现量、点击量和消费数据，就把“地域”字段放置在“行标签”中，数据区域包含的各个地域将会纵向排列在数据透视表左侧第一列中。将“展现量”“点击量”“消费”放置在“数值”区域，如图 5.5 所示。

操作之后，就得到了如图 5.6 所示的数据透视表，该表对不同地域的“展现量”“点击量”“消费”进行了求和处理。

这样我们就可以便捷地获取到每个省市的“展现量”“点击量”和“消费”数据了，哪个地域投放效果更好，哪些地域需要进一步优化，就可以很明显地看出来了。在该数据透视表中，北京展现量为 22850 次，点击量只有 19 次；而在广东，展现量为 70934 次，是北京展现量的 3.1 倍，点击量为 145 次，是北京的 7.6 倍。可见在这两个区域中，广东省的点击率更高，表现更好，下一步我们要继续强化广东省的投放，并要进一步分析北京区域点击率低的影响因素，看看如何来优化账户以提高点击率。

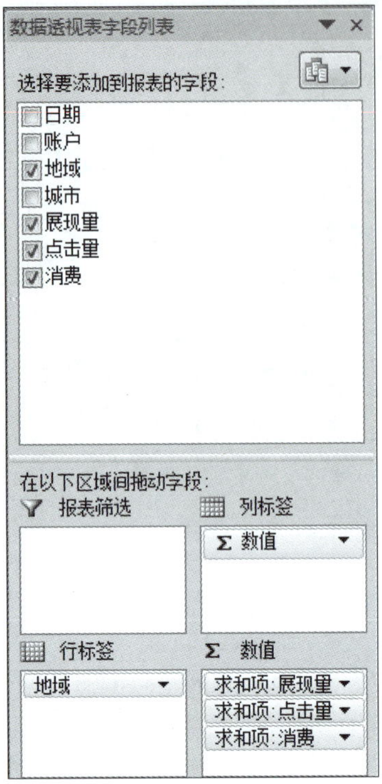

图 5.5　字段的放置区域

	值		
行标签	求和项:展现量	求和项:点击量	求和项:消费
北京	22850	19	81.72
福建	1962	9	55.51
广东	70934	145	531.34
贵州	4071	25	152.8
江苏	4756	24	173.25
山东	394	1	41.08
山西	1358	10	55.63
陕西	4492	14	83.67
上海	41683	31	155.68
西藏	897	9	37.6
新疆	725	16	55.79
浙江	6033	10	76.04
重庆	16626	76	305.86
总计	**176781**	**389**	**1805.97**

图 5.6　“展现量”“点击量”“消费”求和结果

5.1.2　数据透视表设置

做完了数据透视表，有时并不能很好地反映出我们想要的数据结论，这时就需要对数据透视表做一些相关的设置。比如数据透视表默认的字段是“求和”，我们想做数据个数统计等，就可以通过一些相关的设置实现。

1．更改字段设置

（1）计数

我们从图 5.6 所示的数据透视表中得到了广东省共有 70934 次展现，那这些展现量是多少个二级市展现的总和，可以通过“计数”得到结果。单击数据透视表，出现“数据透视表工具”，单击“字段设置”，如图 5.7 所示。

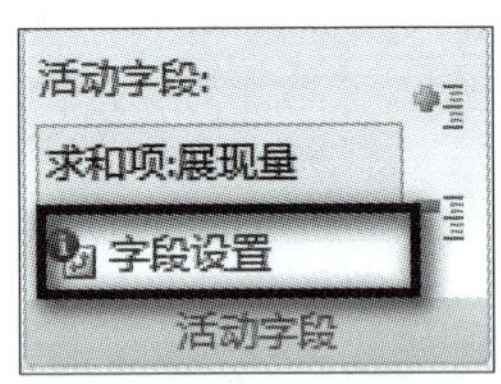

图 5.7　“数据透视表工具”中选择“字段设置”

就会出现如图 5.8 所示的“值字段设置”界面，选择“计数”，单击“确定”按钮即可。

得到的结果如图 5.9 所示。可见广东省的 70934 次展现是 5 个二级市展现的总和，在截取的这部分数据中，二级市没有数据。我们在实际工作中选择分析的时间段要长一些，看看其他二级市是不是关注度较低，是不是我们在地域设置时就没有选择对应的区域。对于地域的数据分析，能便于我们更有针对性地选择投放地域。

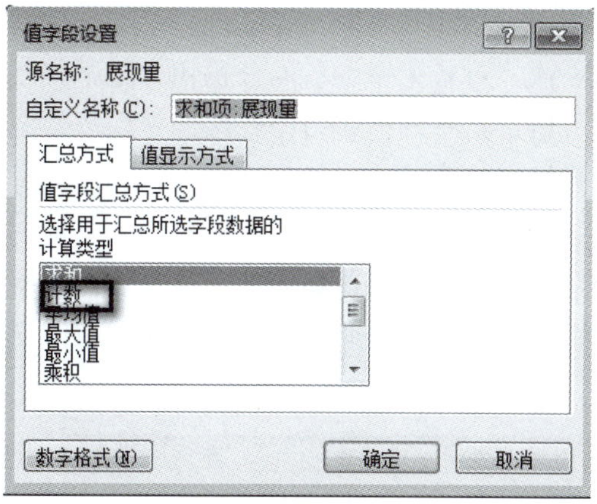

图 5.8 “值字段设置”界面选择“计数”

	值		
行标签	计数项:展现量	求和项:点击量	求和项:消费
北京	1	19	81.72
福建	1	9	55.51
广东	5	145	531.34
贵州	3	25	152.8
江苏	2	24	173.25
山东	1	1	41.08
山西	1	10	55.63
陕西	1	14	83.67
上海	1	31	155.68
西藏	1	9	37.6
新疆	1	16	55.79
浙江	1	10	76.04
重庆	1	76	305.86
总计	20	389	1805.97

图 5.9 展现量“计数”统计结果

（2）求最大值

在这些投放地域中，哪个省市的展现效果最好，展现量最大呢？可以通过“最大值”设置来实现。还可以将其他指标做“最大值”处理，比如哪个关键词带来的转化量最大，哪个客服的销售额最高等，都能快速地得出结论，更便捷、更直观。如图 5.10 所示，展现量最大的数据为 41683，是上海市。除了分析展现量，还可以分析点击量、消费等指标。通过对展现量和点击量最大值的分析，我们可以了解广告在哪个地域更受关注，其他指标分析也是一样的。

（3）求最小值

最小值和最大值是相对的，也是可以便捷地得到数据结果，比如哪个区域展现的次数最少，哪个区域消费最低，哪个客服业绩不佳等，如图 5.11 所示，展现量最小值为 394，是山东省。

	值
行标签	最大值项:展现量
北京	22850
福建	1962
广东	36195
贵州	2082
江苏	3599
山东	394
山西	1358
陕西	4492
上海	41683
西藏	897
新疆	725
浙江	6033
重庆	16626
总计	41683

图 5.10 汇总方式为展现量“最大值”

	值
行标签	最小值项:展现量
北京	22850
福建	1962
广东	1636
贵州	570
江苏	1157
山东	394
山西	1358
陕西	4492
上海	41683
西藏	897
新疆	725
浙江	6033
重庆	16626
总计	394

图 5.11 汇总方式为展现量“最小值”

（4）求平均值

如果想分析一段时间内的账户整体表现，可以使用“平均值”，比如分析这段时间在这些区域平均展现了多少次、点击了多少次；或者每天平均带来多少个订单等，这样还便于对两个间隔同样长的时间段进行对比，比如 11 月平均每天展现量和 12 月对比。图 5.12 就是这些地域的平均展现量，为 8839.05 次。对数据平均值的分析相对要更客观一些，所以我们在日后进行数据分析时要注意分析每月平均值、每个季度的平均值甚至是每年的平均值，平均值选择的时段越长，结果越精准。

2. 更改字段名

做好的数据透视表中，每个字段都有一个名称，列和筛选区域中的字段是从源数据字段名中引用来的，并在该字段名前面加上“求和项”“计数项”等，如图 5.13 所示。

	值
行标签	平均值项:展现量
北京	22850
福建	1962
广东	14186.8
贵州	1357
江苏	2378
山东	394
山西	1358
陕西	4492
上海	41683
西藏	897
新疆	725
浙江	6033
重庆	16626
总计	8839.05

图 5.12　汇总方式为展现量“平均值”

	值		
行标签	求和项:展现量	求和项:点击量	求和项:消费
北京	22850	19	81.72
福建	1962	9	55.51
广东	70934	145	531.34
贵州	4071	25	152.8
江苏	4756	24	173.25
山东	394	1	41.08
山西	1358	10	55.63
陕西	4492	14	83.67
上海	41683	31	155.68
西藏	897	9	37.6
新疆	725	16	55.79
浙江	6033	10	76.04
重庆	16626	76	305.86
总计	176781	389	1805.97

图 5.13　数据透视表中的原始字段名

在 SEM 数据分析中，我们可能会直接使用源数据中的字段名或者“总数”“平均值”来代替默认名称。如果要使用源数据中的字段名，只需选中要修改的单元格，删除原始名称中的“求和项”或“计数项”三个字，并按一下空格键即可。如果要使用新名称，只需点击要修改的字段名，输入一个新名称即可。

注意

如果输入的新名称是数据透视表中已有的名称，命名会失败，如图 5.14 所示。这时在新名称开头处增加一个空格即可，Excel 认为没有空格的字段名和有空格的字段名是不同的。

图 5.14　输入数据透视表中已有名称会提示错误

3. 添加和删除字段

① 源数据中字段很多，如果要分析多个字段，就需要为数据透视表添加相应的字段，

如图 5.15 所示。

在“数据透视表字段列表”中，执行下列操作即可：

➢ 在“选择要添加到报表的字段”框中，勾选要添加字段的复选框，如图 5.16 所示。添加完成后，数据透视表就会显示相对应的字段及其数值。

行标签
北京
福建
广东
贵州
江苏
山东
山西
陕西
上海
西藏
新疆
浙江
重庆
总计

图 5.15　要添加字段的数据透视表

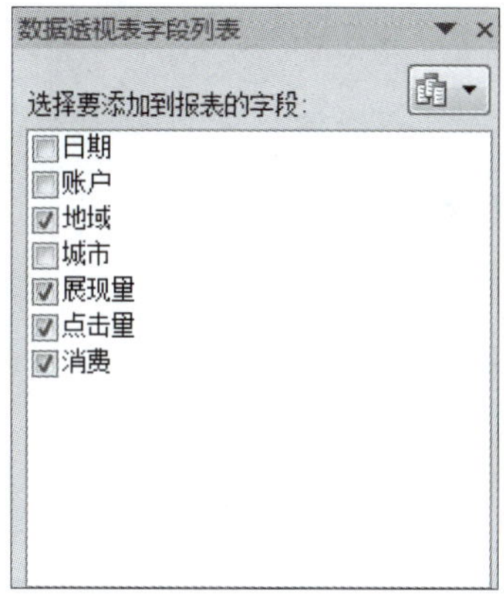

图 5.16　勾选字段前的复选框

➢ 在“选择要添加到报表的字段”框中，单击要添加的字段，并按住鼠标不放，然后将其拖到布局区域中，也能完成字段的添加，如图 5.17 所示。

	值		
行标签	求和项:展现量	求和项:点击量	求和项:消费
北京	22850	19	81.72
福建	1962	9	55.51
广东	70934	145	531.34
贵州	4071	25	152.8
江苏	4756	24	173.25
山东	394	1	41.08
山西	1358	10	55.63
陕西	4492	14	83.67
上海	41683	31	155.68
西藏	897	9	37.6
新疆	725	16	55.79
浙江	6033	10	76.04
重庆	16626	76	305.86
总计	**176781**	**389**	**1805.97**

图 5.17　字段名及数值添加到数据透视表中

注意

在 Office 中添加字段的两种方法均可使用，而 WPS 早前版本字段前没有复选框，但在最新版的 WPS 中，字段名前也增加了复选框，也可以使用这两种添加字段的方法了。

② 如果添加的字段过多，看起来会比较复杂，可以先暂时删除本次不需要分析的字段。在“数据透视表字段列表”中，执行下列操作即可：

- 在“选择要添加到报表的字段”框中，取消勾选掉要删除字段的复选框，如图 5.18 所示（在图 5.17 对应的数据透视表上操作）。

相应的字段及数值就会被全部删除了，如图 5.19 所示。

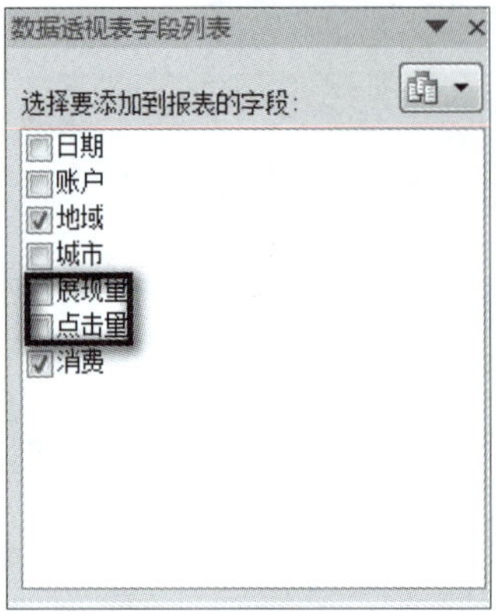

图 5.18 取消勾选要删除字段的复选框

行标签	求和项：消费
北京	81.72
福建	55.51
广东	531.34
贵州	152.8
江苏	173.25
山东	41.08
山西	55.63
陕西	83.67
上海	155.68
西藏	37.6
新疆	55.79
浙江	76.04
重庆	305.86
总计	1805.97

图 5.19 数据透视表中对应字段被删除

- 在布局区域中，右击要删除的字段，然后执行快捷菜单中的“删除字段”命令，如图 5.20 所示，也能实现删除字段及其数值。
- 在布局区域中，单击要删除的字段，并按住鼠标不放，将其拖到数据透视表字段列表之外也可以实现删除。

4. 设计数据透视表样式

系统默认的表格格式往往不太美观，如果你想要让数据透视表呈现出的效果更好，可以在“设计”选项卡的“数据透视表样式”样式库中，选择自己喜欢的样式，如图 5.21 所示。

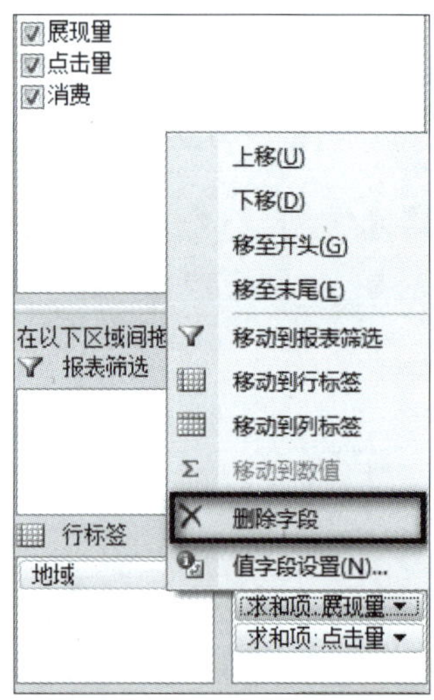

图 5.20 布局区域中删除字段

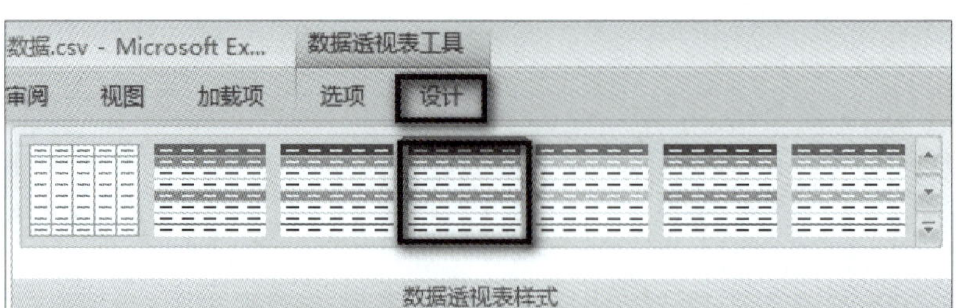

图 5.21 “数据透视表样式”样式库

选中之后，相应的数据透视表就进行了更新，如图 5.22 所示。

值			
行标签	求和项:消费	求和项:展现量	求和项:点击量
北京	81.72	22850	19
福建	55.51	1962	9
广东	531.34	70934	145
贵州	152.8	4071	25
江苏	173.25	4756	24
山东	41.08	394	1
山西	55.63	1358	10
陕西	83.67	4492	14
上海	155.68	41683	31
西藏	37.6	897	9
新疆	55.79	725	16
浙江	76.04	6033	10
重庆	305.86	16626	76
总计	**1805.97**	**176781**	**389**

图 5.22　数据透视表更新到新样式

5. 更改数据透视表中的数据排序

我们透视出的数据不是按照从大到小或从小到大等规律排列的，数据结论不能直观地看出来，所以需要进一步处理，将数据透视表中的数据按从大到小或者从小到大的顺序排列，这样我们就能直观地看出哪些区域指标表现得较好，哪些关键词指标表现得较好等。

如果我们希望看到的数据结果是按规律呈现的，就需要对数据透视表中的数据排序。数据排序方式可以分为升序、降序和其他排序选项，其他排序选项又包括手动排序，按字母排序、按笔画排序，可在行标签下拉菜单处选择。在进行 SEM 数据处理时，我们一般使用升序或者降序排序。

升序：简单地说，数据升序排列就是从小到大排序，排序前数据如图 5.23 所示。

排序后的数据如图 5.24 所示，我们能直观地看出展现量最多的三名依次是北京、上海和广东，展现量最少的三名依次为山东、新疆和西藏。

	汇总		
行标签	展现量	消费	点击量
重庆	16626	305.86	76
浙江	6033	76.04	10
新疆	725	55.79	16
西藏	897	37.6	9
上海	41683	155.68	31
陕西	4492	83.67	14
山西	1358	55.63	10
山东	394	41.08	1
江苏	4756	173.25	24
贵州	4071	152.8	25
广东	70934	531.34	145
福建	1962	55.51	9
北京	22850	81.72	19
总计	176781	1805.97	389

图 5.23　排序前数据

	值		
行标签	展现量	消费	点击量
山东	394	41.08	1
新疆	725	55.79	16
西藏	897	37.6	9
山西	1358	55.63	10
福建	1962	55.51	9
贵州	4071	152.8	25
陕西	4492	83.67	14
江苏	4756	173.25	24
浙江	6033	76.04	10
重庆	16626	305.86	76
北京	22850	81.72	19
上海	41683	155.68	31
广东	70934	531.34	145
总计	**176781**	**1805.97**	**389**

图 5.24　排序前的数据

降序：数据降序排列就是从大到小排序，如图 5.25 所示，是在图 5.24 的基础上做的降序处理。

这样我们也能直观地看出来，展现量最多的前三名依次是广东、上海和北京，展现量最少的三名分别为西藏、新疆和山东。

行标签	展现量	消费	点击量
广东	70934	531.34	145
上海	41683	155.68	31
北京	22850	81.72	19
重庆	16626	305.86	76
浙江	6033	76.04	10
江苏	4756	173.25	24
陕西	4492	83.67	14
贵州	4071	152.8	25
福建	1962	55.51	9
山西	1358	55.63	10
西藏	897	37.6	9
新疆	725	55.79	16
山东	394	41.08	1
总计	176781	1805.97	389

图 5.25　展现量降序排列的数据

6. 刷新数据

当源数据中有更改、更新的数据时，对数据透视表进行刷新，就可以得到新的数据结果。如果不使用这一设置，当数据源中有数据变更时，就需要重新制作数据透视表，这样就会浪费很多精力和时间。在数据透视表中设置自动刷新，可以省去不少麻烦。点击透视表中任意单元格，选择“数据透视表选项”→“数据”→勾选“打开文件时刷新数据”，点击“确定”按钮即可，如图 5.26 所示。当数据源中的数据有变更时，打开数据透视表会自动完成更新，也省去了刷新数据透视表这一步骤。

7. 筛选前 10 个最大的值

在我们对账户进行数据分析时，会分析在投放的各个区域中，消费排名前 10 位的有哪些省区市，或者关键词点击量排名前 10 位的是哪些词，或者销售额排名前 10 位的有哪些客服人员等。如果排序后再进行筛选，也是可以的，但步骤就多了一些。在数据透视表中，可以直接根据某个字段对数据进行筛选。在“行标签”下拉菜单中选择“值筛选”→“10 个最大的值”，如图 5.27 所示。

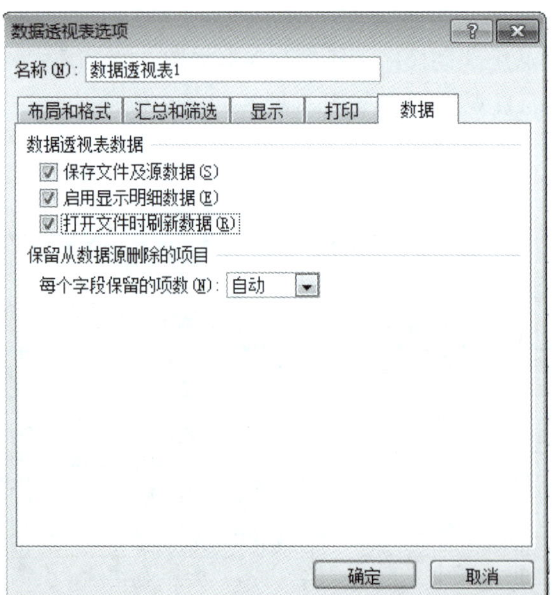

图 5.26　设置数据刷新——打开文件时刷新数据

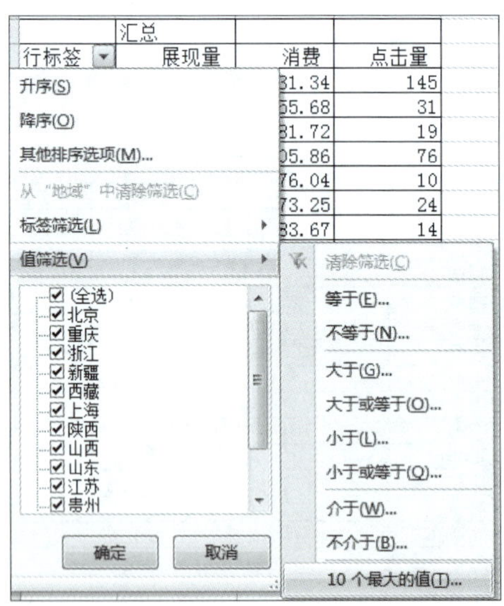

图 5.27　“值筛选”→“10 个最大的值”

选择后会出现如图 5.28 所示界面，选择“最大”，“依据”选择任何一个字段均可，如选择“消费”，点击“确定”按钮即可。

透视表中就会呈现消费额排名前 10 位的数据，如图 5.29 所示。

图 5.28 “10 个最大值”设置

	汇总		
行标签	展现量	消费	点击量
广东	70934	531.34	145
上海	41683	155.68	31
北京	22850	81.72	19
重庆	16626	305.86	76
浙江	6033	76.04	10
江苏	4756	173.25	24
陕西	4492	83.67	14
贵州	4071	152.8	25
山西	1358	55.63	10
新疆	725	55.79	16
总计	173528	1671.78	370

图 5.29 消费额最大的 10 个值

8. 插入计算项及计算字段

在数据透视表中，数据也是有很多的，一个一个地看数据也是比较繁琐的。比如我们要看看展现量大于 1000 的有哪些关键词，销售额大于 5 万的有哪几个销售人员等，这时就可以在数据透视表内插入计算项，比如让点击数超过 10 次的显示 1，否则显示 0，其他字段也可以同样设置。

设置方法如下：

在“数据透视表工具”中，选择“公式”→“计算字段”，如图 5.30 所示。

输入对应的 IF 函数，如图 5.31 所示。

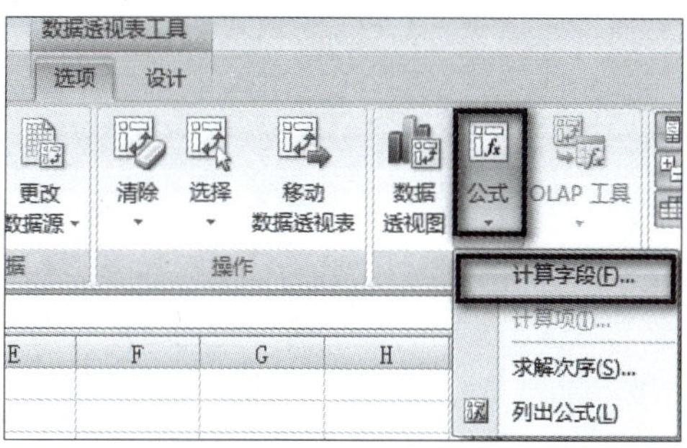

图 5.30 “数据透视表工具”→“公式”→“计算字段”

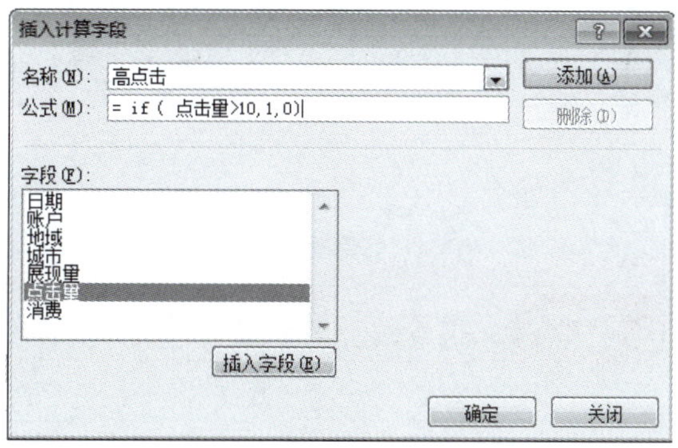

图 5.31 插入计算字段

名称可以自行设置，比如设置成“高点击”，IF 函数根据第 3 章介绍的 Excel 中公式的使用来写，最后点击“确定”就可以了，如图 5.32 所示。

在“高点击”列中，我们很容易得出结果，数值为 1 的即为点击数超过 10 次的，分别为北京、广东、贵州、江苏、陕西、上海、新疆和重庆。

除 IF 函数外，其他函数也可以使用，根据公式使用的要求来填写即可。

9. 其他设置

在数据透视表中，有时候会出现一些空值或者是错误值，这时我们可以通过设置不同的显示结果进行区分，比如空值显示“-”，错误值显示“NA”；还可以在数据透视表更新时保留对应的格式，比如用底色标注的重点项继续保留；也可以让表格中的各列自动调整宽度等。

“数据透视表选项”对话框中的其他设置，如图 5.33 所示。

- 让空值显示“-”，让错误值显示“NA”。
- 更新时自动调整列宽。
- 更新时保留单元格格式。

	值			
行标签	展现量	消费	点击量	高点击
北京	22850	81.72	19	1
福建	1962	55.51	9	0
广东	70934	531.34	145	1
贵州	4071	152.8	25	1
江苏	4756	173.25	24	1
山东	394	41.08	1	0
山西	1358	55.63	10	0
陕西	4492	83.67	14	1
上海	41683	155.68	31	1
西藏	897	37.6	9	0
新疆	725	55.79	16	1
浙江	6033	76.04	10	0
重庆	16626	305.86	76	1
总计	**176781**	**1805.97**	**389**	**1**

图 5.32 计算字段——高点击

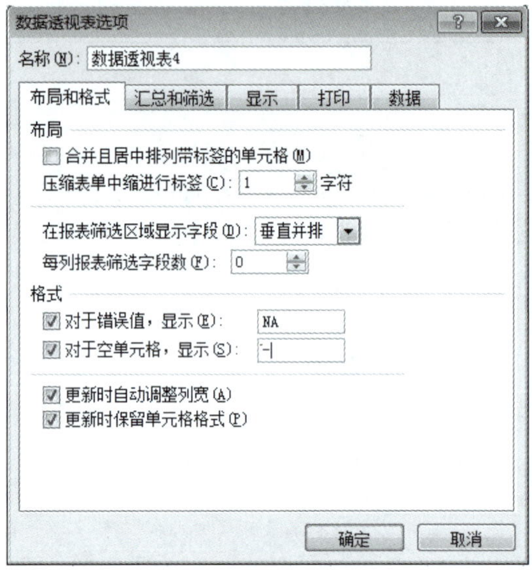

图 5.33 “数据透视表选项”——错误值、空值、列宽、格式设置

5.2 动态透视表的创建

SEM 专员每天都要汇总各种数据，在数据更新之后，每次都要重新制作透视表，会耗费不少时间，这时我们可以通过动态透视表来实现随着源数据的更新，数据透视表中的数据也同时更新的效果，比如每天将数据报表制作完成后，直接刷新对应的数据透视表就可以获取到最新的透视表。

更新前的源数据，见表 5.1。

表5.1 更新前数据

日期	账户	地域	城市	展现量	点击量	消费
2016-01-01至2016-06-03	A账户	重庆	重庆	16626	76	305.86
2016-01-01至2016-06-03	A账户	广东	深圳	36195	55	220.81

续表

日期	账户	地域	城市	展现量	点击量	消费
2016-01-01至2016-06-03	A账户	上海	上海	41683	31	155.68
2016-01-01至2016-06-03	A账户	广东	东莞	4977	37	140.62
2016-01-01至2016-06-03	A账户	江苏	苏州	3599	22	122.54
2016-01-01至2016-06-03	A账户	陕西	西安	4492	14	83.67
2016-01-01至2016-06-03	A账户	北京	北京	22850	19	81.72
2016-01-01至2016-06-03	A账户	浙江	杭州	6033	10	76.04
2016-01-01至2016-06-03	A账户	贵州	遵义	1419	13	75.62
2016-01-01至2016-06-03	A账户	广东	广州	25515	27	75.28
2016-01-01至2016-06-03	A账户	新疆	伊犁	725	16	55.79
2016-01-01至2016-06-03	A账户	山西	太原	1358	10	55.63
2016-01-01至2016-06-03	A账户	广东	佛山	2611	16	55.57
2016-01-01至2016-06-03	A账户	福建	厦门	1962	9	55.51
2016-01-01至2016-06-03	A账户	江苏	徐州	1157	2	50.71
2016-01-01至2016-06-03	A账户	山东	淄博	394	1	41.08
2016-01-01至2016-06-03	A账户	贵州	贵阳	2082	9	39.81
2016-01-01至2016-06-03	A账户	广东	中山	1636	10	39.06
2016-01-01至2016-06-03	A账户	西藏	拉萨	897	9	37.6
2016-01-01至2016-06-03	A账户	贵州	六盘水	570	3	37.37

制作动态透视表的步骤如下：

① 选择“插入”→“表”，如图 5.34 所示。

② 在打开的“创建表”对话框中输入表数据的来源，如图 5.35 所示，点击“确定”即可。

图 5.34　插入表

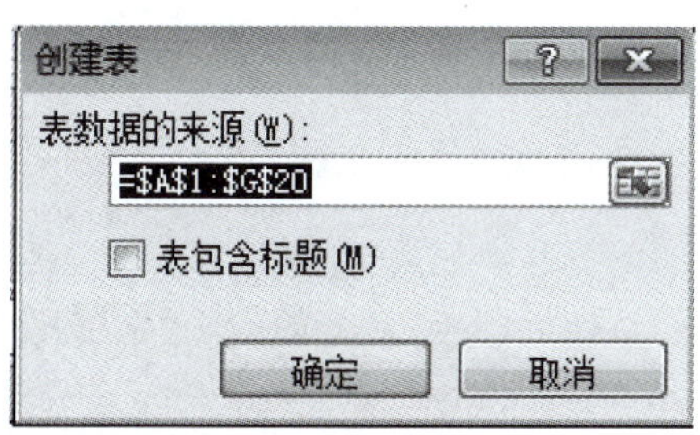

图 5.35　创建表

数据表界面就变成了如图 5.36 所示界面，自动带有筛选功能。

日期	账户	地域	城市	展现量	点击量	消费
2016-01-01至2016-06-03	A账户	重庆	重庆	16626	76	305.86
2016-01-01至2016-06-03	A账户	广东	深圳	36195	55	220.81
2016-01-01至2016-06-03	A账户	上海	上海	41683	31	155.68
2016-01-01至2016-06-03	A账户	广东	东莞	4977	37	140.62
2016-01-01至2016-06-03	A账户	江苏	苏州	3599	22	122.54
2016-01-01至2016-06-03	A账户	陕西	西安	4492	14	83.67
2016-01-01至2016-06-03	A账户	北京	北京	22850	19	81.72
2016-01-01至2016-06-03	A账户	浙江	杭州	6033	10	76.04
2016-01-01至2016-06-03	A账户	贵州	遵义	1419	13	75.62
2016-01-01至2016-06-03	A账户	广东	广州	25515	27	75.28
2016-01-01至2016-06-03	A账户	新疆	伊犁	725	16	55.79
2016-01-01至2016-06-03	A账户	山西	太原	1358	10	55.63
2016-01-01至2016-06-03	A账户	广东	佛山	2611	16	55.57
2016-01-01至2016-06-03	A账户	福建	厦门	1962	9	55.51
2016-01-01至2016-06-03	A账户	江苏	徐州	1157	2	50.71
2016-01-01至2016-06-03	A账户	山东	淄博	394	1	41.08
2016-01-01至2016-06-03	A账户	贵州	贵阳	2082	9	39.81
2016-01-01至2016-06-03	A账户	广东	中山	1636	10	39.06
2016-01-01至2016-06-03	A账户	西藏	拉萨	897	9	37.6
2016-01-01至2016-06-03	A账户	贵州	六盘水	570	3	37.37

图 5.36 插入表后的源数据

③ 再选择“插入”→“数据透视表”，做好的透视表见表 5.2。

表5.2 未更新数据前的数据透视表

	值		
行标签	求和项:展现量	求和项:消费	求和项:点击量
北京	22850	81.72	19
福建	1962	55.51	9
广东	70934	531.34	145
贵州	4071	152.8	25
江苏	4756	173.25	24
山东	394	41.08	1
山西	1358	55.63	10
陕西	4492	83.67	14
上海	41683	155.68	31
西藏	897	37.6	9
新疆	725	55.79	16
浙江	6033	76.04	10
重庆	16626	305.86	76
总计	176781	1805.97	389

④ 添加 10 行对应的数据到表 5.1 中，添加数据后见表 5.3。

表5.3 添加新数据后的源数据

日期	账户	地域	城市	展现量	点击量	消费
2016-01-01至2016-06-03	A账户	重庆	重庆	16626	76	305.86
2016-01-01至2016-06-03	A账户	广东	深圳	36195	55	220.81
2016-01-01至2016-06-03	A账户	上海	上海	41683	31	155.68
2016-01-01至2016-06-03	A账户	广东	东莞	4977	37	140.62

续表

日期	账户	地域	城市	展现量	点击量	消费
2016-01-01至2016-06-03	A账户	江苏	苏州	3599	22	122.54
2016-01-01至2016-06-03	A账户	陕西	西安	4492	14	83.67
2016-01-01至2016-06-03	A账户	北京	北京	22850	19	81.72
2016-01-01至2016-06-03	A账户	浙江	杭州	6033	10	76.04
2016-01-01至2016-06-03	A账户	贵州	遵义	1419	13	75.62
2016-01-01至2016-06-03	A账户	广东	广州	25515	27	75.28
2016-01-01至2016-06-03	A账户	新疆	伊犁	725	16	55.79
2016-01-01至2016-06-03	A账户	山西	太原	1358	10	55.63
2016-01-01至2016-06-03	A账户	广东	佛山	2611	16	55.57
2016-01-01至2016-06-03	A账户	福建	厦门	1962	9	55.51
2016-01-01至2016-06-03	A账户	江苏	徐州	1157	2	50.71
2016-01-01至2016-06-03	A账户	山东	淄博	394	1	41.08
2016-01-01至2016-06-03	A账户	贵州	贵阳	2082	9	39.81
2016-01-01至2016-06-03	A账户	广东	中山	1636	10	39.06
2016-01-01至2016-06-03	A账户	西藏	拉萨	897	9	37.6
2016-01-01至2016-06-03	A账户	贵州	六盘水	570	3	37.37
2016-01-01至2016-06-03	A账户	甘肃	兰州	1858	11	36.12
2016-01-01至2016-06-03	A账户	浙江	宁波	2248	11	34.39
2016-01-01至2016-06-03	A账户	湖南	湘西	247	2	33.75
2016-01-01至2016-06-03	A账户	新疆	乌鲁木齐	1863	11	31.87
2016-01-01至2016-06-03	A账户	江苏	泰州	548	3	30.77
2016-01-01至2016-06-03	A账户	贵州	毕节	767	9	30.73
2016-01-01至2016-06-03	A账户	甘肃	张掖	183	3	30.67
2016-01-01至2016-06-03	A账户	浙江	温州	1663	10	30.37
2016-01-01至2016-06-03	A账户	其他国家	其他国家	77606	6	29.58
2016-01-01至2016-06-03	A账户	广东	惠州	1210	11	27.41

⑤ 在透视表上单击右键，选择“刷新”，即可得到表 5.4，可见数据已经更新。

表5.4　更新数据后的透视表

	值		
行标签	求和项:展现量	求和项:消费	求和项:点击量
北京	22850	81.72	19
福建	1962	55.51	9
广东	72144	558.75	156
贵州	4838	183.53	34
江苏	5304	204.02	27
山东	394	41.08	1
山西	1358	55.63	10
陕西	4492	83.67	14

续表

	值		
行标签	求和项:展现量	求和项:消费	求和项:点击量
上海	41683	155.68	31
西藏	897	37.6	9
新疆	2588	87.66	27
浙江	9944	140.8	31
重庆	16626	305.86	76
甘肃	2041	66.79	14
湖南	247	33.75	2
其他地方	77606	29.58	6
总计	264974	2121.63	466

动态透视表的设置与数据透视表的功能是一样的，大家可以有针对性地练习。

5.3 案例分享

我们从百度搜索推广账户中下载了关键词报告，截取其中的一部分来做演示，源数据请查看电子版数据。

我们根据时间制作数据透视表，结果如表 5.5 所示。

表5.5 按时间进行数据汇总

行标签	求和项:展现量	求和项:点击量	平均值项:消费
2016/10/9	2917	141	154.79
2016/10/10	3206	131	168.95
2016/10/11	2764	109	151.78
2016/10/12	2167	122	162.24
2016/10/13	1131	61	181.24
总计	12185	564	161.63

从表中我们可以直观地看出这些关键词在 10 月 9 日共有 2917 次展现、141 次点击，共消费 154.79 元，10 月 10 日展现量提升到 3206 次，点击量却下降到了 131 次，10 月 11 日起展现量出现了大幅下滑，到 10 月 13 日，展现量较 10 月 9 日下降了近 2/3。

在这几天中，平均消费为 161.63 元，我们对数据透视表的字段进行了修改，求了平均值。

我们根据关键词进行透视，透视后修改了字段名，并对展现量做了升序处理，结果如表 5.6 所示。

表5.6　设置完的数据透视表

行标签	展现量	点击量	消费
网络营销技巧	74	7	49.91
电子商务课程介绍	137	27	143.44
微信营销培训	182	25	110.82
网络营销师	185	21	116.68
seo培训	358	18	251.07
seo教程	623	43	272.28
电子商务培训	1891	165	1299.3
电子商务课程	2945	88	836.71
网络营销	5790	170	1768.63
总计	12185	564	4848.84

这样我们就能很直观地看出“网络营销”一词带来的展现量是最多的，高达 5790 次，其次是“电子商务课程”，带来的展现量为 2945 次。

本章总结

- 源数据的要求：数据区域的首行为字段名，不能为空；数据区域中不能有空行和空列；数据类型必须一致；数据区域中不能有合并的单元格，单元格的开始和末尾均不能有空格；在一张工作表中最好不要建立多个数据区域；如果有多个数据区域，需要透视的数据区域与其他数据之间应至少留出一个空列和一个空行。
- 制作数据透视表主要分为三个步骤：①选中数据区域；②插入数据透视表；③选择要透视的数据类型。
- 数据透视表设置：更改字段名、添加和删除字段、设计数据透视表样式、更改数据透视表中的数据排序、刷新数据、筛选前 10 个最大的值、插入计算项及计算字段、其他设置。
- 动态透视表的制作步骤：①选中源数据，插入表；②创建表；③再选择“插入”→“数据透视表”；④添加新数据，在数据透视表中单击右键，选择“刷新”。

本章作业

1. 说出制作数据透视表的步骤。
2. 说明如何修改数据透视表的字段名。
3. 说明如何为数据透视表添加和删除字段。
4. 说出修改了源数据中的某个数据后，如何让数据透视表中的数据实现自动更新。
5. 制作一个动态透视表，熟悉制作步骤。
6. 登录课工场，按要求完成预习作业。

随手笔记

第 6 章

图表制作

技能目标

- ❖ 学会日常数据报表的制作
- ❖ 掌握各种类型统计图的制作与美化

本章导读

在 SEM 专员的日常工作中，要定期编写数据分析报告，向领导汇报账户投放概况及账户投放问题等。一份图文并茂的数据分析报告能让领导更直观地看到投放结果和投放问题，因此我们要学会制作日常数据报表和统计图。

日常数据报表需要包含哪些指标？数据统计图有哪些类型？分别有什么样的用途？又是如何进行制作和美化的？

通过本章的学习，你将学会日常数据报表和 Excel 中统计图的制作与应用。

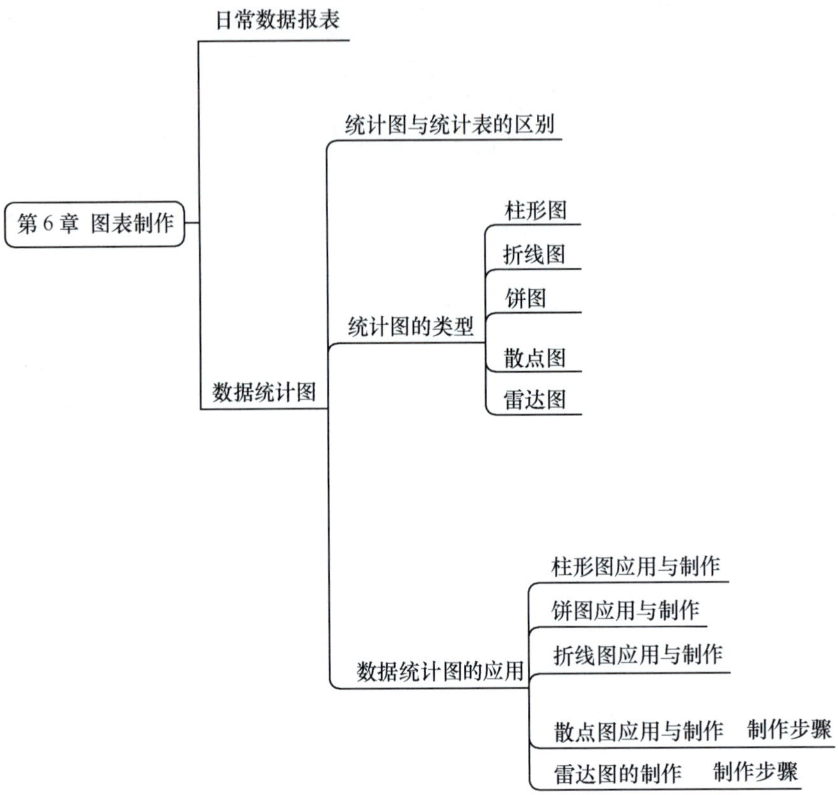

6.1 日常数据报表

日常数据报表是 SEM 专员每天要填写的数据表格，主要是将推广阶段数据、网站阶段数据、转化阶段数据汇总到一个表格中，便于更全面、快捷地挖掘数据异常点。

日常数据报表要包含常规数据分析的重要指标：总消费、总展现量、总点击量、总咨询量、总转化量、平均咨询（对话）成本、平均转化成本、ROI 值，如表 6.1 所示。这些指标是推广过程中的重点指标，日常数据报表中不能缺少。其他一些数据指标则可以根据不同行业、不同公司的要求来选取。

表6.1　日常数据报表

总消费	总展现量	总点击量	总咨询量	总转化量	平均咨询（对话）成本	平均转化成本	ROI值

总消费是各个推广平台、各个账户消费的总和，其他指标也是如此，可以在报表中直接用求和公式生成。当我们把每个平台的消费数据录入后，将会自动求和生成总消费，如图 6.1 所示。如果只有一个平台一个推广账户，汇总的数据就不用做求和处理了，录入对应的数据即可。

D3　　f_x　=SUM(汇总!F4:H4)

A	B	C	D	E	F	G
日期	总展现	总点击	总消费	总对话	有效对话	网络预约
3月1日	0	0	0	0	0	0
3月2日	0	0	0	0	0	0
3月3日	0	0	0	0	0	0
3月4日	0	0	0	0	0	0
3月5日	0	0	0	0	0	0
3月6日	0	0	0	0	0	0

图 6.1　报表中的求和设置

日常数据报表除了对账户的总体概况，还可以对不同类别的产品、关键词进行精细的汇总，便于对账户进行更细致的分析和优化，例如医疗行业常用的日常报表，就对各个病种做出了非常详细的数据统计。

日常数据报表还包含网站阶段数据，如 IP、UV、跳出率、抵达率、平均访问页数、平均访问时长等，企业可以根据自身需求选择要汇总的对应指标。如表 6.2 和表 6.3 所示，是某企业汇总的网站阶段指标，包含跳出率、抵达率、平均访问页数、平均访问时长（因页面展现不全，将表格分割成了表 6.2 和表 6.3 两部分，详见电子表格）。

表6.2　推广数据和网站数据

日期		推广数据					网站数据			
		消费	点击	点击率	平均点击价格	展现	平均访问页数	平均访问时长（分钟）	跳出率	抵达率
3月7日	星期二	7016.2	297	0.89%	23.62	33413	2.02	0:06:02	51.54%	77%
3月8日	星期三	8827.37	435	1.01%	20.29	43031	2.48	0:06:37	58.82%	81%

6 Chapter

续表

日期		推广数据					网站数据			
		消费	点击	点击率	平均点击价格	展现	平均访问页数	平均访问时长（分钟）	跳出率	抵达率
3月9日	星期四	7358.36	471	0.76%	15.62	62127	2.1	0:05:49	57.60%	70%
3月10日	星期五	8050.84	482	0.77%	16.7	62650	2.51	0:06:33	59.31%	67%

表6.3　网聊数据和转化数据

网聊数据					转化数据			
点击	对话	有效对话	对话成本	有效对话成本	转化量	转化率	转化成本	投入产出比
42	12	11	584.68	637.84	3	1.01%	2338.73	113.79%
65	19	17	464.6	519.26	2	0.46%	4413.69	13.28%
85	18	15	408.8	490.56	3	0.64%	2452.79	103.85%
107	16	13	503.18	619.3	4	0.83%	2012.71	148.42%

对话成本、有效对话成本、转化率、转化成本、投入产出比都是质指标，是通过计算得到的，也可以直接引用公式，只需录入对应的数据，结果就自然生成了。

6.2 数据统计图

统计图是将统计的数据用几何图形表达出来，具有直观、形象、生动、具体等特点。统计图可以使复杂的统计数字简单化、通俗化、形象化，使人一目了然，便于理解和比较。因此，统计图在统计资料整理与分析中占有重要地位，并得到广泛应用。

统计图利用点、线、面、体等绘制成几何图形，用以表示各种数量之间的关系及其变化情况。

6.2.1 统计图与统计表的区别

统计表和统计图是比较常用的两种数据统计工具，借助这两种工具，市场调研资料可以表达得更直观生动、通俗易懂。如果需要对批量数据进行统计分析，就要将数据汇总成统计表或者统计图，但二者的效果是不同的。

统计表是指为了工作需要，把日常获取或收集到的相互关联的数据，按照一定的要求进行整理归类，并按照一定的顺序把数据排列起来，制成表格，如日常工作报表。

统计图是指利用几何图形表现数量关系。

二者的效果是不同的，统计表方便精确地查看和查找数据；而统计图则更能直观、形象地反映数据间的变化和联系。

统计图是在统计表的数据基础上制作出来的。统计表中的数据更详细，但是不利于直观地分析问题。所以，如果要针对某一问题进行研究，就要在统计表的基础上绘制相应的统计图。

表 6.4 是 2016 年搜索引擎广告费的统计，图 6.2 将数据制作成了统计图。在统计表中可以查看到 2016 年每月搜索引擎广告费用的具体消费数据，而在统计图中可以一目了然地看出 2016 年搜索引擎广告消费最高的是 4 月份，最低的是 2 月份，并且能清晰地看出整年的消费变化情况。

表6.4　2016年搜索引擎广告费统计表

月份	消费
1月	111717
2月	49710
3月	164977
4月	219175
5月	190578
6月	143253
7月	163700
8月	170299
9月	201429
10月	151717
11月	143710
12月	117710

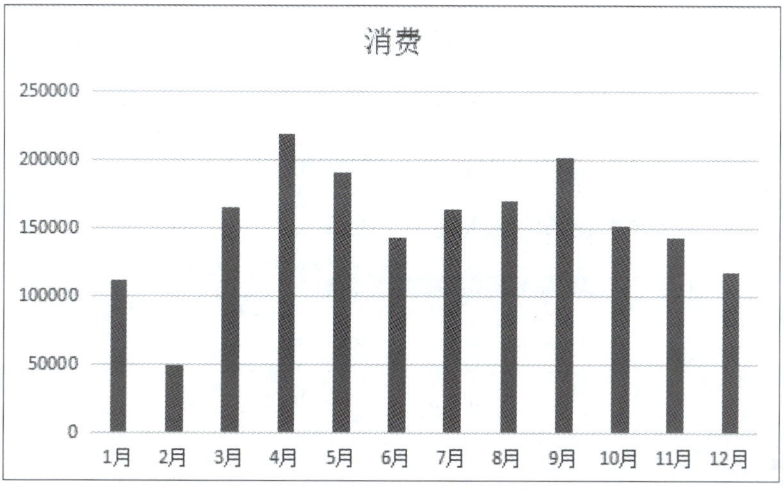

图 6.2　2016 年搜索引擎广告费统计图

6.2.2 统计图的类型

统计图的类型有很多，包括柱形图、折线图、饼图、散点图、雷达图等，在 SEM 专员的日常工作中，比较常见和常用的统计图有柱形图、折线图和饼图，另外两种偶尔会用到，接下来我们一一来讲解。

1. 柱形图

柱形图，是一种以长方形的长度为变量的表达图形的统计图，由一系列高度不等的纵向条纹表示数据的分布情况，用来比较两个或两个以上的数值（不同时间或者不同条件）。

如图 6.3 所示，从柱形图可以清晰地看到每月销售额的波动。在数据分析中，如果是对不同组数据进行对比，就可以利用柱形图来表现数据间的差异。

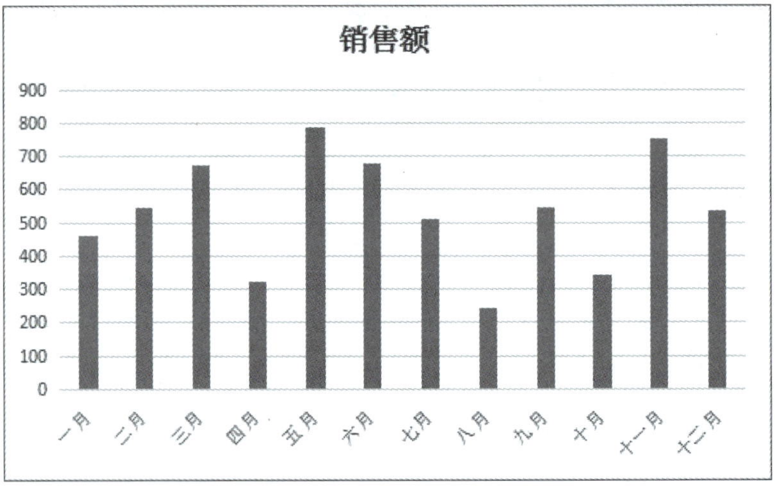

图 6.3 柱形图示例

柱形图亦可横向排列，一般我们称之为条形图，如图 6.4 所示。

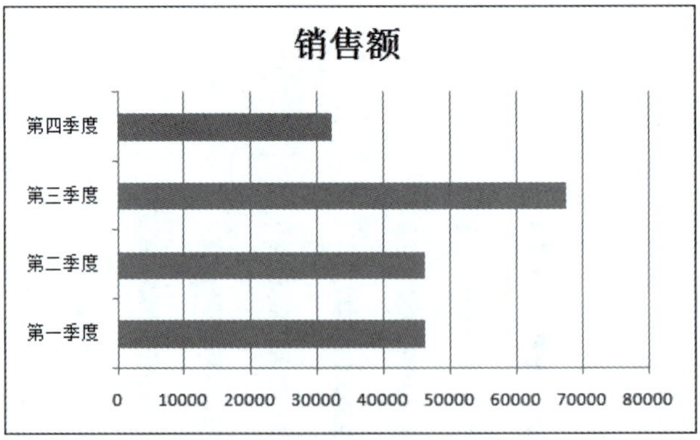

图 6.4 条形图示例

2. 折线图

折线图是用直线段将各数据点连接起来而组成的统计图，以折线方式来显示数据的变化趋势。折线图可以显示随时间（根据常用比例设置）变化的连续数据，因此非常适合显示在相等时间间隔下数据的变化趋势。

如图 6.5 中的折线图所示，可以清晰地看出每个月数据的变化趋势。在数据分析工作中，折线图适合展现数据随时间推移产生的变化和数据的发展趋势。

3. 饼图

饼图，也称扇形统计图，是用整个圆表示总数，用圆内各个扇形的大小表示各部分数量占总量的比例，饼图中各部分的占比之和是单位“1”。通过饼图可以很清楚地表示出部分与整体之间的比例关系。与折线图不同的是，饼图不能反映数据变化趋势；与柱形图不同的是，饼图不能清晰地看出各个数据之间的差额。

如图 6.6 中的饼图所示，可以清晰地看出每月消费占总消费的比例大小，比如占总消费最大比例的是 4 月份，占比 25%。在数据分析工作中，如果需要表示各部分数量占总数的比例，即可用饼图展示。

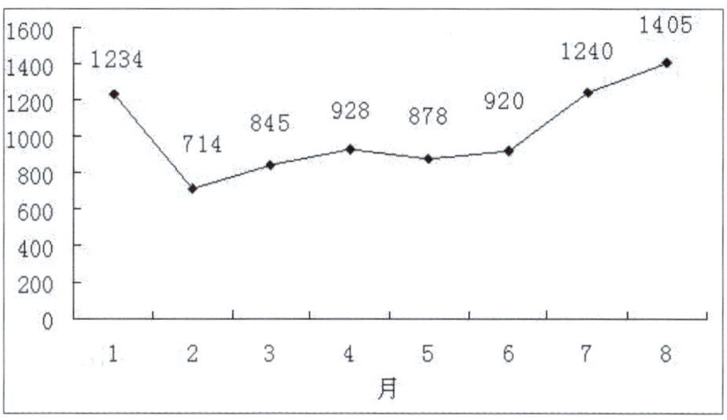

图 6.5　折线图示例

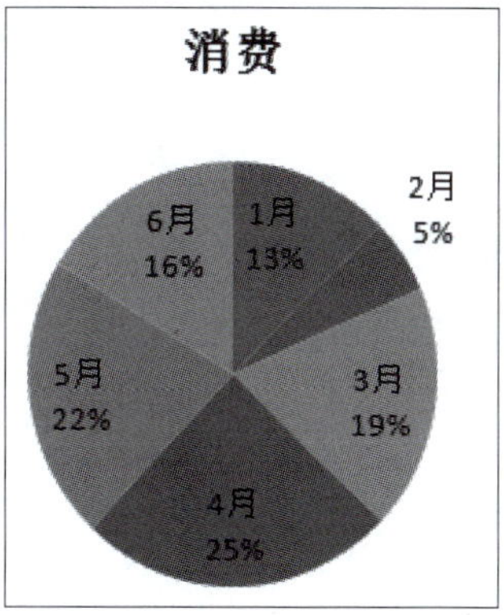

图 6.6　饼图示例

4. 散点图

散点图，是数据点在直角坐标系平面上的分布图。散点图表示因变量随自变量变化的大致趋势。散点图将序列显示为一组点。值由点在图表中的位置表示，类别由图表中的不同标记表示。散点图通常用于比较跨类别的聚合数据。

对于处理值的分布和数据点的分簇，散点图都很理想。如果数据集中包含非常多的点（如几千个点），散点图便是最佳图表类型。如果在散点图中显示多个序列，统计图看上去会非常混乱，这种情况下，应避免使用散点图，而应考虑使用折线图。

默认情况下，散点图以圆圈显示数据点。如果在散点图中有多个序列，要考虑将每个点的标记形状更改为方形、三角形、菱形或其他形状，如图 6.7 所示，它们散布在从右上角到左下角的区域。

注意

如果不按照时间段来分析大量数据，可以使用散点图。散点图中包含的数据越多，比较的效果就越好。

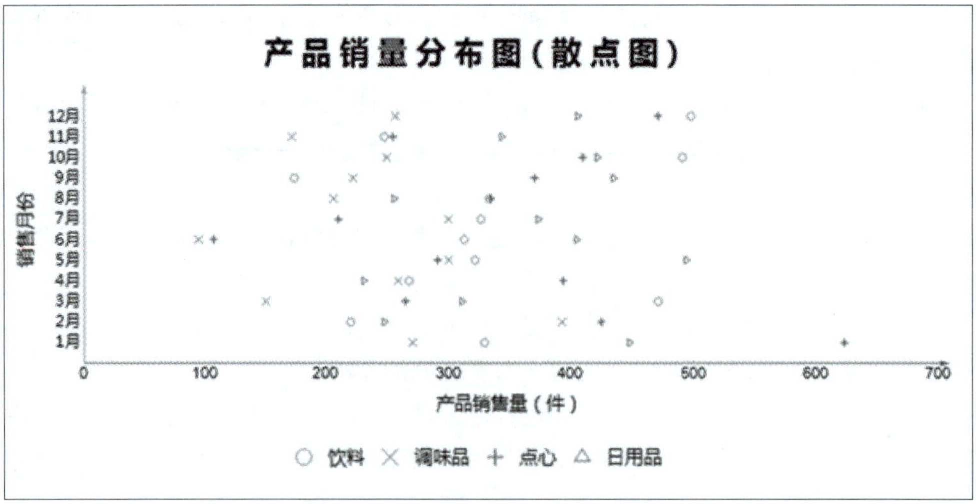

图 6.7　散点图示例

5. 雷达图

雷达图，又称戴布拉图、蜘蛛网图，是数据统计图的一种。重要的指标都集中展现在图表上，使用者能清晰地看出各项指标的表现。

如图 6.8 中的雷达图所示，可以清晰地看出品牌词在各项数据指标上的表现好坏，如品牌词在点击量、点击率、转化量、转化率、ROI 几个指标维度都表现比较好，同时还具有点击价格低的特点等。

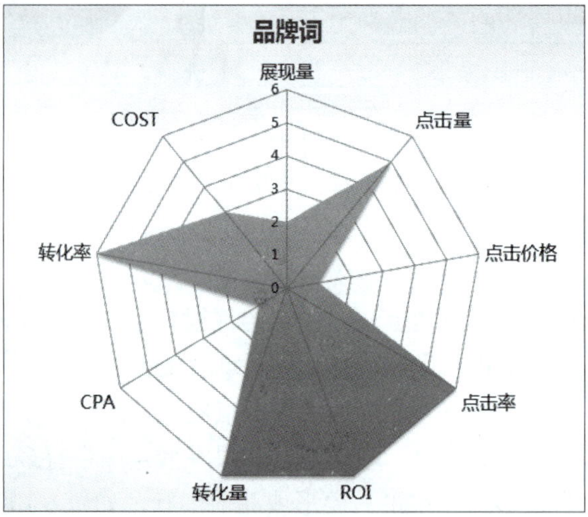

图 6.8　雷达图示例

6.2.3　数据统计图的应用

将数据结果以统计图的方式展示，便于更直观地展现数据发展趋势与变化。

制作统计图时，首先要有数据源，将数据源汇总整理成数据统计表，然后在数据统计表的基础上制作数据统计图。

1. 柱形图的应用与制作

在 SEM 专员的数据分析工作中应如何应用柱形图？根据工作需要，怎样制作出不同的柱形图呢？

某物流公司在百度进行广告投放，汇总 2016 年 7 月至 12 月搜索推广账户相关数据，如表 6.5 所示；表 6.6 所示则为 2016 年 7 月至 12 月网盟推广账户相关数据。现需要将 2016 年 7 月至 12 月搜索推广与网盟推广各自的消费进行对比，为了更好地表现数据对比情况，需要制作柱形图。

表6.5　2016年7～12月搜索推广账户数据表

日期	展现量	点击量	消费	点击率	平均点击价格	转化（网页）
2016年7月	435483	8442	43321.56	1.94%	5.13	0
2016年8月	589472	9810	41336.86	1.66%	4.21	10
2016年9月	328684	4904	23484.4	1.49%	4.79	11
2016年10月	709178	3018	14111.58	0.43%	4.68	5
2016年11月	963449	4450	20353.02	0.46%	4.57	10
2016年12月	548383	4587	21693.33	0.84%	4.73	4

表6.6　2016年7～12月网盟推广账户数据表

日期	展现次数	点击次数	总消费	点击率	平均点击价格	千次展现成本
2016年7月	5600311	8750	16428.69	0.16%	1.88	2.93
2016年8月	4621408	6733	13128.23	0.15%	1.95	2.84
2016年9月	2939662	4269	8322.58	0.15%	1.95	2.83
2016年10月	2251239	3061	5783.21	0.14%	1.89	2.57
2016年11月	3485755	4712	9105.32	0.14%	1.93	2.61
2016年12月	1398224	1921	3678.9	0.14%	1.92	2.63

首先，在 Excel 中将两个表格中分别表示消费的两列数据汇总到一个表格中，如表 6.7 所示。

表6.7　2016年7～12月账户消费数据表

日期	搜索消费	网盟消费
2016年7月	43321.56	16428.69
2016年8月	41336.86	13128.23
2016年9月	23484.4	8322.58
2016年10月	14111.58	5783.21
2016年11月	20353.02	9105.32
2016年12月	21693.33	3678.9

然后，在 Excel 中选择好需要展示的数据区域，点击“插入”选项卡，找到“图表”中的“柱形图”选项，如图 6.9 所示。但是柱形图也分很多种，例如二维柱形图、三维柱形图、圆柱图、圆锥图、棱锥图等，这几种柱形图的区别在于表示数据的几何图形不同，选择一个自己喜欢或者适合自己做报告的柱形图即可。如图 6.10 所示，就是选择了最常见的二维柱形图生成的。

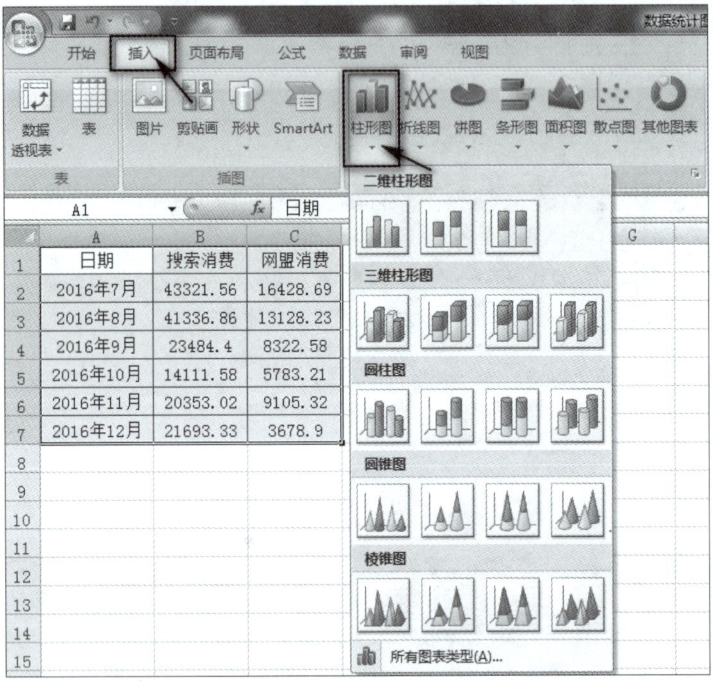

图 6.9　插入柱形图

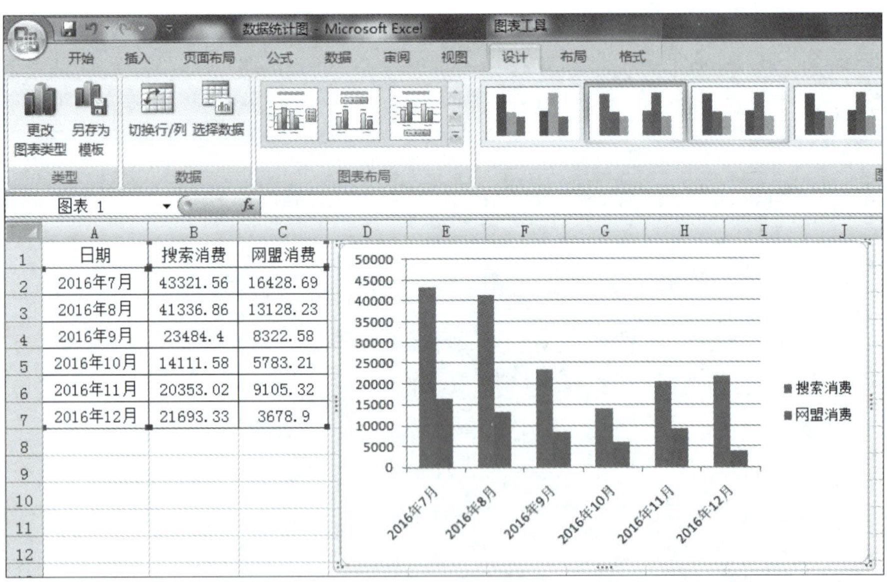

图 6.10　簇状柱形图

柱形图还可以分为簇状柱形图和堆积柱形图。

簇状柱形图主要使用垂直矩形来比较相交于类别轴上的数值大小，如图 6.10 所示。如果类别轴的顺序不重要或不用于显示项目计数（如直方图），就可以使用簇状柱形图。

堆积柱形图主要使用垂直矩形来比较相交于类别轴上的每个数值占总数值的大小，如图 6.11 所示。

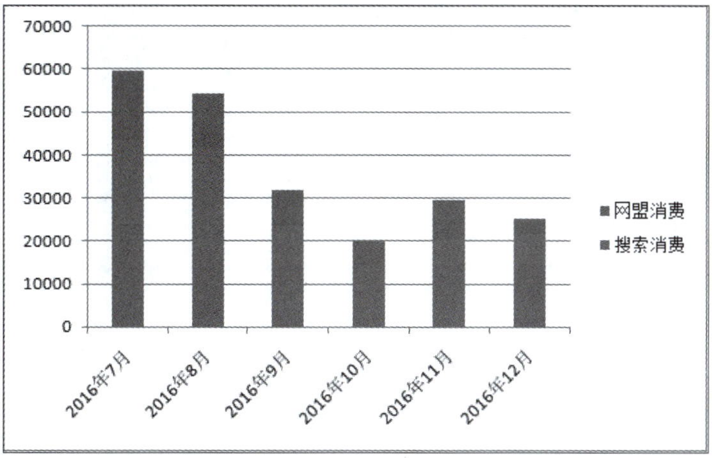

图 6.11　堆积柱形图

如果选错了数据区域，或者没有达到预期的效果，还可以对生成的柱形图进行修改，比如更改数据区域，默认会选择你填写的所有数据，如果这不是你想要的范围，可以在已生成的柱形图任意位置单击鼠标右键，弹出快捷菜单，如图 6.12 所示。在快捷菜单中点击“选择数据”选项，弹出“选择数据源”对话框，如图 6.13 所示，在“图表数据区域”重新输入要选取的数据范围，或者点击图标，重新选取数据区域，然后点击“确定”按钮即可。

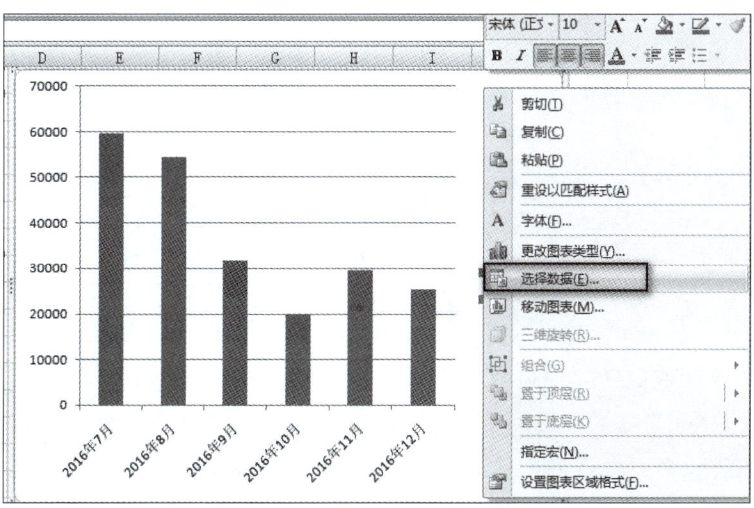

图 6.12　选择数据区域

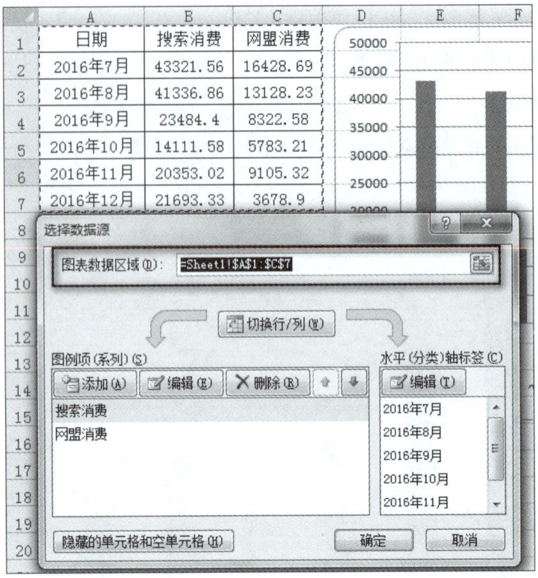

图 6.13　选择数据源

也可以在数据系列上添加数据标签来显示数据，具体操作如下：在生成的柱形图的数据系列上点击鼠标右键弹出快捷菜单，如图 6.14 所示。然后在快捷菜单中点击“添加数据标签”选项即可。

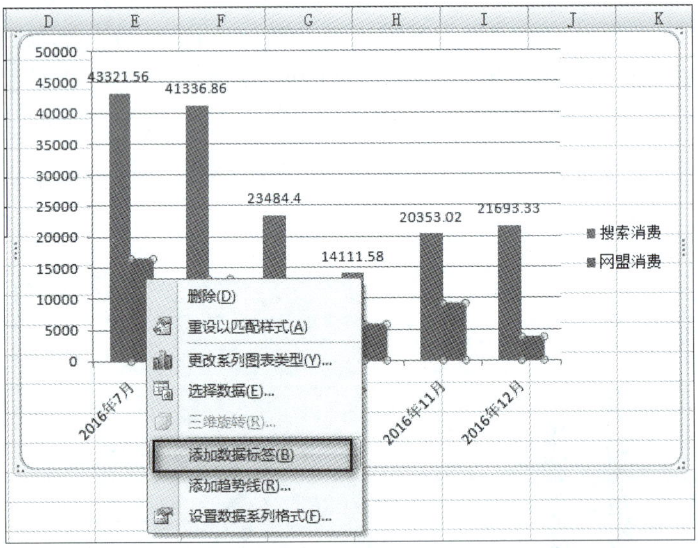

图 6.14　选择数据源

添加上的“数据标签”还可以根据具体需要修改格式。右键点击“数据系列”，在快捷菜单中选择“设置数据标签格式”，在弹出的对话框中进行设置即可，如图 6.15 所示，可以修改的内容包括添加系列名称、设置数字显示的格式、设置数字标签的边框等。

右键点击数据系列，在快捷菜单中选择“设置数据系列格式”选项，还可以更改数据系列显示的颜色，如图 6.16 所示。在弹出的对话框中选择想要填充的颜色即可，如图 6.17 所示，可以填充纯色、渐变色等，还可以修改边框的颜色、样式等。

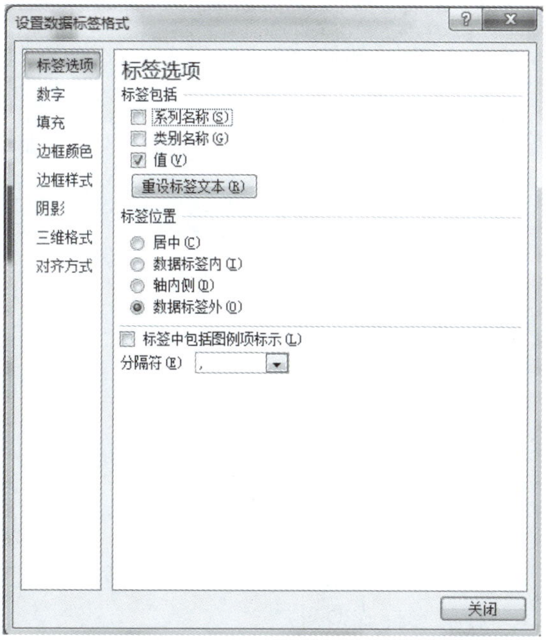

图 6.15　设置数据标签格式

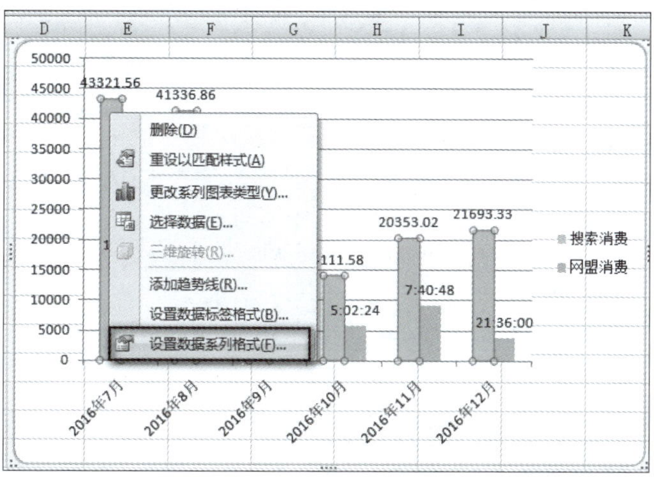

图 6.16　设置数据系列格式

2. 折线图的应用与制作

折线图也是 SEM 专员在数据分析工作中比较常用的一种统计图。折线图在什么情况下应用得比较多呢？怎么根据工作需要制作折线图呢？

小明刚入职一家汽车维修中心，负责百度推广账户的优化工作。一个月后，领导想了解账户的推广情况，于是小明汇总了 2016 年 7 月份账户的主要数据指标，为了让领导更直观地看到数据指标的变化趋势，小明决定借助折线图来呈现。

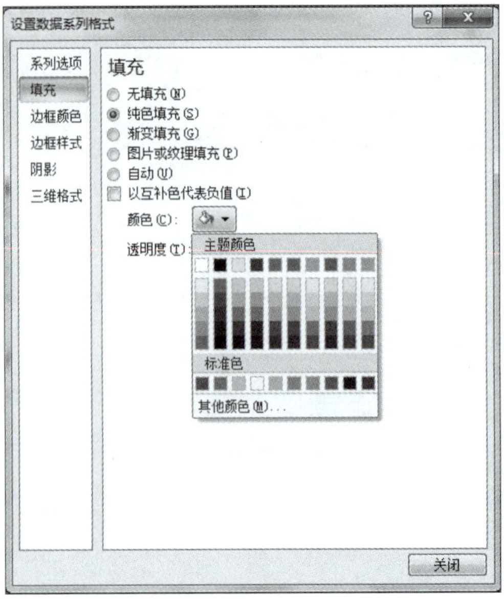

图 6.17　选择填充颜色

如图 6.18 所示，在 Excel 表格中选择“日期”与“点击量”两列数据，点击“插入”→“折线图”后再选择一种图形样式即可。

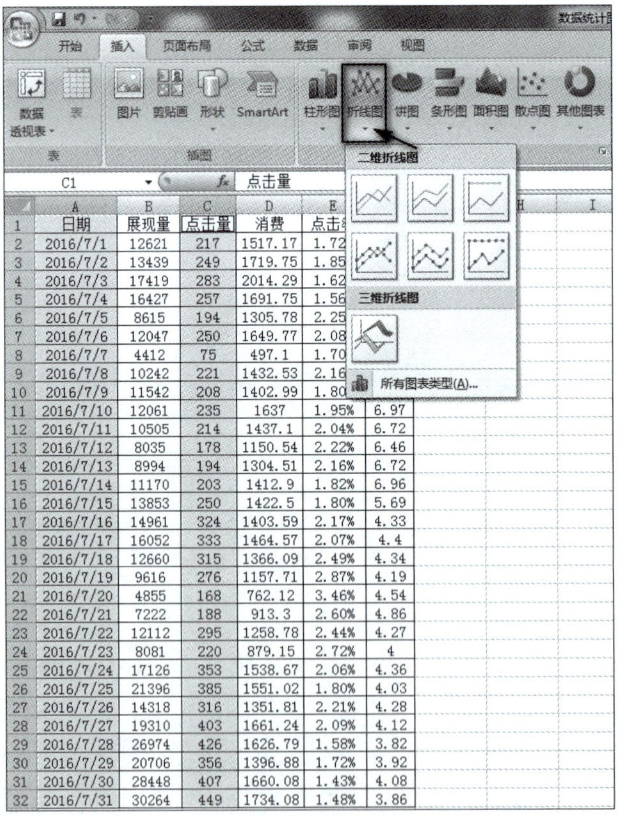

图 6.18　插入折线图

在生成的折线图上，同样可以根据工作需要修改数据系列、数据标签的设置，如图 6.19 所示。具体操作方法与柱形图的操作相似。

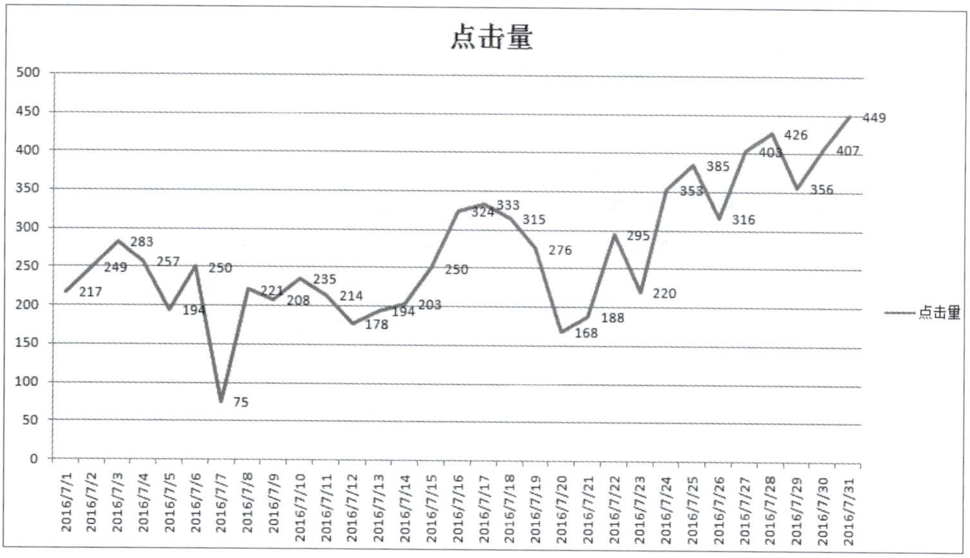

图 6.19　生成折线图

折线图的类别中也包含堆积折线图。堆积折线图可以显示多个数据指标随时间或有序类别变化的趋势。如果要将点击量和消费两项数据指标同时呈现在一个折线图上，就需要用到堆积折线图。那怎么制作堆积折线图呢？只需要在数据统计表中选择两列数据指标所在区域，如图 6.20 所示，然后选择“插入”→“堆积折线图”选项即可，如图 6.21 所示。

	A	B	C	D	E	F
1	日期	展现量	点击量	消费	点击率	CPC
2	2016/7/1	12621	217	1517.17	1.72%	6.99
3	2016/7/2	13439	249	1719.75	1.85%	6.91
4	2016/7/3	17419	283	2014.29	1.62%	7.12
5	2016/7/4	16427	257	1691.75	1.56%	6.58
6	2016/7/5	8615	194	1305.78	2.25%	6.73
7	2016/7/6	12047	250	1649.77	2.08%	6.6
8	2016/7/7	4412	75	497.1	1.70%	6.63
9	2016/7/8	10242	221	1432.53	2.16%	6.48
10	2016/7/9	11542	208	1402.99	1.80%	6.75
11	2016/7/10	12061	235	1637	1.95%	6.97
12	2016/7/11	10505	214	1437.1	2.04%	6.72
13	2016/7/12	8035	178	1150.54	2.22%	6.46
14	2016/7/13	8994	194	1304.51	2.16%	6.72
15	2016/7/14	11170	203	1412.9	1.82%	6.96
16	2016/7/15	13853	250	1422.5	1.80%	5.69
17	2016/7/16	14961	324	1403.59	2.17%	4.33
18	2016/7/17	16052	333	1464.57	2.07%	4.4
19	2016/7/18	12660	315	1366.09	2.49%	4.34
20	2016/7/19	9616	276	1157.71	2.87%	4.19
21	2016/7/20	4855	168	762.12	3.46%	4.54
22	2016/7/21	7222	188	913.3	2.60%	4.86
23	2016/7/22	12112	295	1258.78	2.44%	4.27
24	2016/7/23	8081	220	879.15	2.72%	4
25	2016/7/24	17126	353	1538.67	2.06%	4.36
26	2016/7/25	21396	385	1551.02	1.80%	4.03
27	2016/7/26	14318	316	1351.81	2.21%	4.28
28	2016/7/27	19310	403	1661.24	2.09%	4.12
29	2016/7/28	26974	426	1626.79	1.58%	3.82
30	2016/7/29	20706	356	1396.88	1.72%	3.92
31	2016/7/30	28448	407	1660.08	1.43%	4.08
32	2016/7/31	30264	449	1734.08	1.48%	3.86

图 6.20　堆积折线图——数据源

3. 饼图的应用与制作

在 SEM 专员的数据分析工作中还有一种较为常用的数据统计图，那就是饼图。什么情况下需要制作饼图呢？怎么制作出符合工作需要的饼图呢？

某教育培训中心在全国进行搜索广告投放，公司领导想了解全国各地的广告消费比例，进一步根据各地招生情况来优化预算分配。为了更好地呈现出各地消费比例，可以使用饼图，使结果看起来更直观。

制作饼图时，在 Excel 中选择“地域”及“消费”两列数据区域，如图 6.22 所示，点击“插入”选项卡，找到“图表”中的“饼图”选项。同样，饼图也有二维饼图、三维饼图之分，选择一个自己喜欢或者适合自己做报告的饼图即可。

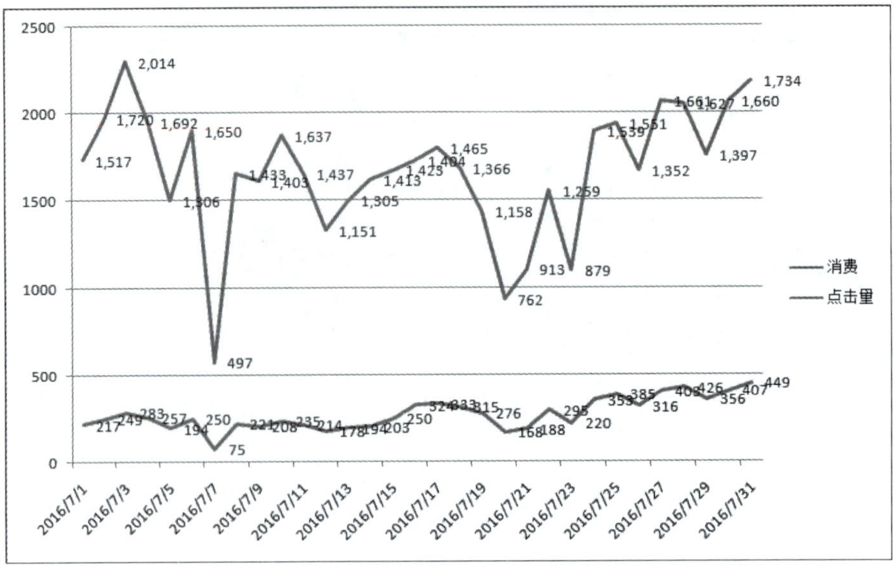

图 6.21　堆积折线图

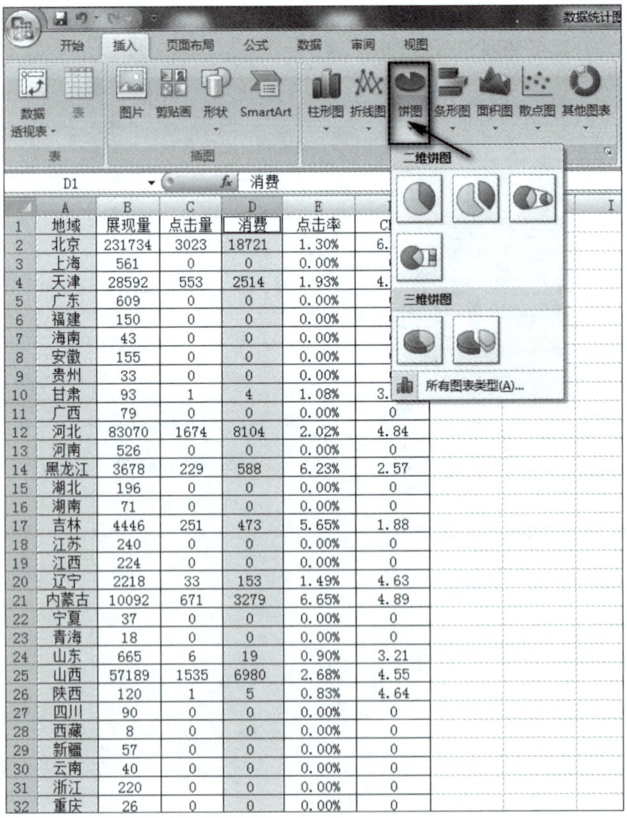

图 6.22　插入饼图

然后对生成的饼图进行美化，可根据工作需要修改数据系列的填充颜色、添加数据标签等，具体操作方法与柱形图的操作相似。如图 6.23 所示，在制作出的饼图中，根据百分比，可以清楚地看出在全国地域中搜索消费占比最高的地域为北京，接下来依次是河北、山西、内蒙古等地。

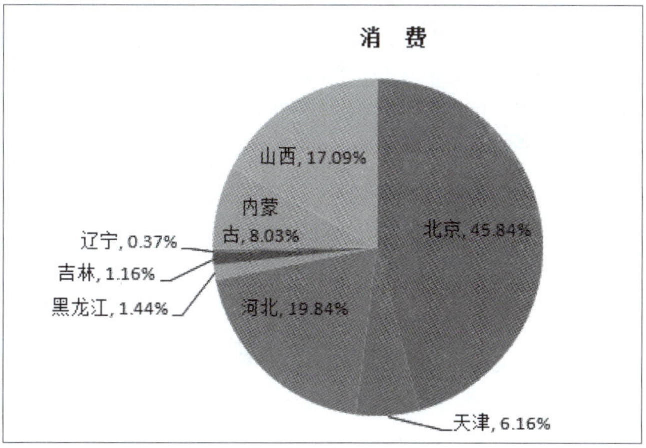

图 6.23　生成饼图

饼图除了可以显示每个数值占总数值的比例之外，还可以强调单个数据。如图 6.24 所示，利用分离型饼图，可以将各个数列分离，也可以将某一个数列分离。

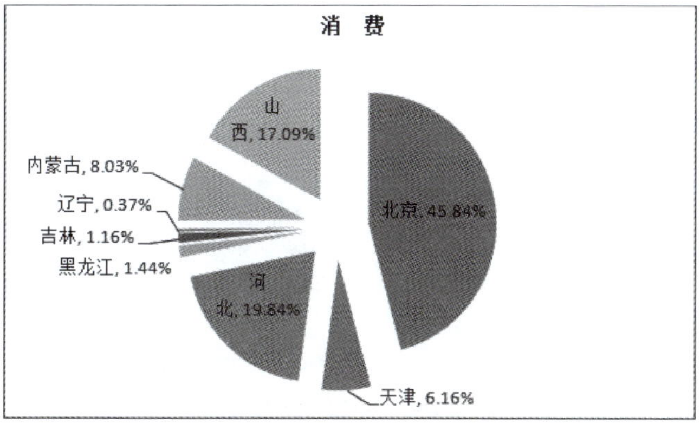

图 6.24　分离型饼图

4. 散点图的应用与制作

偶尔在 SEM 专员的数据分析工作中会用到散点图，下面简单讲解其制作方法。

如图 6.25 所示，在 Excel 中选择想要展示的数据区域，点击“插入”选项卡，找到“图表”中的“散点图”选项。点击即可生成散点图，如图 6.26 所示。

5. 雷达图的制作

雷达图在 SEM 专员的数据分析工作中用到的机会较少，只简单介绍一下其应用场景及制作方法。

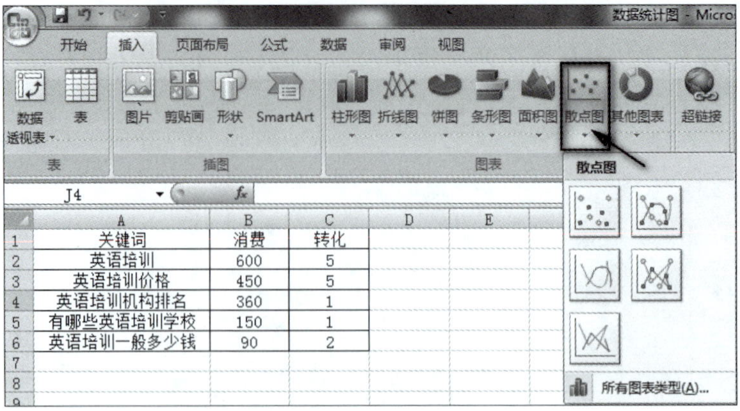

图 6.25　插入散点图

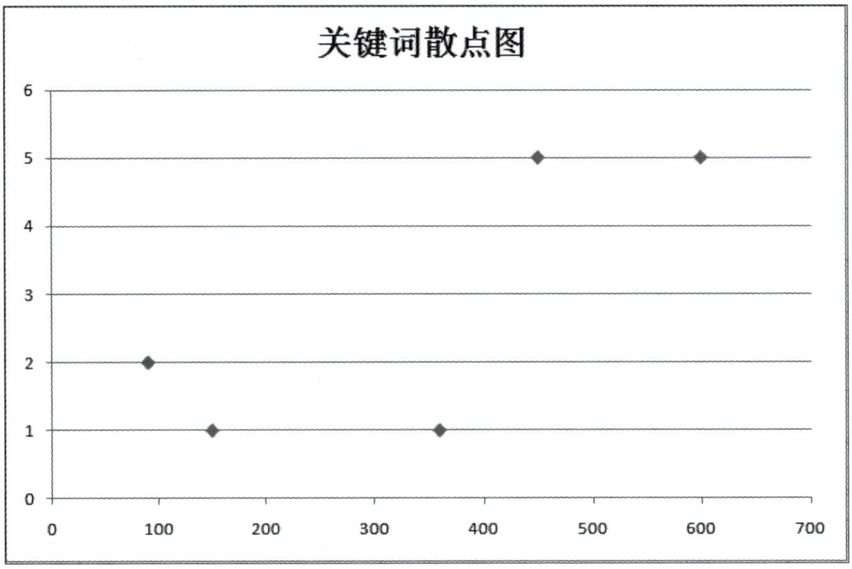

图 6.26　生成散点图

如表 6.8 所示为某公司客服一天的工作情况数据统计表，假如要将各个客服的绩效指标进行对比，以了解他们的工作情况，即可使用雷达图。

表6.8　客服工作情况数据表

客服	邀请量	对话量	留电量	成单量
小白	30	25	10	6
小红	22	17	15	10
小黑	15	10	6	3

如图 6.27 所示，在 Excel 中选择想要展示的数据区域，点击“插入”选项卡，找到“其他图表”中的“雷达图”选项。点击即可生成雷达图，如图 6.28 所示。

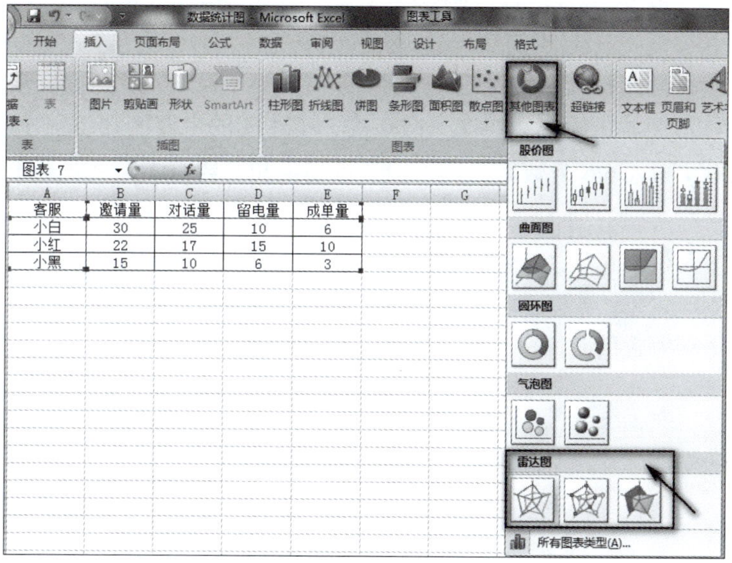

图 6.27　插入雷达图

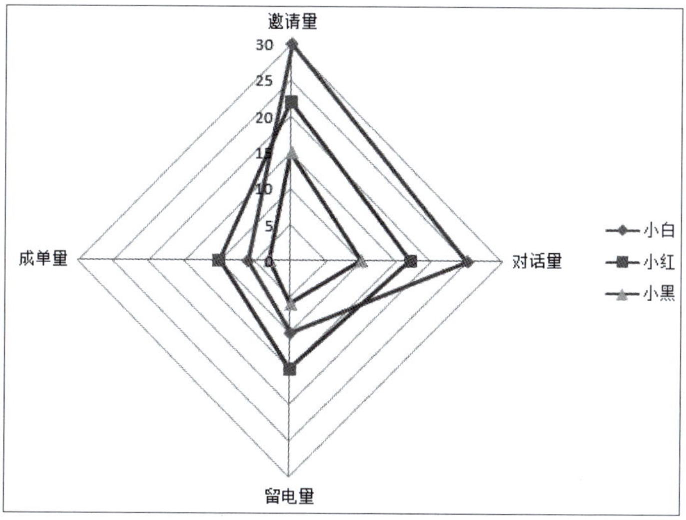

图 6.28　生成雷达图

本章总结

- 日常数据报表要包含总消费、总展现量、总点击量、总咨询量、总转化量、平均咨询（对话）成本、平均转化成本、ROI 值等。
- 总消费是各个推广平台、各个账户消费的总和，在数据报表中可以直接利用求和公式汇总消费总额，其他数据指标也可以借助此方法来汇总。
- 统计图的定义及其与统计表的区别。
- 统计图的类型：柱形图、折线图、饼图、散点图、雷达图。
- 统计图的制作：柱形图、折线图、饼图、散点图、雷达图的制作及修改设置。

本章作业

1. 说出统计图与统计表的区别。

2. 说出柱形图、折线图、饼图、散点图、雷达图的主要区别及用途。

3. 以表 6.5 和表 6.6 为数据源，将搜索点击量和网盟点击量两项数据指标用柱形图来展示。

4. 以表 6.5 和表 6.6 为数据源，将搜索平均点击价格和网盟平均点击价格两项数据指标用堆积折线图来展示。

5. 以表 6.9 为数据源，将各地点击量用饼图来展示。

表6.9　各地域搜索推广数据表

地域	展现量	点击量	消费
北京	91734	3023	18721
上海	83070	1674	8104
广东	57189	1535	6980
深圳	10092	671	3279

6. 登录课工场，按要求完成预习作业。

第 7 章

百度搜索推广数据分析案例

技能目标

- ❖ 学会诊断百度搜索推广账户问题的方法
- ❖ 掌握优化百度搜索推广账户的思路

本章导读

百度搜索推广广告正式上线投放并不意味着 SEM 专员的工作就结束了，这只是万里长征的一小步，后面的数据分析和账户优化工作还任重道远。数据分析做得好，优化方案做得精细，才是一个 SEM 专员的核心竞争力。本章将用一个综合案例来介绍数据分析及优化的过程。

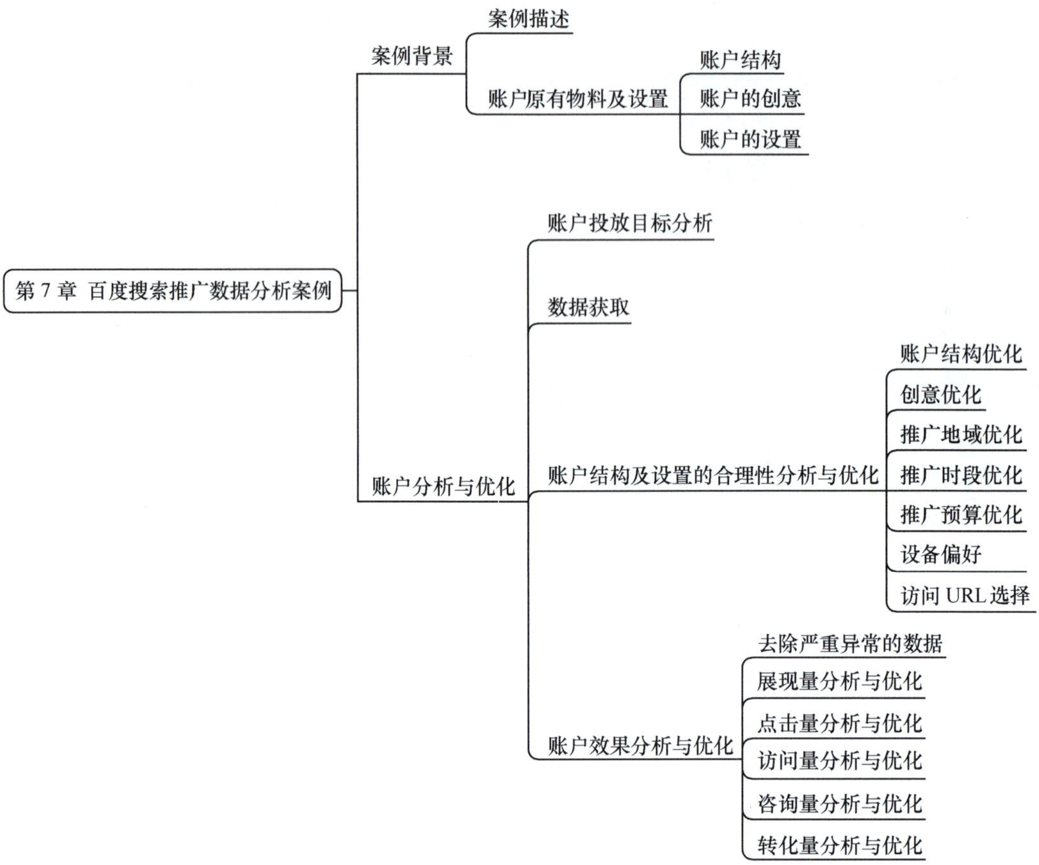

7.1 案例背景

本节以北京美娇娘婚纱摄影工作室的百度推广账户为例，重点讲解账户投放的分析和优化。优化是无止境的，我们优化的目标是用最少的广告费，获取最大的收益。

7.1.1 案例描述

北京美娇娘婚纱摄影工作室成立于 2016 年 8 月，主要提供各种室内室外婚纱照拍摄，有甜美的韩式风格、简约的欧美风格、古典的中式风格等。通过摄影师的高超技艺，让一对新人的甜蜜定格在幸福的时刻，为新人打造真正属于自己的婚纱照，有创意有个性。

为尽快提高知名度，提高业务量，该工作室开通了百度搜索推广，但效果不佳，需要对账户进行优化。

7.1.2 账户原有物料及设置

我们先来看账户原有的物料及相应的设置。

1. 账户结构

该工作室搭建的百度搜索推广账户结构比较简单，词量也比较少。这里只截取了其中一个推广计划，如表 7.1 所示。

表7.1　百度搜索推广账户结构

推广计划	推广单元	关键词
品牌系列	品牌词	美娇娘
品牌系列	品牌词	北京美娇娘
品牌系列	品牌词	北京美娇娘婚纱照
品牌系列	品牌词	北京美娇娘婚纱照好吗
品牌系列	品牌词	北京美娇娘婚纱照贵不贵
品牌系列	品牌词	北京美娇娘婚纱照价格怎么样
品牌系列	品牌词	北京美娇娘婚纱照有优惠吗
品牌系列	品牌词	北京美娇娘婚纱照拍摄的好吗
品牌系列	品牌词	北京美娇娘婚纱照可以预约吗

2. 账户的创意

创意标题：拍婚纱照，就选北京美娇娘婚纱摄影工作室！

创意描述 1：北京美娇娘婚纱摄影工作室，提供各种套系的婚纱，韩式风、欧美范、中式款，各种样式均有。

创意描述 2：总有一款适合你，各种优惠任你挑。

显示 URL：www.mjn.com。

访问 URL：www.mjn.com。

备注：篇幅有限，只举一个例子说明。

3. 账户的设置

- 投放地域：北京。
- 推广时段：24 小时投放。
- 日预算：3000 元。

7.2 账户分析与优化

该账户刚上线推广，从提供的数据（扫描章首页二维码查看）可以看出展现量及消费等指标波动较大，账户还不稳定，因此除了常规的数据指标分析外，还要从账户结构、创意和账户设置方面分析。合理的账户结构是优化的基础，因此既要保证账户结构符合规范、清晰合理，还要保证账户的预算、时段等相关设置合理。

7.2.1 账户投放目标分析

对该账户优化前，我们先来分析企业的投放目标，了解企业的营销目标、市场环境、潜在客户等特征。

营销目标：该工作室既希望尽快扩大知名度，又希望保证客户数量，因此在进行广告投放时，既要考虑覆盖更多的潜在客户，还要保证转化效果。

市场环境：目前婚纱摄影行业竞争激烈，除了拼婚纱套系还要拼价格、拼服务。市场竞争对手很多，有金夫人、蒙娜丽莎、CD 视觉、27° 罗马风情、水晶之恋、施华洛等。

潜在客户：准备结婚的“80 后”“90 后”，尤其是“90 后”，普遍追求个性、特色、与众不同。

7.2.2 数据获取

数据获取与处理在第 4 章已经详细讲解过了，本节直接给出获取的原始数据和经过处理的数据（扫描章首页二维码查看）。我们通过对账户数据的分析，诊断出账户问题，并制作有针对性的优化方案。

7.2.3 账户结构及设置的合理性分析与优化

该账户刚刚投放，关键词比较少，我们在优化时需要重新购买一些新的关键词。创意需要通过不同的维度来展现企业的优势、产品的特色等。账户设置的合理性还需要进一步根据投放数据来分析和设置。

1. 账户结构优化

原有账户结构中，可以看出关键词的分组是比较混乱的。如表 7.1 所示，在“品牌系列”推广计划中，只有“品牌词”一个推广单元，该单元内的关键词既有纯品牌词“美娇娘”，又有价格相关的“北京美娇娘婚纱照贵不贵”“北京美娇娘婚纱照价格怎么样”，还有口碑相关的“北京美娇娘婚纱照好吗”“北京美娇娘婚纱照拍摄的好吗”等。整个推广单元里的关键词划分没有遵循关键词分组的原则，语义不是相近的，结构也并非都是相同的，分组不符合规范，其他推广单元也是如此。

为提升账户质量，需要对关键词重新进行选择和划分，可以在保留原有账户结构的基础上重新搭建新的账户结构，在新物料创建完成并正式推广后，渐进式地删除账户的原有结构及物料内容。

账户结构调整方案：

（1）将账户里的关键词重新进行分组

按照关键词分组的原则“语义相近，结构相同”重新划分，如表 7.2 所示。

表7.2　重新调整后的部分关键词

推广计划	推广单元	关键词
品牌系列	品牌词	美娇娘
品牌系列	品牌词	北京美娇娘
品牌系列	品牌词+通用词	北京美娇娘婚纱照
品牌系列	品牌词+口碑	北京美娇娘婚纱照好吗
品牌系列	品牌词+口碑	北京美娇娘婚纱照拍摄的好吗
品牌系列	品牌词+价格疑问	北京美娇娘婚纱照贵不贵
品牌系列	品牌词+价格疑问	北京美娇娘婚纱照价格怎么样
品牌系列	品牌词+活动	北京美娇娘婚纱照有优惠吗
品牌系列	品牌词+服务	北京美娇娘婚纱照可以预约吗

重新分组后，每个推广单元内的关键词相关性更高，更符合分组规范，撰写创意时围绕推广单元内的某个关键词来写，能保证其他关键词与创意的相关性。例如在“婚纱照疑问 + 价格”推广单元，创意可以围绕价格优惠、价格透明、无隐形消费等价格相关要素来写，该推广单元内的所有关键词与创意都是密切相关的。在“婚纱照疑问 + 口碑”推广单元，创意可以围绕公司的优势、地位和产品的特色等维度来写，该推广单元内的所有关键词与创意也都是高度相关的。因此我们要将语义相近、结构相同的关键词划分到同一个推广单元内，才能保证关键词与创意的高度相关。

（2）重新扩展并筛选新关键词

由于之前购买的关键词数量偏少，我们根据工作室主营业务，利用关键词规划继续扩展了一些新的关键词，详见电子表格（扫描章首页二维码查看）。这里只截取了其中一部分，如表 7.3 所示。

表7.3　新关键词

推广计划	推广单元	关键词
品牌系列	品牌词+通用词	北京美娇娘结婚照
品牌系列	品牌词+通用词	北京美娇娘婚纱摄影
品牌系列	品牌词+口碑	北京美娇娘婚纱照怎么样
品牌系列	品牌词+口碑	北京美娇娘婚纱照如何
品牌系列	品牌词+口碑	北京美娇娘婚纱照效果怎么样
品牌系列	品牌词+价格疑问	北京美娇娘婚纱照需要多少钱
品牌系列	品牌词+价格疑问	北京美娇娘婚纱照什么价位
品牌系列	品牌词+价格疑问	北京美娇娘婚纱照费用是多少

注意

一般使用价格词进行搜索的网民购买意向都比较强烈，这部分网民是我们要争取的客户，因此在账户中要添加相关的价格词。

长尾关键词一般转化意向比较强，而且点击价格比较低，所以我们要根据账户中转化效果比较好的词来扩展一些长尾关键词。

2. 创意优化

账户投放初期，必须要关注创意质量，用有吸引力的创意来提高点击量。什么样的创意更有吸引力？哪个营销点比较受欢迎，更容易带来点击量呢？我们可以使用 A/B 测试的方法来进行测试，下面用一个案例来详细讲解。

第一步：分析现有创意，提炼营销点。可以从公司介绍和产品特色角度来提炼营销点：8 折优惠、无隐形消费、一站式服务。

第二步：A/B 测试。

① 将营销点两两组合写成新的创意，如表 7.4 所示。

表7.4　新撰写的创意

营销点1	营销点2	营销点3	创意
8折优惠	无隐形消费		北京美娇娘婚纱摄影，各种套系，8折优惠！
			北京美娇娘婚纱摄影工作室，各种风格婚纱照任你选，价格透明，无隐形消费，提供全部底片。
8折优惠		一站式服务	北京美娇娘婚纱摄影，各种套系，8折优惠！
			一站式服务，北京美娇娘婚纱摄影工作室打造专属你的美丽、个性婚纱照，提供全部底片。
	无隐形消费	一站式服务	北京美娇娘婚纱摄影，价格透明，没有隐形消费。
			一站式服务，北京美娇娘婚纱摄影工作室打造专属你的美丽、个性婚纱照，提供全部底片。

② 将这些创意添加到账户中，并将创意的展现形式调整为“轮替”，通过“创意报告”收集两周的数据（收集数据的时间越长，结果越精准），并将数据结果和创意营销点一一对应上，如表 7.5 所示。

表7.5　创意表现相关数据

营销点1	营销点2	营销点3	创意	总展现	总点击	总CTR
8折优惠	无隐形消费		北京美娇娘婚纱摄影，各种套系，8折优惠！	6255	173	2.77%
			北京美娇娘婚纱摄影工作室，各种风格婚纱照任你选，价格透明，无隐形消费，提供全部底片。			

续表

营销点1	营销点2	营销点3	创意	总展现	总点击	总CTR
8折优惠		一站式服务	北京美娇娘婚纱摄影，各种套系，8折优惠！ 一站式服务，北京美娇娘婚纱摄影工作室打造专属你的美丽、个性婚纱照，提供全部底片。	6660	294	4.41%
	无隐形消费	一站式服务	北京美娇娘婚纱摄影，价格透明，没有隐形消费。 一站式服务，北京美娇娘婚纱摄影工作室打造专属你的美丽、个性婚纱照，提供全部底片。	6718	207	3.08%

③ 按营销点将数据指标进行相加处理，如表 7.6 所示。

表7.6　数据处理

营销点	展现	点击	CTR
8折优惠	12915	467	3.62%
无隐形消费	12973	380	2.93%
一站式服务	13378	501	3.74%

从点击率上可以清楚地看出，“一站式”点击率最高，最吸引人，可以将这个营销点添加到每一条创意中，另外“8 折优惠”也比较吸引人，可以考虑将此营销点也添加到创意中。

第三步：调整优化账户中的创意，可以添加上具有号召力的语言，让人有一种想立即预约的冲动，优化后的创意如下：

创意一：

标题：北京美娇娘婚纱摄影，各种套系，8 折优惠！

描述：北京美娇娘婚纱摄影工作室，各种风格婚纱照任你选，一站式服务且价格透明，提供全部底片。

创意二：

北京美娇娘婚纱摄影，8 折优惠，机会不等人！

一站式服务，北京美娇娘婚纱摄影工作室打造专属你的美丽、个性婚纱照，提供全部底片。

创意三：

北京美娇娘婚纱摄影，8 折优惠，赶紧来预约！

一站式服务，北京美娇娘婚纱摄影工作室打造专属你的美丽、个性婚纱照，提供全部底片。

注意

利用 A/B 测试的方法，除了可以针对创意进行测试，还可以针对 SEM 管理中的某个因素进行测试并优化，比如针对到访页面进行测试，找到转化效果更好的页面。在测试时需要注意保持其他因素一致，并过滤掉可能的干扰因素。

3. 推广地域优化

本案例推广地域集中，优化就比较简单了，该工作室能覆盖的人群只有北京的网民，因此投放地域选择北京。

但有些公司投放地域很多，甚至是全国投放，这时就需要借助分地域报告与地域转化数据进行地域设置的优化。对转化效果较好的地域可以重点关注，预算设置得多一些。借助分地域出价系数，可以将关键词出价设置得稍高一些，反之可以设置得低一些。

注意

对数据的分析需要选择的时段长一些，这样可以尽量减少其他因素对结果的影响。

在百度搜索推广中可以借助分地域的出价系数，为不同地域设置不同的系数，这样可以将有限的预算充分利用起来。

4. 推广时段优化

该账户设置的是 24 小时投放，我们结合 2016 年 9 月至 2017 年 5 月间近两万条访客记录，来分析该账户在哪些时段的访问效果更好。数据呈现的形式需要我们自己稍加处理，将进入的时间处理成时间段。

对访客访问时间进行分析，先按时段将访客分开，分析在哪些时段访问量比较大，就是我们要选择推广的重点时段，如表 7.7 所示。

表7.7　各时段访问量统计结果

时间段	访问量
0～1点	93
1～2点	27
2～3点	18
3～4点	10
4～5点	11
5～6点	6
6～7点	6

续表

时间段	访问量
7～8点	17
8～9点	665
9～10点	1313
10～11点	1759
11～12点	1838
12～13点	1119
13～14点	1282
14～15点	1538
15～16点	1570
16～17点	1494
17～18点	1349
18～19点	939
19～20点	835
20～21点	827
21～22点	844
22～23点	799
23～24点	657

利用统计图对每个时间段的访客趋势进行分析会更直观，如图 7.1 所示。

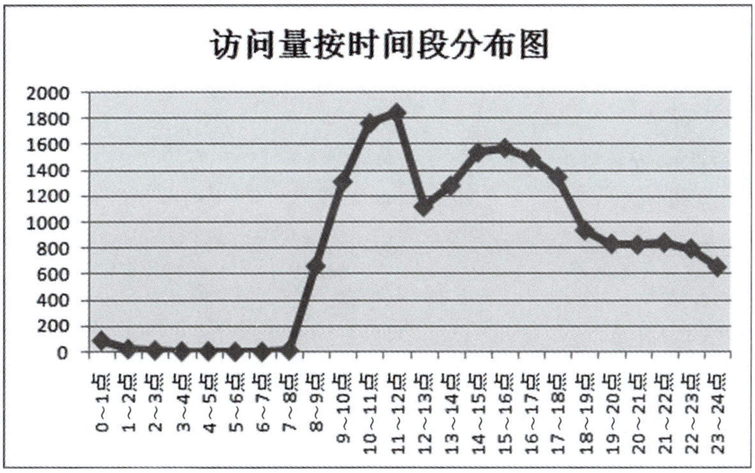

图 7.1　访问量分布图

从图 7.1 中可以看出，10 ～ 12 点的访客数是最多的，其次为 14 ～ 17 点。根据访客的数量趋势，我们可以调整推广时段或者调整时段价格系数，在访客比较集中的时段，用更高的价格去竞争更有吸引力的广告位，在访客少的时间段可以不进行投放。如根据表 7.7 的数据，可以对该账户投放时段和时段系数进行调整，推广时段调整为 8 ～ 24 点。

8 ～ 10 点，时段系数设置为 1.0；

10 ～ 12 点，时段系数设置为 1.3；

12 ～ 14 点，时段系数设置为 1.0；

14 ～ 17 点，时段系数设置为 1.3；

17 ～ 18 点，时段系数设置为 1.1；

18 ～ 24 点，时段系数设置为 0.8。

5. 推广预算优化

推广预算优化主要是针对重点产品（地域）计划，将有限的预算投放到重点产品（地域）的关键词上，也可以将转化效果好的关键词放置到一个推广计划里，在该计划里按照语义相近、结构相同的原则划分推广单元。如表 7.8 所示，就是转化效果较好的关键词，可以将它们划分到一个推广计划下的不同推广单元中，参照表 7.2 和表 7.3 的分组方法即可，并为该推广计划多设置一些预算，比如账户日预算 3000 元，给该推广计划设置 1000 元，其他推广计划共享 2000 元。

表7.8　转化效果好的关键词

搜索词-关键词	访问数	对话数	留电数
拍婚纱照多少钱	1078	59	33
婚纱摄影套餐价格	302	29	15
拍婚纱照	215	22	15
婚纱照团购	513	22	12
十大婚纱摄影排行	802	19	10
婚纱照哪里拍得好	246	17	8
结婚照价格	111	12	8
欧式婚纱照	336	10	3
婚纱摄影价格	144	7	1
外景婚纱摄影	173	7	3
古装婚纱照	169	7	5
婚纱照价格	216	6	5
韩式婚纱照	342	6	2
婚纱摄影排名	16	5	0
创意婚纱照	192	5	2
夜景婚纱照	43	4	4
外景婚纱摄影工作室	12	4	3
照婚纱照团购	93	4	3
哪家婚纱摄影比较好	121	4	4

6. 设备偏好

从 2014 年开始，移动端的流量就已经赶超了 PC 端，在某些行业，PC 端流量和移动端流量之比更是达到 2：8。PC 更多的是应用在工作中，闲暇时，90% 的人总是抱着手机看视频、检索信息等，所以商家要顺应互联网的发展趋势，争抢移动端的流量。但是每个行业也是有差异的，在 SEM 推广中，PC 端与移动端共用物料，哪一种设备转化效果更好呢？预算应如何分配？推广数据可以根据不同设备进行筛选处理。

如果 PC 端转化效果好，我们可以将更多的预算放在 PC 端的推广上；如果移动端转化效果好，就要制作更适合在移动设备上推广的物料，比如撰写一些相对较短的创意，选择一些适合在移动端展现的特殊创意形式。

7. 访问 URL 选择

很多企业在设置显示 URL 和访问 URL 时均选择网站首页，从用户体验上来讲，打开页面后直接到达与搜索词相关的页面体验更好，或者结合转化指标将访问 URL 设置为指标表现好、相关性好的页面。因此需要针对页面做分析，将页面与转化指标一一对应，数据越多，精准度越高。本案例结合 4000 多次的对话对页面进行了分析，截取了对话数排名前 15 的页面，如表 7.9 所示。

表7.9 带来对话数较多的页面

URL	对话数
http://www.mjn.com/tc	530
http://www.mjn.com/tx/	425
http://wwv.mjn.com/tx/jg/	354
http://www.mjn.com/tx/cy/	257
http://www.mjn.com/index.html	98
http://www.mjn.com/tx/os	93
http://www.mjn.com/tx/gz/	86
http://www.mjn.com/tx/	81
http://www.mjn.com/tx/hs/	65
http://wwv.mjn.com/hd	63
http://www.mjn.com/tc/jg/	57
http://www.mjn.com/tc/hd/	52
http://www.mjn.com/tc/sx/	50
http://www.mjn.com/tx/zs	47
http://www.mjn.com/tx/wj	45

在设置访问 URL 的时候，可以将关键词与这些表现较好的页面对应，一方面保证关键词与设置页面的相关性，提高用户体验；另一方面这些页面质量较好，带来的对话（转化）较多，更有利于提升账户的投放效果。

7.2.4 账户效果分析与优化

账户投放效果如何？怎样进行优化呢？我们通过对 2016 年 9 月的数据进行整理，挖掘出异常点，分析其产生的原因，并进行有针对性的优化。表 7.10 为账户 9 月份数据报表。

表7.10 账户9月份数据报表

日期	消费	展现量	点击量	接入访客	对话	留电量	点击率	对话率	平均点击价格	对话成本	留电成本
2016/9/1	1579.43	4965	273	77	36	18	5.50%	13.19%	5.79	43.87	87.75
2016/9/2	2139.6	8697	369	104	55	35	4.24%	14.91%	5.80	38.90	61.13
2016/9/3	2413.36	10654	429	103	57	32	4.03%	13.29%	5.63	42.34	75.42
2016/9/4	2734.19	11548	481	102	47	23	4.17%	9.77%	5.68	58.17	118.88
2016/9/5	2745.27	11031	484	111	42	17	4.39%	8.68%	5.67	65.36	161.49
2016/9/6	2273.29	11087	391	91	35	19	3.53%	8.95%	5.81	64.95	119.65
2016/9/7	2276.31	8989	369	130	52	27	4.11%	14.09%	6.17	43.78	84.31
2016/9/8	1744.45	5370	277	91	39	18	5.16%	14.08%	6.30	44.73	96.91
2016/9/9	2744.91	10232	410	108	50	30	4.01%	12.20%	6.69	54.90	91.50
2016/9/10	2615.26	9205	403	89	38	19	4.38%	9.43%	6.49	68.82	137.65
2016/9/11	2897.71	10102	456	115	45	32	4.51%	9.87%	6.35	64.39	90.55
2016/9/12	2893.68	9810	443	118	43	28	4.52%	9.71%	6.53	67.29	103.35
2016/9/13	702.59	6628	120	73	32	26	1.81%	26.67%	5.85	21.96	27.02
2016/9/14	149.08	4857	28	57	25	10	0.58%	89.29%	5.32	5.96	14.91
2016/9/15	115.2	6474	23	59	20	10	0.36%	86.96%	5.01	5.76	11.52
2016/9/16	1599.32	13565	262	95	42	22	1.93%	16.03%	6.10	38.08	72.70
2016/9/17	1869.17	14054	282	83	35	21	2.01%	12.41%	6.63	53.40	89.01
2016/9/18	1489.89	11772	235	82	34	12	2.00%	14.47%	6.34	43.82	124.16
2016/9/19	731.48	4286	124	25	9	5	2.89%	7.26%	5.90	81.28	146.30
2016/9/20	1677.16	9620	287	71	40	18	2.98%	13.94%	5.84	41.93	93.18
2016/9/21	2133.93	12656	360	72	33	26	2.84%	9.17%	5.93	64.66	82.07
2016/9/22	2552.66	16585	402	84	50	34	2.42%	12.44%	6.35	51.05	75.08
2016/9/23	2506.57	16187	395	82	40	19	2.44%	10.13%	6.35	62.66	131.92
2016/9/24	3723.22	18524	518	84	41	23	2.80%	7.92%	7.19	90.81	161.88
2016/9/25	3000.07	10800	406	75	43	27	3.76%	10.59%	7.39	69.77	111.11
2016/9/26	2354.28	9510	330	93	54	33	3.47%	16.36%	7.13	43.60	71.34
2016/9/27	1898.71	7112	258	70	34	16	3.63%	13.18%	7.36	55.84	118.67
2016/9/28	1784.14	6412	250	71	41	28	3.90%	16.40%	7.14	43.52	63.72
2016/9/29	1748.26	6480	233	42	19	16	3.60%	8.15%	7.50	92.01	109.27
2016/9/30	1762	5525	222	64	30	21	4.02%	13.51%	7.94	58.73	83.90

备注：该账户设置的日预算为3000元，若消费下线时间过早，会调整当天的预算到4000元，第二天继续调到回3000元。

从账户消费数据可以看出，数据变化范围较大，最高消费达 3723.22 元，最低消费为 115.2 元，相差 30 多倍。账户刚开户不久，正处于账户调整期，消费还不稳定，消费有一些波动是正常现象，但波动幅度一般不会太大。账户 9 月份在产品投放策略上起伏较大，导致出现了过大的预算波动。

对于成熟稳定的账户，我们在进行账户效果分析时通常是按照漏斗模型的顺序从下向上来分析，即转化效果不好，看看咨询量如何，如果咨询量正常，只是由咨询到转化的过程削减严重，就可以认定是在单一的咨询环节出现了问题，可能是由于客服营销意识和水平有待提高，有针对性的调整即可。如果咨询量也很少，继续分析漏斗模型上一层访问量，考察是否是访问量出现问题，依次进行分析。

结构成熟、消费稳定，在同样花费 3000 元的情况下，有时咨询量达到 50 多个，有时却只有几个，我们就能“顺藤摸瓜”的去寻找账户出现问题的环节，分析其表现不佳的原因。

本账户刚刚开户，账户结构还不成熟，账户设置正在一步步优化，很难根据最后的转化指标高低去判断账户问题，转化少的时候消费也很低，比如消费 115.2 元和消费 3723.22 元带来的转化量肯定是有差距的，因此我们就按照漏斗模型顺序从上往下分析，首先保证推广阶段的数据有一个比较好的效果。

1. 去除严重异常的数据

由于对账户物料与设置的频繁调整，导致账户消费波动较大，因此需要对数据进行清洗，消费过低的数据如 115.2 元，属于异常的数据，它们的存在会严重影响账户分析的精准性，因此在进行数据处理时可以删除或者按平均值计算。

2. 展现量分析与优化

该账户的日预算是 3000 元，可以向上浮动 1000 元至日预算 4000 元，从表 7.10 中可以看出该账户的消费没有达到日消费额的限额。

在账户设置的推广时段里获得了充分展现的机会，消费额差距也不大，展现量差距很大。如表 7.11 所示，2016 年 9 月 17 日，展现量为 14054 次；而 9 月 27 日，展现量只有 7112 次，是 9 月 17 日展现量的一半左右。

表7.11　展现量数据

日期	消费	展现量
2016/9/16	1599.32	13565
2016/9/17	1869.17	14054
2016/9/18	1489.89	11772
2016/9/20	1677.16	9620
2016/9/27	1898.71	7112
2016/9/28	1784.14	6412
2016/9/29	1748.26	6480
2016/9/30	1762	5525

是什么原因造成的展现量变低呢？我们首先看看影响展现量的因素：

（1）账户方面

- 预算
- 地域
- 推广时段
- 账户结构

（2）关键词方面

- 关键词数量
- 关键词检索量
- 关键词匹配模式
- 关键词排名

首先我们看账户方面：

- 预算

我们投放的账户日预算是 3000 元（可以向上浮动 1000 元）。账户消费并没有达到日预算限额，且该账户没有设置推广计划预算，不会因预算少或者预算分配不合理而导致展现量低。

- 地域

投放地域为北京，选择的是该企业的服务能覆盖的区域，再大的地域范围该企业也无法辐射到，因此地域设置合理，扩展投放地域也不会增加展现量。

- 推广时段

推广时段是 24 小时，不存在因时段设置太短或者不合理造成展现量低。

- 账户结构

账户结构确实存在不少问题，所以一直在针对账户结构进行优化。

经过对该推广账户的账户设置方面进行分析，可以看出只有账户结构拉低了展现量。

再看关键词方面：

- 关键词数量和检索量

账户搭建初期关键词只有 70 个，后期一直扩展添加到 1000 个左右，如果是因为关键词少或者关键词检索量低，应该是 9 月中旬的展现量较低，不会是到了 9 月下旬才出现展现量大幅下降的情况，因此不是关键词少或关键词检索量低带来的展现量“腰斩”。

- 关键词匹配模式

账户搭建初期，关键词比较少，选择了广泛匹配的方式。

注意

在账户搭建初期，对产品 / 服务不熟悉的情况下，可以将关键词匹配方式设置为广泛匹配，既能充分引流，也能根据网民使用的搜索词进行扩词和选择否定关键词。这是一种投放策略。

通过近一个月的推广引流，在 9 月下旬收紧了关键词的匹配范围，将核心关键词调整成精确匹配，长尾关键词调整成短语—同义包含，调整之后账户展现量出现大幅度下降。这也是造成该账户展现量大幅下降的主要原因。

> **注意**
>
> 收紧关键词匹配范围会导致展现量大幅下降，这是账户优化出现的正常现象，不需要立即优化，在后期投放时如果出现需要适当放宽匹配方式的情况，可以适度将部分核心关键词调整为短语—同义包含，将长尾关键词调整为广泛匹配。

- 关键词排名

百度的广告位早已在 2016 年年初调整成了 4 个，从而排在第 5 名及之后的广告均不能得以展现，不存在因政策变化导致的展现量 9 月中旬高、下旬低的情况。账户中始终保持 50 多个高转化词排名在前两位，其他关键词只是粗略调整出价，不一一查看排名，因此因排名原因造成的展现量低可能是有的，但不会影响太大。

综上所述，造成该账户展现量下降的主要原因是调整了关键词的匹配方式，收紧了匹配范围，另外账户结构的不合理和一部分关键词排名靠后也会拉低展现量，但影响不会太大，可继续优化账户结构，确保重点关键词排名位次，一部分非重点关键词有排名即可。

如果读者日后操作的账户展现量比较低，可以分析是哪些因素造成的，并根据以下方法来进行优化：

- 预算少：在预算允许的范围内提高预算额度，并合理设置不同计划的预算，调整不同计划的预算也是改善展现量的一个方法。
- 地域范围窄：企业自身产品 / 服务能覆盖的范围均设置投放，但不要为了追求展现量将不能辐射的区域也设置投放。
- 推广时段少：利用推广时段的优化方法找出企业最佳投放时段，选择网民访问最集中的时段投放。
- 账户结构：账户结构在搭建初期要持续进行优化，待稳定之后账户结构不需要频繁调整。
- 关键词选择：如果是关键词选择得太少，可以利用转化效果比较好的关键词进行扩展，或者使用搜索词报告进行扩展，多选择一些检索量比较高的关键词。
- 关键词匹配模式：如果是因为关键词匹配模式全部设置得太窄造成的展现量较低，可以适当放宽一些长尾关键词的匹配模式，比如可以设置成短语—核心包含，也可以将一些核心关键词调整为短语—精确包含或者短语—同义包含，届时可根据关键词的点击价格和预算等因素综合考量。
- 关键词排名：如果是因为关键词排名太靠后无法展现而造成账户展现量低，首先要保证核心关键词有展现的机会，尤其应保证高转化词的排名。

3. 点击量分析与优化

主要挖掘在展现量相近的情况下，点击量低的异常点，和展现量增长但点击量迟迟不跟涨的异常点，可以很直观地从点击率看到，点击率从 4% 以上下降到了 2% 左右，如表 7.12 所示。

表7.12 点击量数据

日期	消费	展现量	点击量	点击率
2016/9/3	2413.36	10654	429	4.03%
2016/9/4	2734.19	11548	481	4.17%
2016/9/5	2745.27	11031	484	4.39%
2016/9/6	2273.29	11087	391	3.53%
2016/9/9	2744.91	10232	410	4.01%
2016/9/11	2897.71	10102	456	4.51%
2016/9/16	1599.32	13565	262	1.93%
2016/9/17	1869.17	14054	282	2.01%
2016/9/18	1489.89	11772	235	2.00%
2016/9/21	2133.93	12656	360	2.84%
2016/9/22	2552.66	16585	402	2.42%
2016/9/23	2506.57	16187	395	2.44%
2016/9/24	3723.22	18524	518	2.80%
2016/9/25	3000.07	10800	406	3.76%
2016/9/26	2354.28	9510	330	3.47%
2016/9/27	1898.71	7112	258	3.63%
2016/9/28	1784.14	6412	250	3.90%
2016/9/29	1748.26	6480	233	3.60%
2016/9/30	1762	5525	222	4.02%

9 月 3 日至 11 日，展现量维持在 10000 ～ 12000 次之间，点击量维持在 390 ～ 500 次之间，保持了 4% 左右的点击率。

9 月 16 日和 17 日，展现量已经升高到 14000 次左右，点击量却下滑到 300 次以下。

9 月 18 日和 21 日，展现量较 3 日至 11 日小幅增长，但点击量依然没有上升到 400 次以上。

9 月 22 日至 24 日，展现量已经增长至 16000 次以上，点击量才慢慢升至 400 次左右，并在 24 日突破 500 次。

是什么原因造成点击量低呢？下面来分析是哪些因素拉低了点击量。

（1）账户方面

账户结构是否合理。

（2）关键词方面

关键词排名：质量度及出价。

（3）创意方面

创意质量：通顺，飘红，相关性，吸引力。

首先来看账户方面，账户方面的问题是存在的，因此优化还要一直持续下去。

再看看关键词排名方面，我们一直保持重点的关键词排名在第 1、2 位，只有部分非重点的关键词可能在排名上有些差异，但影响不是最主要的，因为这些词一直是按照批量调整的方式进行调整的。

最后看看创意方面，这是影响账户点击量的重要因素，也是常常被忽略的因素。通过对账户原有创意的分析，可以看出创意缺乏亮点，没有体现出自身的优势和差异化，而且 9 月中下旬多家同行开始搞优惠促销活动，吸引了很多网民的关注。而该账户的创意却没有充分体现出公司半年时间都有“8 折优惠”，没有让网民知晓公司是有“一站式服务”的。这是导致该账户点击量从 9 月中旬开始渐渐走低的主要原因。

因此需要对创意进行持续性的优化，利用创意优化的方法进行测试，找出网民关注的亮点，并充分利用这些亮点去引发网民的兴趣，从而提高账户的点击量。

在 SEM 专员日后的工作中，如果遇到了点击量下降的情况，首先要分析是什么原因造成的，找对了原因才能进行有针对性的优化。如果是账户结构方面的原因，一定要先优化账户结构。如果是关键词排名靠后，那就需要保证核心关键词的排名，尤其是高转化词的排名。如果是因为创意没有吸引力造成的，那就要持续优化你的创意。

注意

再讲解一个初级 SEM 专员常常会遇到的问题，就是关于量指标和质指标的。量指标反映的是总量，影响因素一般都是单一的，而质指标是两者的比率，影响因素是两个方面。比如上述分析的是量指标——点击量，如果要分析点击率呢？点击率低的影响因素有哪些呢？点击率是一个质指标，影响它的因素有两个方面，一个是点击量，一个是展现量。在展现量一定的情况下，点击量低点击率就会变低；在点击量一定的情况下，展现量越大，点击率越低。因此影响点击率的因素有两个方面：点击量和展现量，所有影响点击量和展现量的因素都会影响到点击率。如果使用了很多优化手段都无法提高点击率，这时就要考虑是不是展现量太大造成的，比如匹配范围太宽等。

4. 访问量分析与优化

如果账户的广告被点击，但没有形成实际的访问，广告费就白白浪费了。本案例中没有涉及访问量或者抵达率等网站数据指标，但我们的工作中会遇到，因此简单介绍一下如何对访问量指标进行优化。访问量低可能是哪些原因造成的呢？又如何来进行优化呢？

访问量低主要是受两个方面的影响：

（1）推广网站打开速度有问题

- 打不开
- 打得慢

（2）关键词、创意与推广 URL 相关性差

访问量低的优化：

- 确保创意的访问 URL 真实存在并且能打开。
- 优化网络连通速度。

优化打开速度可以利用百度统计中的“网站速度诊断”功能来诊断网站的打开速度，如果网站打开时间比较长，就要提高网站打开速度，确保网站打开速度不超过 5 秒。现在网站上同质化的信息太多，如果网站打开速度很慢，网民就会另觅其他网站了。

确保网站能快速打开，目前双线接入是解决网络问题的最佳解决方案。

- 优化关键词、创意与访问 URL 的相关性。

自行检查关键词、创意与访问 URL 的相关性，如果是因为相关性差，那就要优化访问 URL，选择与关键词和创意相关度高的页面网址作为访问 URL。

5. 咨询量分析与优化

咨询是非常重要的环节，而咨询量也是 SEM 专员非常关注的指标，主管一般也会紧盯该指标。有些老板也会经常提到咨询量少、没有人打电话咨询等，可见这是领导 / 老板对推广效果好坏最直接的评估指标。账户 9 月份咨询量如表 7.13 所示。

表7.13　9月份咨询量数据

日期	点击量	接入访客	对话	对话率
2016/9/1	273	77	36	13.19%
2016/9/2	369	104	55	14.91%
2016/9/3	429	103	57	13.29%
2016/9/4	481	102	47	9.77%
2016/9/5	484	111	42	8.68%
2016/9/6	391	91	35	8.95%
2016/9/7	369	130	52	14.09%
2016/9/8	277	91	39	14.08%
2016/9/9	410	108	50	12.20%
2016/9/10	403	89	38	9.43%
2016/9/11	456	115	45	9.87%
2016/9/12	443	118	43	9.71%
2016/9/13	120	73	32	26.67%
2016/9/14	28	57	25	89.29%
2016/9/15	23	59	20	86.96%

续表

日期	点击量	接入访客	对话	对话率
2016/9/16	262	95	42	16.03%
2016/9/17	282	83	35	12.41%
2016/9/18	235	82	34	14.47%
2016/9/19	124	25	9	7.26%
2016/9/20	287	71	40	13.94%
2016/9/21	360	72	33	9.17%
2016/9/22	402	84	50	12.44%
2016/9/23	395	82	40	10.13%
2016/9/24	518	84	41	7.92%
2016/9/25	406	75	43	10.59%
2016/9/26	330	93	54	16.36%
2016/9/27	258	70	34	13.18%
2016/9/28	250	71	41	16.40%
2016/9/29	233	42	19	8.15%
2016/9/30	222	64	30	13.51%

公司的一项新业务，在推广近两个月的时候获得如表 7.13 所示的咨询量，处于该行业的中等水平，还有继续提升的空间。那么哪些因素会影响咨询量呢？又如何来提升咨询量呢？可以从以下两个方面来进行优化：

（1）网站建设方面

网站建设要从潜在客户的兴趣、行为和习惯出发，保证网站的美观性、专业性、易用性、互动性。

网站的总体布局与配色要美观，提供的内容信息要专业，从解决潜在客户问题的角度出发设置网站内容。网站上要有明显的导航、产品分类等，便于访客进行信息的快速查找。在访客产生疑问时要有便捷的咨询方式。

（2）物料选择方面

- 选择跟潜在客户需求相关，且让潜在客户感兴趣的、有价值的信息。
- 设计方面由相关的网站负责人去进行优化，SEM 专员可以提出一些优化建议。

6. 转化量分析与优化

转化量是多数企业考核投放效果的重要指标，提高转化量也是 SEM 专员的优化目标。该账户转化量不高，是急需进行优化的。那么哪些因素会影响到转化量呢？

（1）客服团队方面

- 专业知识
- 沟通技巧
- 营销意识

（2）网站建设方面

- 订单转化路径

（3）客户产品方面

- 产品价格
- 产品优势
- 公司口碑
- 营销手段

对客服人员的网聊数据和电话录音进行分析，如果是客服团队的营销水平较低造成的转化量少，可以对客服人员多做培训，提升他们的服务意识和咨询水平。

查看网站上的咨询转化方式，如果是网站上设置的转化路径少，可以增加电话、QQ 等联系方式，让每一个有兴趣的访客都能便捷地找到客服。或者增加直接转化的路径，比如社交类企业可以直接增加注册会员，电商类企业可以增加购买路径和支付方式。

如果是产品本身的原因，企业也要力争提高产品质量，增强产品的差异化，提高产品的竞争力，配合提高转化量。

本章总结

- 账户设置优化：账户结构优化、创意优化、推广地域优化、推广时段优化、推广预算优化、访问 URL 选择、投放设备偏好优化。
- 投放效果分析与优化：展现量低的原因与优化、点击量低的原因与优化、访问量低的原因与优化、咨询量低的原因与优化、转化量低的原因与优化。

本章作业

1. 说出创意优化的方法。
2. 说出如何优化推广时段。
3. 说出账户展现量低的原因及如何进行优化。
4. 说出咨询量低的原因及如何进行优化。
5. 登录课工场，按要求完成预习作业。

第 8 章

百度网盟数据分析案例

技能目标

- ❖ 学会分析百度网盟推广数据，找出账户投放中的问题
- ❖ 学会百度网盟推广账户的优化

本章导读

百度网盟是百度广告的重要组成部分，也是很多企业宣传推广的重要平台。网盟是搜索推广的延伸和补充，能有效帮助企业挽回流失的潜在用户。百度网盟以 60 多万家优质网站为媒体资源，流量基数大，如果网盟账户做不好，就会出现花销很大，但没有任何效果的问题。那如何更好地优化网盟账户，找到更精准的人群，挽回更多的潜在客户呢？

本章就结合案例来讲解如何分析百度网盟的数据，如何制作针对性强的优化方案，以提升网盟的投放效果。

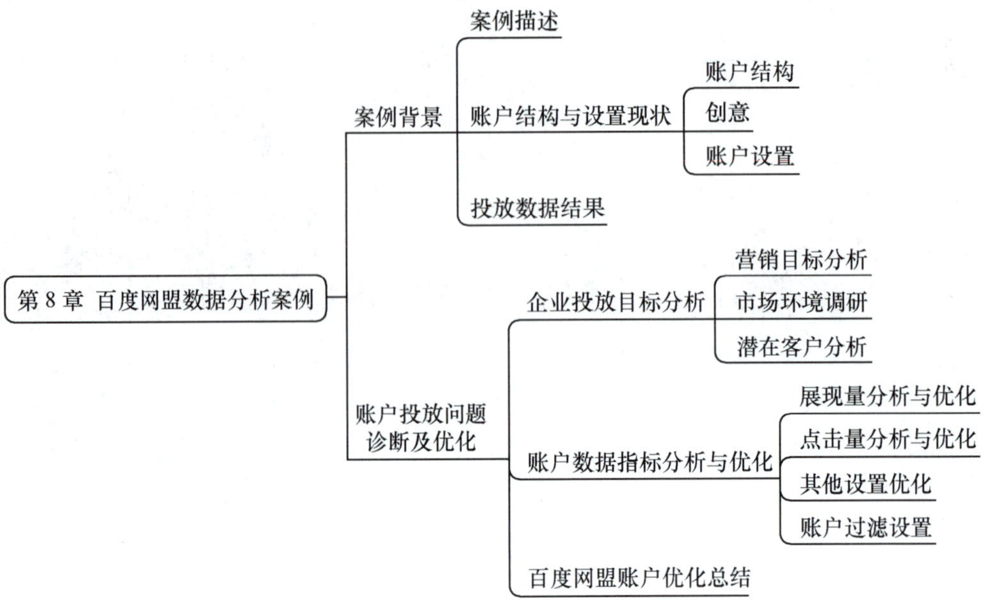

8.1 案例背景

本章通过讲解北京市天鹅湖少儿艺术培训中心网盟推广账户的诊断与优化，来梳理网盟账户数据分析的流程与账户优化的方法。

8.1.1 案例描述

北京市天鹅湖少儿艺术培训中心，位于北京市丰台区，建校 3 年来一直秉承“寓教于乐”的理念，旨在让孩子们在快乐中学习，在学习中成长成才。为了激发不同年龄段孩子们的学习兴趣，中心研发了多种艺术课程：少儿舞蹈、少儿声乐、少儿器乐、少儿美术，主要针对 3 ~ 14 岁的孩子。中心的老师们来自著名高校，都有着丰富的教学经验，并且认同中心的教学理念，愿意将知识传授给孩子们，也将艺术给生活带来的快乐传递给孩子们。

今年该中心分别在海淀区与朝阳区成立了分中心，大力宣传，继续扩招，以进一步打造品牌的知名度。

中心成立初期一直在百度搜索推广上投放广告，效果比较理想，这次计划继续扩大投放，增加百度网盟推广，由于没有操作经验，投放了 1 个月效果不佳，因此希望进一步优化方案，提高知名度，增加报名人数。

8.1.2　账户结构与设置现状

负责该账户的 SEM 专员没有教育行业网盟账户的操作经验，不知道如何更好地创建和设置账户，因此选择了关键词定向的方式，直接引用了百度搜索推广中转化效果比较好的关键词。该账户创建了两个推广计划、4 个推广组，并选择了 4 个行业来投放。

1. 账户结构

该账户的百度网盟账户结构设置得比较简单，只按照关键词的重要程度划分成了两个推广计划，分别为重点关键词计划和扩展关键词计划，又按创意展现形式划分为 4 个推广组，在重点关键词计划下分别为重点图片组和重点文字组，在扩展关键词计划下分别为扩展图片组和扩展图文组。

2. 创意

该账户的创意包括文字创意、图文创意和图片创意。

- 文字创意

标题：天鹅湖培训各种舞蹈乐器等。

描述第一行：别让你的孩子输在起跑线上，艺术从小学起。

描述第二行：舞蹈、乐器、美术，种类齐全，想学就学。

- 

艺术乐园——天鹅湖艺术培训中心

孩子们艺术的启蒙，从优质教育开始。

万千家长的首选。

- 图片创意

图片创意如图 8.1、图 8.2、图 8.3 所示。

图 8.1　图片创意 1

图 8.2　图片创意 2

图 8.3 图片创意 3

3. 账户设置

- 投放地域：北京市。
- 预算设置：重点关键词计划日预算 160 元，扩展关键词计划日预算 40 元。
- 投放日程：早 9 点至晚 9 点。
- 定向方式：关键词定向。
- 投放网络：教学与考试、生活服务、人文艺术、游戏。

8.1.3 投放数据结果

百度网盟的数据获取、处理、日常报表的制作与搜索推广是类似的，表 8.1 是该账户投放中的日常数据报表。表 8.2 是筛选出的展现量很高但点击量不高的投放网站。

表8.1 百度网盟账户一个月数据表现

推广计划	推广组	出价（元）	展现次数	点击次数	点击率	平均点击价格（元）	千次展现成本（元）	总费用（元）
重点关键词计划	重点图片组	1.8	1821766	2571	0.14%	1.36	1.92	3496.56
重点关键词计划	重点文字组	1.6	2072150	1021	0.05%	1.43	0.7	1460.03
扩展关键词计划	扩展图片组	1.5	4892115	571	0.01%	1.21	0.14	690.91
扩展关键词计划	扩展图文组	0.9	810340	535	0.07%	0.77	0.51	411.95
总计			9596371	4698				6059.45
日均			319879	156.6				201.98

表8.2 投放网站

网站	推广计划	推广组	所属行业	出价（元）	展现次数	点击次数
7k7k.com	重点关键词计划	重点图片组	游戏→休闲小游戏	1.8	1013255	975
58.com	重点关键词计划	重点文字组	生活服务→分类信息	1.6	998554	458
yx99.com	扩展关键词计划	扩展图文组	游戏→休闲小游戏	0.9	676185	411

续表

网站	推广计划	推广组	所属行业	出价（元）	展现次数	点击次数
nipic.com	扩展关键词计划	扩展图片组	人文艺术→设计	1.5	561863	545
ganji.com	重点关键词计划	重点文字组	生活服务→分类信息	1.6	339626	194
diyifanwen.com	扩展关键词计划	扩展图文组	教学及考试→英语及其他培训	0.9	210293	267

8.2 账户投放问题诊断及优化

该账户投放了一个月，只有 5 名学员报名，转化量在同行中算是比较少的，需要对账户物料、账户设置进行优化。

8.2.1 企业投放目标分析

对该账户优化前，我们首先来分析企业的投放目标，了解企业的营销目标、市场环境、潜在客户的特征，便于对账户进行更精准的优化。

1. 营销目标分析

该企业希望尽快扩大知名度、提高招生数量，所以我们在进行广告投放的时候，既要保证覆盖更多的潜在客户，又要保证转化效果。

2. 市场环境调研

艺术培训市场近几年比较火爆，随着人们生活水平不断提高，教育观念也有所转变，70 后、80 后家长们已经普遍认识到教育的本质并非仅仅追求书本知识和考试分数，还应该培养孩子的兴趣爱好，让他们将来能有一门艺术特长。但孩子真正的兴趣所在与自身天赋则需要经过一段时间的学习才能被挖掘到，针对这种情况，中心为每个艺术类型设置了一个 3 ～ 5 节课的试听班，试听班价格可以定在 200 ～ 300 元，价格不高，便于家长和孩子一起来体验和学习。

3. 潜在客户分析

中心的潜在客户是 3 ～ 14 岁孩子的家长，他们收入稳定，对孩子的学习持绝对支持态度，平时关注育儿、娱乐新闻、金融理财等。要分析这个客户群体的特征，便于我们选择兴趣点和投放网络等，还需要向家长去传达我们的信息，让他们了解我们的产品和优势，并且愿意来中心体验和了解。

8.2.2 账户数据指标分析与优化

该账户的转化量比较低，我们按照漏斗模型从上到下的顺序对数据指标进行分析。

1. 展现量分析与优化

该账户一个月展现总量达到了 9596371 次，平均 319879 次 / 天。一般大型的成熟稳定的账户日均展现量能达到 50 万次，而这个账户是新账户，达到日均 30 多万的展现量已经非常高了。

如果展现量高，转化量也同步增加，这是账户投放的最佳结果。而该账户展现量很高，点击量、转化量都不高，那就需要进行优化了。如果展现量过低，日均展现量在几千、几万，也是需要进行优化的。那么哪些因素会影响到展现量呢？

（1）展现量的影响因素

- 预算设置的合理性
- 出价
- 投放地域
- 受众描述
- 投放网站
- 投放日程
- 创意尺寸和展现类型

（2）展现量优化

- 预算合理性优化

该账户结构设置过于简单，无法根据转化意向进行预算的重新分配，因此需要重新划分账户结构，针对重点产品设置单独的推广组。根据搜索推广中转化效果比较好的艺术类别和关键词来设置更加精细的分组，将艺术形式细分，如将舞蹈细分为肚皮舞、民族舞、拉丁舞等，每个类别按创意物料形式分成图片的推广组和文字的推广组。细分账户设置如表 8.3 所示。

表8.3　账户结构调整

推广计划	预算	推广组	推广组出价
到访定向	80	到访人群-图片	1.0
		到访人群-文字	1.0
重点-关键词定向	120	肚皮舞-图片	0.8
		肚皮舞-文字	0.8
		民族舞-图片	0.8
		民族舞-文字	0.8
		拉丁舞-图片	0.8
		拉丁舞-文字	0.8
		少儿器乐-图片	0.8
		少儿器乐-文字	0.8
		少儿声乐-图片	0.8
		少儿声乐-文字	0.8
		少儿美术-图片	0.8
		少儿美术-图片	0.8
		品牌词-图片	0.8
		试听班-图片	0.8

续表

推广计划	预算	推广组	推广组出价
扩展-关键词定向	50	扩展关键词-图片	0.7
兴趣定向	50	兴趣定向-图片	0.5
		兴趣定向-投放网络	0.5

优化前账户预算是 200 元 / 天，考虑到近期要尽快提升报名量，将预算增加至 300 元 / 天。由于到访定向计划主要针对的是企业的核心人群，是提高账户转化量的保障，因此预算分配上要予以倾斜，设置为 80 元 / 天。重点 - 关键词定向计划推广组多，既能保证流量，人群又相对较精准，因此分配的预算最多，为 120 元 / 天。扩展 - 关键词定向计划和兴趣定向计划的主要目的都是为了引流，因此分配的预算少一些，均为 50 元 / 天。待日后流量稳定且比较多的时候，需要降低这两个计划的预算，将有限的钱用来提升账户的转化量。

注意

推广预算设置要注意，在百度网盟账户中，不能设置账户预算，也就意味着不能控制账户整体的消费，因此需要控制好所有推广计划的预算。对于以转化为营销目标的账户，可以为到访定向和转化效果比较好的关键词定向分配多一些预算，兴趣定向设置得少一些。对于以引流为营销目标的账户，可以适当将预算向兴趣定向倾斜一些。

➤ 出价优化

该账户展现量高可能是因为设置的出价比较高，例如“重点图片组”出价到了 1.8 元，因此我们调低推广组出价至最高 1.0 元，并根据展现的数据表现持续对价格进行优化。

注意

如果账户展现量太低，可能是因为推广组出价过低，可以通过提高推广组的出价来提升账户的展现量。

➤ 投放地域优化

在百度网盟中，直辖市的投放地域最精细可以到每个区，为了保证流量的精准度，将中心城区及周边区域全部选中，较为偏远的怀柔、密云等则不投放，如图 8.4 所示，以减少无效的展现。

注意

投放地域要根据产品 / 服务所能覆盖的区域来选择，不能为了增加展现量，随意扩大投放地域。同时也不能因为要急于降低展现量，而将有效区域的人群屏蔽。

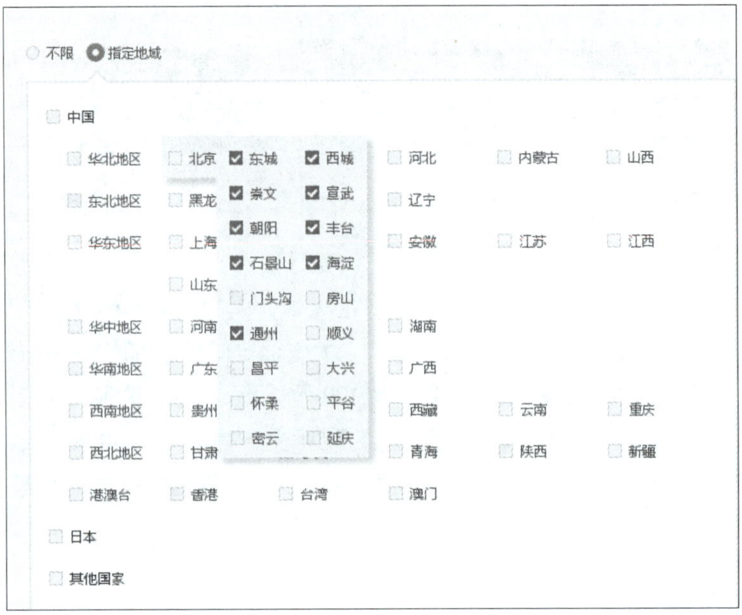

图 8.4　投放地域选择

➢ 受众描述优化

受众描述范围是影响展现量的一个重要因素，展现量过高可以收紧受众描述范围，尽量将流量精准化。如果展现量过低，就需要适当放开受众描述范围，提升展现量。该账户展现量较高，因此我们需要收紧受众描述范围，如表 8.3 所示。

到访定向主要是用来提升转化效果。到访过公司网站的人，大多数都是有了明确需求的潜在客户，是我们必须争取的流量，因此将核心受众使用到访定向来圈定，同时设置预算多一些，为 80 元 / 天，推广组出价要高一些，精准的流量更要争取展现的机会。

关键词定向圈定的人群没有到访定向精准，但流量要比到访定向高出很多，可以同时兼顾转化与展现，所以要将搜索推广中转化效果好的关键词按艺术形式细分成不同的推广组并设置成关键词定向。

扩展关键词是在按转化指标筛选后剩余的关键词中选择展现量和点击量比较高的关键词，主要目的是引流，使用这些关键词引进的流量要比兴趣定向精准很多。

兴趣定向的主要目的是引流，提高展现量，扩大知名度。如果在预算比较充足的情况下，引流可以考虑只设置兴趣定向，而且可以考虑多选择一些兴趣点。比如针对该账户涉及的人群，可以选择教育、家居用品、休闲娱乐、影视、社交、金融理财等多个兴趣点，这样展现量将会出现大幅度的提高。如果在预算不充足的情况下，可以通过组合设置兴趣点和投放网络，或者选取几个兴趣点交集部分的人群，对流量进行筛选，确保精准度，降低无效展现。对于本账户，就可以通过设置二级兴趣点或兴趣组合来筛选精准的人群，减少无效的展现。

对于该账户，预算是 200 元 / 天，最高可以提高至 300 元 / 天，如果我们不加限制地覆盖所有以上兴趣点的人群，流量爆棚，预算将会在 2 ～ 3 小时内消耗完，所以在保证展现量的同时，我们还要考虑在线的时间不能太短，即在保证流量大的基础上尽可能地保证流量相对精准一些。我们可以选择一级兴趣点下的更精细的二级兴趣点，或者设置兴趣组合，筛选相对精准的流量。

例如我们可以选择教育—学历类—中小学和亲子早教，可以选择人生特殊时期—育儿阶段—3～6 岁、初中、小学，这样流量会更加精准，其他的兴趣点也是如此，尽量选择更加符合人群特征的二级兴趣点。

另外我们还可以通过设置兴趣组合来筛选人群，比如筛选既关注教育—学历类—中小学和亲子早教，又关注金融理财的处在人生特殊时期—育儿阶段—3～6 岁、初中、小学的人群，如图 8.5 所示。选择“教育—学历类—中小学和亲子早教”这个兴趣点，是考虑到父母经常浏览教育相关的网站，说明对教育是比较重视的。选择“金融理财”这个兴趣点，主要是考虑父母经常查看金融理财类的网站，经济条件比较好，工作生活处于比较稳定的时期，也会愿意为孩子的文艺兴趣投资。兴趣点还可以是“社交”“影视”等，主要目的是筛选出有经济能力、愿意为孩子的教育投资的家庭。选择“人生特殊时期—育儿阶段—3～6 岁、初中、小学”这个兴趣点，因为是我们的潜在客户群体，要争取这部分流量。我们最终筛选的群体就是这三个兴趣点的交集部分。

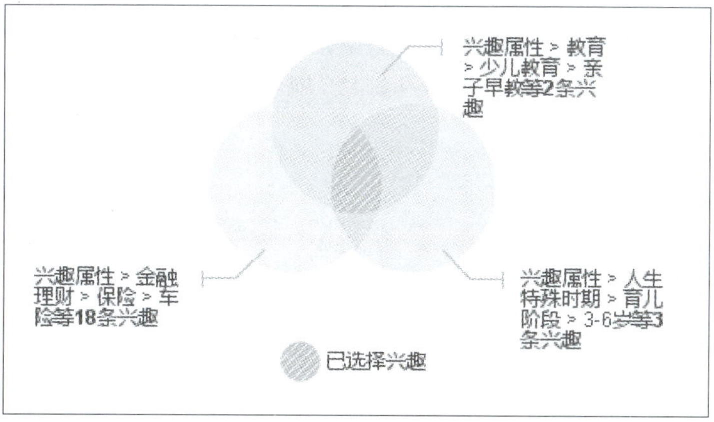

图 8.5　设置兴趣组合

选择其中一个兴趣点，流量大，但精准度不高，比如选择“人生特殊时期—育儿阶段—3～6 岁、初中、小学”，这是我们的潜在客户群，但这部分人群中有些人经济条件不富裕，没有多余的钱投资孩子的文艺兴趣，所以我们可以利用其他兴趣点再进行一轮筛选。在日后的操作中，我们也可以利用兴趣组合的方式来筛选较为精准的潜在客户群。

➢ 投放网络优化

对投放网络数据进行分析，可以看出，主要是选择的网络范围比较宽泛，造成很多费用白白浪费了，因此我们需要对投放网络进行精细的筛选。利用百度网盟 123，可从网站类别、网站属性和推广属性 3 个维度进行筛选，如图 8.6 所示。

我们可以根据网站类别筛选教学考试中的幼儿教育、小初教育，网络购物中的家居用品、数码家电，金融理财类的财经资讯、股票基金，人文艺术中的琴棋书画等，还可以选取百度的自有流量；还可以根据网站属性中的网站评分、网站热度、推广日展现量、推广覆盖 IP 等来进行筛选，或者过滤需求，根据人群属性过滤非潜在客户。我们为该账户选取了网站质量评分在 8 分及以上的搜索热度较高的网站。人群属性选择女性，因为一般母亲对孩子的艺术教育关注度会较高。

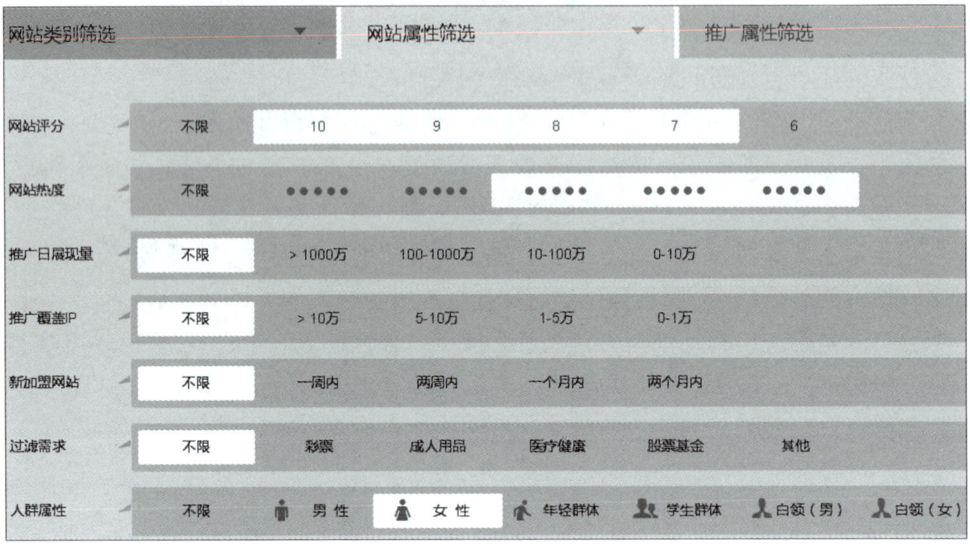

图 8.6　百度网盟 123 筛选投放网站

据此筛选出的网站如图 8.7 所示。

网站	域名	一级类别	二级类别	网站评分	网站热度	推广日展现量	物料形式	推广形式
亚太外汇网	ytwhw.com	投资金融	财经资讯	7	•••••	0-10万		
视频教学网	jx101.cn	教学考试	小初教育	9	•••••	0-10万		
全球二手网	qqershou.com	网络购物	购物综合	9	•••••	0-10万		
杨老师在线	yangteacher.com	教学考试	小初教育	9	•••••	0-10万		
图书试用网	ilucking.com	网络购物	购物综合	8	•••••	0-10万		
阳光学习网	pallasa.com	教学考试	小初教育	8	•••••	0-10万		
落叶作文网	zuowenwang.org	教学考试	小初教育	9	•••••	0-10万		
班教网 - 河...	hbban.cn	教学考试	小初教育	9	•••••	0-10万		
小学数学网	cnshuxue.com	教学考试	小初教育	8	•••••	0-10万		
中小学教育...	edudown.net	教学考试	小初教育	8	•••••	0-10万		

图 8.7　筛选出的投放网站

我们再根据网站的介绍看看网站面向的人群和我们要选择的人群的相关度如何，鼠标放置网站位置会出现网站的介绍，我们挑选两个网站的介绍来分析，如图 8.8 和图 8.9 所示。

图 8.8　杨老师在线网站

图 8.8 所示网站是国内专业的中小学教育学习网站，资料齐全，尤其是本站独创的按学科、按册数、按科目索引的浏览方式，给广大家长、老师及学生带来了方便，网站用户群稳定，投放广告针对性强，是各类广告理想的投放之地！家长们也会经常浏览此类网站，为孩子寻找或准备学习资料，人群比较精准。

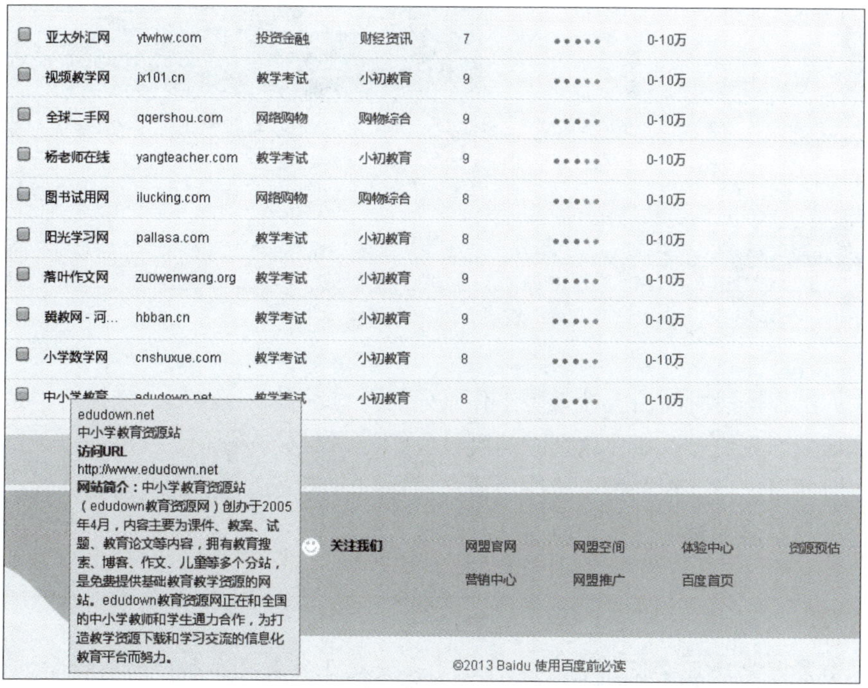

图 8.9　中小学教育网站

图 8.9 所示网站服务于小学一年级到高中三年级的中小学生；网站积极塑造一个纯“阳光”、纯“绿色”的教育平台形象，是为中小学生提供课外名师在线辅导、优秀教育

资源下载、在线互动提问答疑以及实现即时互动辅导于一体的教育平台。虽然网站服务对象是中小学生，但在孩子处于小学、中学的时候，上网寻找辅导资料一般还是由家长代劳，因此这里也是家长的集中地，是比较理想的广告投放网站。

要投放的网站不止这两家，我们只是举例说明如何进行筛选，除了从网站类别、网站属性和推广属性 3 个维度筛选，也要从网站介绍中了解网站内容和主要覆盖人群，从而进行二次筛选，以保证投放网站的精准度。

➢ 优化投放日程

通过百度网盟推广账户的“下线时间查询”工具查看到该账户中设置的两个推广计划的下线时间都在上午，因此需要考虑增加预算或者优化推广时间段。

预算已经增加了 100 元，时间段还需要进一步优化。我们选择重点推广午休、下午临近下班、下班路上和晚饭后的时间段，周末可延长在线时间，如图 8.10 所示。

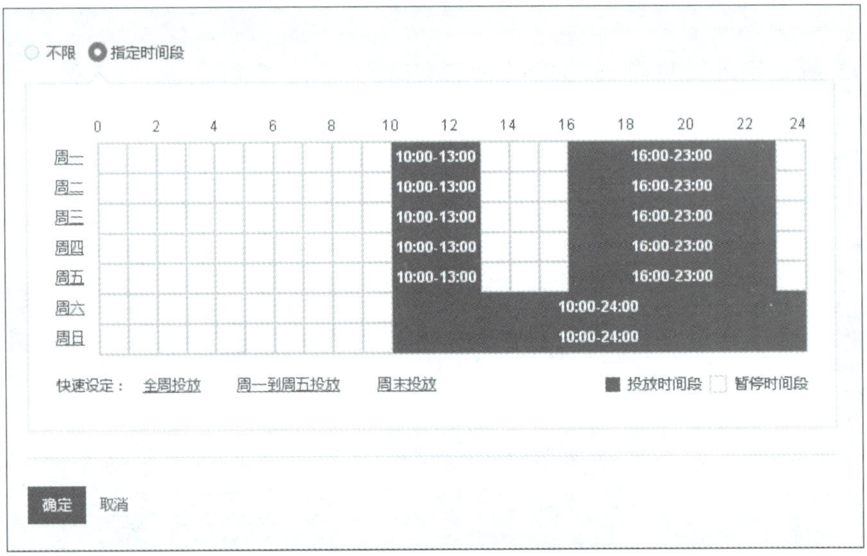

图 8.10 投放时段选择

家长们工作一段时间后会搜索些工作以外的内容，上下班路上、晚饭后也是家长们的搜索高峰期，我们可以抓住这个时间段投放广告。

投放时间段也可以根据搜索推广中访客的访问时间来进行选取，在第 7 章已经讲解过了，这里就不多加赘述。

注意

如果账户展现量低，也可以通过延长投放日程来提高账户的展现量。

➢ 创意尺寸和展现类型

无论展现量高低，我们都尽可能将创意的尺寸给全，展现类型也要全选，这样才能保证创意在不同网站上都有适合的广告位可以展现。

注意

对于百度网盟推广来说，拥有精准度高的流量才是最重要的。展现量很高，转化量却没有随之增长，徒有高展现量也是没有任何意义的。展现基数过大，出现误点击的概率也会增加，尤其是悬浮形式的图片创意，在关闭时一不小心就会点击到，造成广告费白白浪费。悬浮形式的广告会随着屏幕滚动上下浮动，用户体验比较差，用户也会因为不满意浏览体验而多次点击，现在百度网盟的悬浮广告比最初的几年已明显少了很多。

2. 点击量分析与优化

该账户日均点击量不到 157 次，从展现量到点击量环节衰减很多，很大的一个原因是创意没有“魅力”，不足以打动网民的心，让其愿意主动点击到网站去了解。一条高质量的创意就好比走在大街上的一个美女，在茫茫人海中能散发出迷人的魅力，让人忍不住多看几眼。创意也是如此，在网站众多的内容信息中，博取网民的眼球是非常重要的。那么如何让创意有吸引力呢？我们不能选择广告在网页中的位置，只能依靠图片和文字来打动网民了。

➢ 文字创意

要针对不同的推广组来写文字创意，文字创意和搜索推广中的创意是一样的，都是通过文字来传达企业的信息，因此也要保证创意具有吸引力。家长选择培训机构的时候，关注的是培训机构的资质、培训效果、机构规模、师资、环境等，因此我们在写创意的时候应考虑从潜在客户的角度出发，打消他们的顾虑，突出自身的优势和特色，让自己的创意更具影响力和号召力；还可以强调价格的优势、学习效果、满意度或者好评率。

比如针对“重点 - 关键词定向”计划里的“肚皮舞 - 文字”推广组来写文字创意。

第一组创意：

标题：想学肚皮舞，来天鹅湖培训中心。

描述第一行：北京舞蹈学院老师亲自授课，200 元学一周。

描述第二行：20 人小班，包教包会。

第二组创意：

标题：天鹅湖，肚皮舞专业培训机构。

描述第一行：正规舞蹈学院老师亲自授课，包教包会。

描述第二行：好评率 90%，别让你的孩子输在起跑线上。

➢ 图文创意

选择与肚皮舞相关的图片。

第一组创意：

想学肚皮舞，来天鹅湖培训中心。
北京舞蹈学院老师亲自授课，200 元学一周。
20 人小班，包教包会。

第二组创意：

天鹅湖，肚皮舞专业培训机构。
正规舞蹈学院老师亲自授课，包教包会。
好评率 90%，别让你的孩子输在起跑线上。

➢ 图片创意

对图片创意的优化可以从以下几个方面来进行。

① 要选取与主题相关的图片，不要只为了博眼球，而选取与推广产品 / 服务不相关的图片。

② 图片的颜色不要太黯淡，在网站中会不容易引起关注。

③ 图片上的文字要简洁精炼，不要出现过多的文字。

④ 背景图与文字颜色要有较大的对比度，色差小会造成文字不清晰。

按照此标准来分析创意：

图 8.1 的图片创意相关性比较差，看到该图片的第一感觉并不像是艺术培训，更像是一家幼儿园的广告，而且图片上的颜色太多，给人一种拼凑的印象，没有联系方式，公司名字也不突出。唯一值得借鉴的地方是文字比较精炼，主题明确。

图 8.2 的图片创意比较好，颜色鲜明简单，文字精练，一个舞动的小女孩很容易引起注意，既有电话又有咨询按钮，是 3 个创意中效果最佳的一个。

图 8.3 的图片创意没有生机和活力，色彩黯淡，对比度低，给人一种模糊不清的感官体验，而且展现在网页上颜色较灰暗，不容易引起网民关注。

下面是根据“重点关键词”计划下“肚皮舞 - 图片”推广组制作的两组图片创意，如图 8.11 和图 8.12 所示。

图 8.11 优化后的创意

图 8.12 优化后的创意

一个正在跳舞的小女孩舒展的动作、优美的舞姿、漂亮鲜艳的服饰，很容易打动家长。图片配色简单，中间用黑色文字间隔，下方是咨询方式，可以打电话，也可以点击咨询到相应的链接页面。

创意是影响点击量的重要因素，提升创意质量是百度网盟工作的重要一环，不可忽视。我们可以通过制作多组创意，来挑选哪组创意的点击率更高，选择更有吸引力的创意将大幅度提高账户的点击量。

点击量过低也有可能是推广的产品与展现的网站不相关，没有引起网民的注意造成的。通过表 8.2 可以看出，该账户在一些游戏类和生活服务类的网站上展现量很大，但点击量却不高，主要是因为这些网站本身流量很大，但对于该少儿艺术培训中心来说，人群的精准度并不高，因此需要优化投放网站，参照前面讲解的“投放网络优化”的方法进行优化即可。

注意

咨询量、转化量都是到达网站后的行为了，网盟这两个指标的优化与百度搜索推广是相似的，参照第 7 章所讲内容进行优化即可。

3. 其他设置优化

其他设置主要包括有效期的设置，可以针对不同的产品设置不同的有效期，以免错失有效的流量，也可以避免出现无效的展现。

（1）到访定向的人群有效期设置

网民访问了公司的某个页面，尤其是抵达了转化页面，其需求已经很明确，在其对产品 / 服务对比的过程中，我们要不断利用网盟广告加深其印象，争取在对比中胜出。

那需要对该人群进行多长时间的广告推送呢？在到访定向中可以通过“人群有效期”来设置。到访定向的人群有效期是指保留到访过目标页面（装有到访定向代码的页面）的人群信息的天数，系统在有效期内不断地向其推送广告。人群有效期分为 1 天、3 天、7 天、15 天、30 天、60 天，默认值为 30 天。如何选择人群有效期的天数呢？这在很大程度上取决于企业所售卖的产品。

如果销售的是车票、机票、平价的衣服，或是酒店、餐饮预订服务，人群有效期就要设置得短一些，购买这些产品 / 服务的时候，人们往往不会花费太多的时间思考和犹豫，很快就会完成购买。潜在客户购买完了，你继续向他推送广告也就没有意义了，因此可以选择较短的 1 天或者 3 天。

如果销售的是珠宝玉石、数码家电，或者是培训产品，人群有效期就需要设置得长一些。我们可以结合自身的购物体验来思考一下，当我们购买相对贵重的物品或者花一两个月甚至半年的工资去参加培训时，我们往往花费很长的时间去对比，思考和犹豫的周期会比较长，因此需要在一个比较长的有效期内不断地进行定向推广，影响刺激我们做出选择。针对该账户，虽然家长舍得为孩子的教育投资，但也会有一个较长的思考和对比周期，所以我们选择设置人群有效期为 7 天或者 15 天。

（2）关键词行为有效期设置

关键词行为有效期分为 3 天、7 天、15 天和 30 天，选取的方法与到访定向的人群有效期相似。需要考虑自身公司的产品 / 服务的价格及潜在客户的经济能力，对于低价格的产品，潜在客户在搜索对比后很容易就下单，但是高价格的产品人们往往除了对比，还有一个很长的思考犹豫期，这个时间我们要不断地利用网盟广告刺激潜在客户的需求，促其下单。

4. 账户过滤设置

通过对账户数据的分析，找出表现不好的投放网站、兴趣、关键词、到访人群、IP 地址、移动应用和子链，进行过滤设置。

我们通过投放网络数据发现，在 7k7k.com 和 nipic.com 两个网站上图片创意表现不佳，点击率很低，而且这两个网站和我们的潜在客户匹配度也不高，为了将有限的资金用在获取更精准的流量上，我们对这两个网站进行过滤处理，如图 8.13 所示。

图 8.13　排除网站设置

除了要过滤这两个网站，在优化后再次进行投放时，每天还要对有展现的网站进行分析和排查，找到性价比低的网站进行过滤或者暂停展现的处理。

另外还要排查表现不好的兴趣、关键词、受众组合等，并进行过滤设置。

8.2.3　百度网盟账户优化总结

网盟账户优化的最终目标是提高账户的 ROI，让投资回报的利益最大化。分析潜在客户、锁定精准人群、搭建合理账户结构只是成功的一半，因此要重视对潜在客户的分析，并且重视账户结构的搭建。优化时一般分为 3 个步骤，如图 8.14 所示：展现优化、点击优化、转化优化。

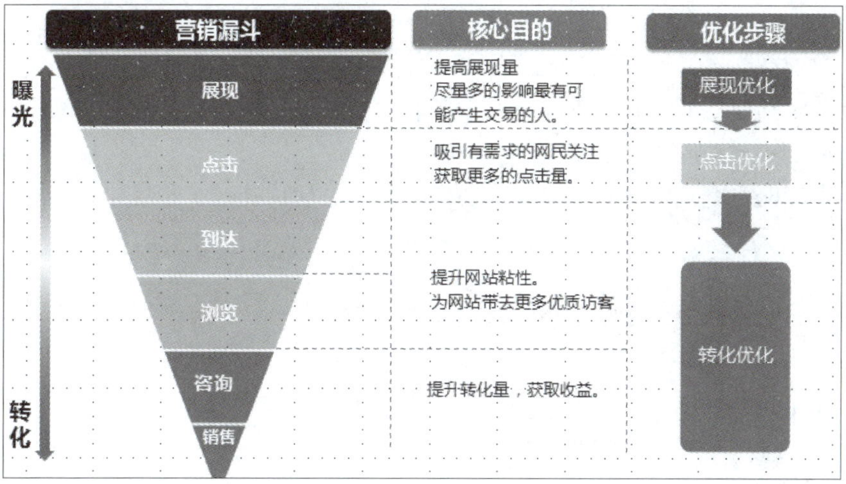

图 8.14　优化步骤

展现量不足时应优先考虑提高展现量，尽量多地影响潜在客户。可以通过提高预算、增加投放网络、扩大投放地域、延长在线时间、增加关键词数量、增加创意的尺寸和数量、提高推广组的出价等来提高账户的展现量。

需要注意的是，不能只考虑展现量的提高，还要重视人群的精准度，否则只有展现，没有转化。精准的人群可以使用多种组合方式来圈定，比如兴趣组合、兴趣点与投放网络组合、关键词与投放网络组合等，尽可能地圈定可能带来转化的人群。

点击量优化，即吸引有需求的网民关注，可通过提高创意的吸引力来实现。文字创意中可以考虑增加公司 / 产品的优势、特色，以及优惠信息等，并从潜在客户的角度出发，解决他们的痛点。图片创意要选择与产品 / 服务相关的图片，不要为了增加吸引力而选择浮夸的图片，图片上的文字要做到语言精练，有号召力和影响力。

转化是投放和优化的终极目标，也是考核 SEM 专员的主要指标，因此对转化的优化要更加重视。如何让到达网站的人愿意购买 / 报名呢？网站的内容质量是非常重要的，必须为访客提供高质量、高价值的内容。

本章总结

- 对百度网盟账户进行优化前，要明确账户的投放目标，了解企业的营销目标、市场环境、潜在客户的特征，便于我们对账户进行有针对性的优化。
- 账户结构要清晰合理。
- 优化定向方式时要考虑营销目标，到访定向主要针对核心人群，重在提高转化；关键词定向在转化与引流方面可以兼顾，兴趣定向主要目的是引流。
- 优化创意时要注意文字创意有吸引力，突出展现企业 / 产品的优势、特色等。
- 优化账户设置时，地域设置主要考虑产品 / 服务所能覆盖的区域即可。推广预算则要根据不同的营销目标合理分配。
- 优化投放网络时可利用网站类别、网站属性和推广属性 3 个维度筛选。

- 到访定向的人群有效期和关键词行为有效期的选择很大程度上取决于企业所售卖的产品。
- 善于利用过滤设置，排除表现不好的投放网站、兴趣、关键词、到访人群、IP地址、移动应用和子链。
- 百度网盟账户的优化一般分为 3 个步骤：展现优化、点击优化、转化优化。

本章作业

1. 说出造成展现量高但点击量不高的原因有哪些。
2. 图 8.15 的创意存在哪些问题？分析该图片创意的优化可以从哪几个方面进行。
3. 结合所讲内容，说明图 8.16 创意的优点。
4. 根据表 8.4 的数据，对百度网盟账户做简单的数据分析，并制作一份优化方案。
5. 登录课工场，按要求完成预习作业。

图 8.15 财生财的图片创意

图 8.16 美亚会计师培训创意

表8.4 账户数据

推广计划	预算（元）	展现次数	点击次数	点击率	平均点击价格（元）	总费用（元）
图片-关键词	60	2372140	1281	0.05%	1.41	1800.37
文字-关键词	20	117241	49	0.04%	1.17	57.21
图片-到访	100	1521766	2271	0.15%	1.32	3003.67
文字-到访	20	130985	293	0.22%	1.03	302.57
图片-兴趣	50	7273987	1136	0.02%	1.19	1347.04

第 9 章

数据分析报告撰写

技能目标

❖ 了解数据分析报告的作用和种类
❖ 熟悉数据分析报告的写作原则
❖ 了解数据分析报告的结构
❖ 能独立撰写数据分析报告

本章导读

数据分析报告就是将企业做广告投放的结果以图表化的形式展现出来，并配以相关的文字说明，供管理者做决定时使用的报告。一份完整清晰的报告不仅能让管理者明确下一步的整改方案，还能给自己的工作加分。

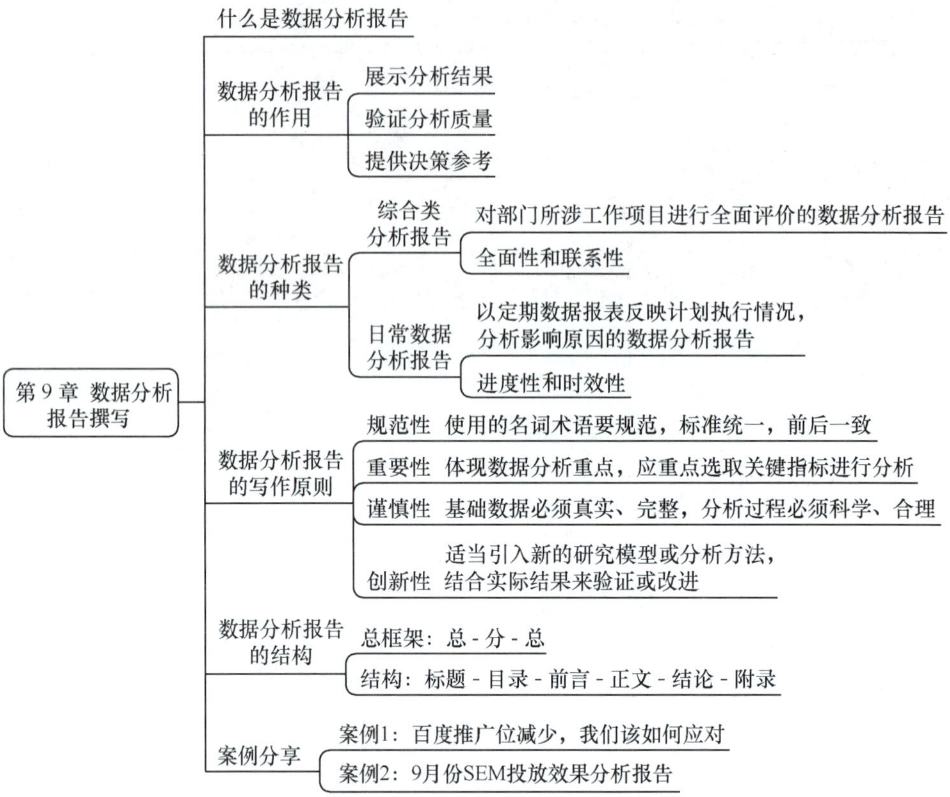

9.1 数据分析报告简介

撰写数据分析报告是 SEM 专员经常要做的工作，一份结构完整、条理清晰、数据详实、分析合理的数据分析报告不仅能帮助领导快速做出决策，还能为 SEM 专员的工作加分。

1. 什么是数据分析报告

数据分析报告是通过对项目数据进行全方位的科学分析来评估项目的可行性，为投资方决策项目提供科学、严谨的依据，降低项目投资的风险。

2. 数据分析报告的作用

数据分析报告的作用主要有 3 个：展示分析结果、验证分析质量、提供决策参考。

① 展示分析结果，就是将 SEM 推广的结论呈现出来。比如在本月的推广中花了多少钱、带来了多少流量、有多少人关注了我们的广告、广告带来了多少咨询量和转

化量。

② 验证分析质量，就是评定本阶段的推广效果，制作一个营销方案，看其推广效果如何，一份数据分析报告就能出来了。

③ 提供决策参考，制定出的营销方案需要经过领导的审批，一份清晰的数据分析报告能让管理者快速读懂，并迅速做出决策。

3. 数据分析报告的种类

数据分析报告分为两种，一种是综合类分析报告，另一种是日常数据分析报告。

① 综合类数据分析报告是对部门所涉工作项目进行全面评价的数据分析报告，报告要求全面，各个部分间要有联系。通常篇幅较多，通常用 Word 呈现。

② 日常数据分析报告是以定期数据报表的形式来反映计划执行情况、呈现推广宣传效果、分析影响原因，这种报告要有时效性，争取在第一时间分析汇报，而且这种报告一般都具有连续性，是一系列的报告。通常篇幅较短，除了使用 Word 之外，还可以使用 PPT 形式呈现。

9.2 数据分析报告的写作原则

数据分析报告的撰写要遵从 4 个写作原则。

1. 规范性

在一份数据分析报告中使用的名词术语要规范，标准统一，前后一致。如在数据报告前面部分使用术语“平均点击价格”，后面部分使用术语“平均点击成本”，虽然“平均点击价格”和“平均点击成本”语义是相近的，描述的是同一个指标，但前后不一致，容易被误解。如果管理者不甚精通 SEM，就会误认为是两个不同的指标。

2. 重要性

体现数据分析重点，应选取重点关键指标进行分析，比如投入产出比、转化量等，尤其是企业要求的考核指标，需要详细分析，其他指标用数据表格加统计图展示即可。

3. 谨慎性

基础数据必须真实、完整，分析过程必须科学、合理。数据分析报告中的基础数据必须是从推广账户的数据报告、百度统计、咨询工具中获取的真实数据，并且要完整，不能因为指标表现不好，就擅自修改数据。分析时可以使用多种分析方法，横向、纵向交叉分析，分析方法可以参考第 1 章中介绍的常用的数据分析方法。

4. 创新性

适当引入新的研究模型或分析方法，结合实际结果来验证或改进。一份 SEM 数据分析报告如果能创新最好，不能创新，就客观陈述指标变化，诊断账户问题，给出优化方案，最好有验证后的结论，比如投入产出比环比上升了 2%，转化成本同比下降了 1% 等。

9.3 数据分析报告的结构

在编写数据分析报告时，需注意总框架与结构的形式。

9.3.1 总框架：总—分—总

编写数据分析报告时，总框架需遵循总—分—总的结构。首先需总述编写数据分析报告的目的，也就是提出全文的论点，然后分别进行论证，最后进行总结。

9.3.2 结构：标题—目录—前言—正文—结论—附录

一份完整的综合类数据分析报告结构需包含以下六大部分：标题、目录、前言、正文、结论、附录。

1. 标题

标题是整篇数据分析报告的高度概括，标题的形式可以根据报告内容确定。标题大概分为四种形式。

➢ 解释基本观点型

标题高度概括了作者在整篇报告中要论述的观点，如《不可忽视的长尾关键词》。这种标题比较容易博得眼球，但对内容要求较高，就像写议论文一样，你要准备相应的数据、案例来论述长尾关键词很重要的观点，论据要确凿。

➢ 概括主要内容型

标题高度概括出整篇报告的内容，是客观地陈述事实，没有作者的观点论述，如《2016 年网站流量同比增长 30%》。这种报告比陈述观点的报告要简单一些，只是用文字将数据结论表达出来。

➢ 交代分析主题型

标题描述的是数据分析报告的类型，既没有作者的观点论述，也没有高度概括整篇报告的内容。如描述在某个时间段对某些指标的效果分析——《2016 年网络营销效果分析报告》。这种类型的标题是企业常用的。

➢ 提出问题型

标题提出整篇报告论述的问题，如《跳出率为什么居高不下》。这种标题更容易引起关注，报告就是对标题提出问题的解答。跳出率为什么居高不下？报告要详细讲解导致跳出率高的各种原因，分析必须有理有据，不能只通篇唱高调，但没有给出具有说服力的解释。

2. 目录

目录需要体现出报告的分析思路，但又不能过于详细。如年度数据分析报告可以将内容的几个重要部分作为目录。对于日常数据分析报告，用 Word 呈现时是不需要写目录的。如果以 PPT 形式呈现，可以将几个部分做成目录。

前言
一、2016 年投放计划回顾
　　1.1 投放目标
　　1.2 投放渠道
　　1.3 投放策略
二、年度账户表现分析
　　2.1　投放概况
　　2.2　投放目标实现情况
　　2.3　主要渠道表现分析
　　2.4　关键指标分析
　　　　2.4.1　转化指标分析
　　　　2.4.2　重点产品 ROI 分析
　　2.5　投放策略实施总结
三、2017 年投放计划
　　3.1　投放目标
　　3.2　投放渠道选取
　　3.3　投放策略制定
附录

3. 前言

前言可从 3 个方面进行概括：

① 为什么要开展此次分析，有何意义？

例如：为进一步提升四季度 SEM 投放效果，我们特地对二季度和三季度数据做一个全面细致的分析，尤其在百度上的投放，竞争激烈，转化成本与日俱增，我们需要调整投放策略，力争提高转化量，降低转化成本。

② 通过此次分析要解决什么问题，达到何种目的？

例如：随着百度广告位减少，竞争越发激烈，转化成本不断增加，通过本次详细的分析，需要从漏斗模型上方开始严格把控每一个层级的成本，努力降低转化成本。

③ 如何开展此次分析？主要通过哪几个方面展开？

例如：我们将通过收紧关键词的匹配方式、屏蔽无效点击、优化网站抵达率等方式来进一步优化投放效果。

4. 正文

正文是报告的主体部分，包含所有数据分析的事实和观点，通过数据图表和文字结合的方式来书写。正文中各个部分之间应该是相互关联的，具备一定的逻辑性。

（1）数据呈现

编写百度日常数据分析报告时，如果数据太多，可以筛选呈现日常工作报表的重要信息，如表 9.1 所示。重点的指标还可以利用统计图展现对比结果和趋势走向。例如用柱状图呈现今年各月消费与去年同期的对比，用折线图展示投入产出比的趋势变化等。

表9.1　日常数据报表

日期		推广数据		网聊数据				转化数据			
		消费	点击	对话	有效对话	对话成本	有效对话成本	转化量	转化率	转化成本	投入产出比
3/7	星期二	7016.2	297	12	11	584.68	637.84	3	1.01%	2338.73	113.79
3/8	星期三	8827.37	435	19	17	464.60	519.26	2	0.46%	4413.69	13.28%
3/9	星期四	7358.36	471	18	15	408.80	490.56	3	0.64%	2452.79	103.85%
3/10	星期五	8050.84	482	16	13	503.18	619.3	4	0.83%	2012.71	148.42%

（2）文字内容

正文要包含投放概况的总述，重点指标的分析，产生指标变化的原因分析，如“针对正常推广下的数据进行分析，9 月份花费了 59156.84 元，日均消费 2275.26 元，只有两天达到了销售限额。9 月份共获得 270492 次展现和 9225 次点击，日均点击量 355 次，留电量 24 个，总体来说留电量还是很好的，波动也不是很大，继续进行优化可争取进一步提高留电量，降低留电成本。”这是有关 9 月份投放的总述，下面可接着对重点指标展现量、点击量等进行细致的分析。

5. 结论

结论包含两部分，第一部分说明问题所在，第二部分阐明解决问题的思路和方法。根据正文的分析可以得出结论，指出该账户在投放过程中存在哪些问题，针对这些问题如何进行优化。例如第 8 章百度网盟数据分析案例中，针对点击量指标的结论可以这样写：

该账户日均点击量不到 157 次，从展现量到点击量环节衰减很多，很大的一个原因是创意没有“魅力”，不足以引起网民的关注，不足以打动网民的心。一条高质量的创意就好比走在大街上的一个美女，在茫茫人海中能散发出迷人的魅力，让人忍不住多看几眼。创意也是如此，在网站众多的内容信息中，博取网民的眼球是非常重要的。我们不能选择广告在网页中的位置，只能通过优化创意来吸引和打动网民了。

（1）文字创意

要针对不同的推广组来写文字创意，文字创意和搜索推广中的创意是一样的，都是通过文字来传达企业的信息，因此也要保证创意具有吸引力。家长选择培训机构的时候，关注的是培训机构的资质、培训效果、机构规模、师资、环境等，因此我们在写创意的时候应考虑从潜在客户的角度出发，打消他们的顾虑，突出自身企业 / 产品的优势和特色，让自己的创意更具影响力和号召力；还可以强调价格优势、学习效果、满意度以及好评率。

（2）图片创意优化

- 要选取与主题相关的图片，不要只为了博眼球，而选取与推广产品 / 服务不相关的图片。
- 图片的颜色不要太黯淡，在网站中会不容易引起关注。
- 图片上的文字要简洁精炼，不要出现过多的文字。
- 背景图与文字颜色要有较大的对比度，色差小会造成文字不清晰。

6. 附录

附录是数据分析报告的补充，不是必须存在的部分，一般是把日常数据报表作为附录。

这是一份内容丰富的综合类数据分析报告需要包含的六部分，对于日常的数据分析报告，有推广账户的概述、账户投放的问题及解决办法等相关内容即可。

9.4 案例分享

下面列举两个案例，仅供参考。

案例 1：百度推广位减少，我们该如何应对

2016 年 5 月，百度各大代理商均收到了“关于百度商业推广信息展现数量调整的通知”，通知说：为保障网民的搜索体验和利益，同时全面落实中共中央网络安全和信息化领导小组办公室整改要求，百度搜索将严格限制商业推广数量，自 5 月 23 日起，凤巢推广产品每个页面的商业推广信息条数所占比例均不超 30%。据此调整后，每页面搜索信息（含顶部、底部、右侧）将最多只有 4 条推广信息。此前，百度公司董事长兼首席执行官李彦宏在内部信中强调。“重新审视公司所有产品的商业模式，是否因变现而影响用户体验，对于不尊重用户体验的行为要彻底整改。”企业的第一反应是广告位少了，原来几家、十几家竞争左 10 个、右 8 个的广告位，有时候仍感觉出价很高了，质量度也不低了，还是排不上去。

同时，信用分也被引入到排序算法中，直接影响推广的排名。如果信用分低于 40 分，推广成本将提升 5%，如果信用分低于 0 分，推广成本将提升 10%，很多人都在苦寻解决方法，希望在愈演愈烈的竞争中也能达到预期的投放效果。下面将介绍 7 个应对策略，让你依然笑对变化，保持自己的竞争力。

1. 提价格

推广位减少到 4 个后，位次竞争更加激烈，一些核心词也被提到了更高的价格，我

们自然也不能旁观，也要跟随主流调整自己的出价。但提价不能盲目，首先要选取一些需要大幅提价的词——高转化的词，一方面这些词竞争比较激烈，需要提价；另一方面这些词是转化的重点词，必须提价。提价不是跟着感觉走，要结合以往的数据，至于提价多少，可以在数据报告里查看这些词的展现，结合去年同期和今年前几个月的数据，估算出损失的展现数量，然后通过出价模拟器试探怎样调整出价；或者使用排名倾向自动出价、位置指导价，以保证高转化词的展现量。

2. 扩匹配

想要扩流量，也可以将关键词的匹配模式适度放宽来获取更多的流量。这个方法比较适合匹配模式比较精准的账户和一些搜索量本身较少的行业。需要注意的是，要把握好度，不要急于求成将匹配模式设置得过于宽泛，这样反而会带来一些低质量流量。做出更改后，还要做好数据监控，发现有问题要及时调整。

3. 加词

除了提升原有词的竞争力以外，添加一些新词也是开拓流量的一种方法。可以在搜索词报告中了解网民都在使用哪些搜索词，把符合网民搜索习惯的词添加到账户中。另外把一些比较长尾的词添加进来，长尾词一般情况下是有明确意愿的网民使用的，转化相对比较容易；也可以根据关键词规划师推荐，添加一些可能成为黑马的词语。

4. 分时段出价

放开平时不投的时段，用低价格进行试探。比如各培训中心，之前只在 8:00 ～ 22:00 点投放，适当放开早上 7 点时段，测试下效果。尤其在移动端，也有可能在很早的时间网民就来搜索。

5. 增样式

近期使用百度搜索比较多的人可能已经注意到了，百度增加了很多新样式，如凤巢头条、闪投全息等，移动端也有类似黄金展位的新样式。这些新样式图文并茂，可以考虑增加这些新样式，相比单纯的文字要好很多。

6. 转移重心

本次调整后的商业推广条数不能超过 4 条。由于之前移动端推广条数就没有 PC 端多，所以受到的影响也相对较小。因此，可以追加移动端的预算；若 PC 端的预算有富余，也可以向移动端倾斜。

在移动端投放的时候，需要注意以下几点：

① 手机屏幕相对较小，因此在撰写移动端创意时要有所差异，可以考虑一些短创意。

② 移动端搜索倾向于长尾流量，可增加长尾词的占比。如果对关键词的流量无法把握，可以在关键词规划师里进行流量查询。

③ 投放移动端的同时，不要忘记加强移动站的建设，选择才能吸引网民，提升转化。

7. 守规矩

除了推广位变成 4 个外，百度将信用分引入到排序中也是这次调整的一个主要变化。有人可能会把信誉分和加 V 的等级混淆，其实它们是不同的，信用分并不陌生，在后台就可以看到。信用分越好排序越靠前，不管出价多高，若信用不好也绝对不会排在前面。因此，保持良好的信用记录，提升自己的信用分也是很重要的。

百度客户信用评价体系——信用 100，是对客户与百度合作过程中遵守或违反百度生态合作政策的综合评价。信用分值越高，表示客户遵守百度生态合作政策的情况越好；反之，信用分值越低，表示客户违反百度生态合作政策的次数越多，性质越恶劣。

每个客户在百度只有唯一一个信用分值，由该客户关联圈内全部账户共享，任一账户有违规行为，均会对该客户的信用分进行相应扣减，如达到提升推广成本或禁止推广的条件，亦作用于该客户在百度的全部账户。

① 信用分值降到-30 分及以下的推广客户将因为信用过低而禁止其继续使用百度推广，其所属关联圈下全部账户也均不能继续推广，直至信用分值优化至 -30 分以上方可恢复。

② 当客户信用分值降到 40 分及以下：

- 0 分 < 信用分≤ 40 分，提升推广成本 5%。
- 信用分≤ 0 分，提升推广成本 10%。

当客户优化行为提升信用分值达到 40 分以上，推广成本恢复正常。

这就是应对百度广告位减少的七大策略，在工作中可根据自己的账户特点适当调整，你会发现虽然广告位少了，但投放效果还是那么好。

【案例分析】

标题《百度推广位减少，我们该如何应对》使用“提出问题型”的标题形式，一方面可以引发思考，让受到此问题困扰的读者很容易产生共鸣，另一方面标题内容也是当时的热点，可以有效提升自己的关注度。

前言“2016 年 5 月，百度各大代理商均收到了‘关于百度商业推广信息展现数量调整的通知’，通知说：为保障网民的搜索体验和利益，同时全面落实中共中央网络安全和信息化领导小组办公室整改要求，百度搜索将严格限制商业推广数量，自 5 月 23 日起，凤巢推广产品每个页面的商业推广信息条数所占比例均不超 30%。据此调整后，每页面搜索信息（含顶部、底部、右侧）将最多只有 4 条推广信息。此前，百度公司董事长兼首席执行官李彦宏在内部信中强调。‘重新审视公司所有产品的商业模式，是否因变现而影响用户体验，对于不尊重用户体验的行为要彻底整改。’企业的第一反应是广告位少了，原来几家、十几家竞争左 10 个、右 8 个的广告位，有时候仍感觉出价很高了，质量度也不低了，还是排不上去。

同时，信用分也被引入到排序算法中，直接影响推广的排名。如果信用分低于 40 分，推广成本将提升 5%，如果信用分低于 0 分，推广成本将提升 10%，很多人都在苦寻解决方法，希望在愈演愈烈的竞争中也能达到预期的投放效果。下面将介绍 7 个应对策略，让你依然笑对变化，保持自己的竞争力。”也是该篇文章的引言部分，告诉读者目前的现状“广告位减少，竞争激烈”，需要改变投放策略应对，文章将讲解 7 个方法。

目录一般是较长的数据分析报告才会设置，本篇文字较少，没有添加目录部分。

正文主要是针对 7 个方法的讲解，没有高大上的论调，只是介绍解决问题的方法。

结论部分比较简单，就是简单说明方法是有效的，这些方法都是实际操作后的经验总结。

附录部分一般是数据报表，本篇数据分析报告中不涉及，因此没有这一部分。

案例 2：9 月份 SEM 投放效果分析报告

本案例是根据第 7 章搜索推广案例撰写的数据分析报告，案例背景等请查看第 7 章。

账户推广上线两个月了，账户里的关键词已经有近 1000 个，初期投放效果相对来说比较好。为了进一步提升投放效果，现将 9 月份投放结果做一个总结，继续实施效果好的推广策略，有针对性地改善效果不佳的推广方法。

9 月份投放数据报表如表 9.2 所示。

表9.2　9月份投放数据报表

日期	消费	展现量	点击量	接入访客	对话	留电量	点击率	对话率	平均点击价格	对话成本	留电成本
2016/9/1	1579.43	4965	273	77	36	18	5.50%	13.19%	5.79	43.87	87.75
2016/9/2	2139.6	8697	369	104	55	35	4.24%	14.91%	5.80	38.90	61.13
2016/9/3	2413.36	10654	429	103	57	32	4.03%	13.29%	5.63	42.34	75.42
2016/9/4	2734.19	11548	481	102	47	23	4.17%	9.77%	5.68	58.17	118.88
2016/9/5	2745.27	11031	484	111	42	17	4.39%	8.68%	5.67	65.36	161.49
2016/9/6	2273.29	11087	391	91	35	19	3.53%	8.95%	5.81	64.95	119.65
2016/9/7	2276.31	8989	369	130	52	27	4.11%	14.09%	6.17	43.78	84.31
2016/9/8	1744.45	5370	277	91	39	18	5.16%	14.08%	6.30	44.73	96.91
2016/9/9	2744.91	10232	410	108	50	30	4.01%	12.20%	6.69	54.90	91.50
2016/9/10	2615.26	9205	403	89	38	19	4.38%	9.43%	6.49	68.82	137.65
2016/9/11	2897.71	10102	456	115	45	32	4.51%	9.87%	6.35	64.39	90.55
2016/9/12	2893.68	9810	443	118	43	28	4.52%	9.71%	6.53	67.29	103.35
2016/9/13	702.59	6628	120	73	32	26	1.81%	26.67%	5.85	21.96	27.02
2016/9/14	149.08	4857	28	57	25	10	0.58%	89.29%	5.32	5.96	14.91
2016/9/15	115.2	6474	23	59	20	10	0.36%	86.96%	5.01	5.76	11.52

续表

日期	消费	展现量	点击量	接入访客	对话	留电量	点击率	对话率	平均点击价格	对话成本	留电成本
2016/9/16	1599.32	13565	262	95	42	22	1.93%	16.03%	6.10	38.08	72.70
2016/9/17	1869.17	14054	282	83	35	21	2.01%	12.41%	6.63	53.40	89.01
2016/9/18	1489.89	11772	235	82	34	12	2.00%	14.47%	6.34	43.82	124.16
2016/9/19	731.48	4286	124	25	9	5	2.89%	7.26%	5.90	81.28	146.30
2016/9/20	1677.16	9620	287	71	40	18	2.98%	13.94%	5.84	41.93	93.18
2016/9/21	2133.93	12656	360	72	33	26	2.84%	9.17%	5.93	64.66	82.07
2016/9/22	2552.66	16585	402	84	50	34	2.42%	12.44%	6.35	51.05	75.08
2016/9/23	2506.57	16187	395	82	40	19	2.44%	10.13%	6.35	62.66	131.92
2016/9/24	3723.22	18524	518	84	41	23	2.80%	7.92%	7.19	90.81	161.88
2016/9/25	3000.07	10800	406	75	43	27	3.76%	10.59%	7.39	69.77	111.11
2016/9/26	2354.28	9510	330	93	54	33	3.47%	16.36%	7.13	43.60	71.34
2016/9/27	1898.71	7112	258	70	34	16	3.63%	13.18%	7.36	55.84	118.67
2016/9/28	1784.14	6412	250	71	41	28	3.90%	16.40%	7.14	43.52	63.72
2016/9/29	1748.26	6480	233	42	19	16	3.60%	8.15%	7.50	92.01	109.27
2016/9/30	1762	5525	222	64	30	21	4.02%	13.51%	7.94	58.73	83.90
26天总计	59156.84	270492	9225	2307	1075	614	3.41%	11.65%	6.41	55.03	96.35

1. 账户概况

删除日消费只有几百元的数据异常点（9 月 13 日、14 日、15 日、19 日），针对正常推广的数据进行分析，9 月份花费了 59156.84 元，日均消费 2275.26 元，只有两天达到了销售上限。9 月份共获得 270492 次展现和 9225 次点击，日均点击量 355 次，留电量 24 个，总体来说留电量还是很好的，波动也不是很大，继续进行优化以争取进一步提高留电量，降低留电成本。

2. 账户分析

我们按照漏斗模型顺序从上到下进行分析，一些重点指标还是有很大的优化空间的。

（1）展现量分析

没有达到日消费额 3000 元的限制，在账户设置的推广时段里获得了充分展现的机会，消费额差距也不大，但展现量差距很大。如表 9.3 所示，2016 年 9 月 17 日，展现量为 14054 次；而 9 月 27 日，展现量只有 7112 次，为 9 月 17 日展现量的一半左右。9 月份展现量趋势图如图 9.1 所示。

表9.3　展现量数据

日期	消费	展现量
2016/9/16	1599.32	13565
2016/9/17	1869.17	14054
2016/9/18	1489.89	11772
2016/9/20	1677.16	9620
2016/9/27	1898.71	7112
2016/9/28	1784.14	6412
2016/9/29	1748.26	6480
2016/9/30	1762	5525

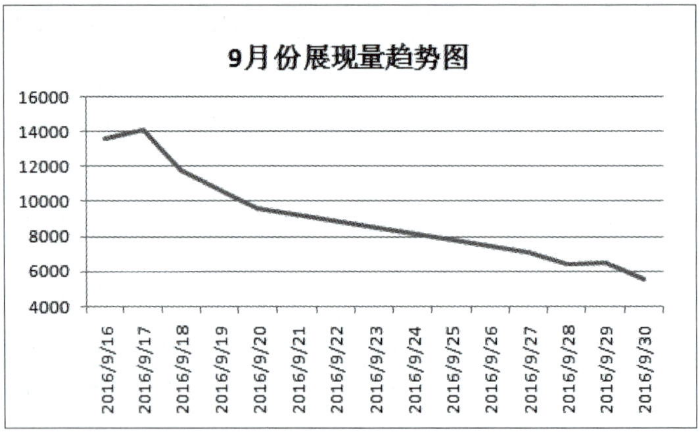

图 9.1　9 月份展现量趋势图

是什么原因造成的展现量变低呢，我们首先看看影响展现量的因素：

账户方面有预算、地域、推广时段、账户结构；关键词方面有关键词数量、关键词检索量、关键词匹配模式、关键词排名。

首先我们看账户方面：

➢ 预算

我们投放的账户日预算 3000 元（可以向上浮动 1000 元）。账户消费没有达到日预算限额，且该账户没有设置推广计划预算，不会因预算少或者预算分配不合理导致展现量低。

➢ 地域

投放地域为北京，选择的是服务能覆盖的区域，再大的地域范围企业服务也无法辐射到，因此该地域设置合理，不全因为扩展投放地域而增加展现量。

➢ 推广时段

推广时段是 24 小时，不存在因时段设置太短或者不合理造成展现量低。

➢ 账户结构

账户结构确实存在不少问题，所以一直在针对账户结构进行优化。

经过对该推广账户的账户设置方面进行分析，可以看出只有账户结构会拉低展现量。

再看关键词方面：

➢ 关键词数量和检索量

账户搭建初期关键词只有 70 个，后期一直在扩展，添加到 1000 个左右，如果是由于关键词少或者关键词检索量低的原因，应该是 9 月中旬的展现量较低，不会是到了 9 月下旬才出现展现量大幅下降的情况，因此不是关键词少或关键词检索量低带来的展现量腰斩。

➢ 关键词匹配模式

账户搭建初期，关键词比较少，故选择了广泛匹配的方式。用广泛匹配既可以充分引流，也可以根据网民使用的搜索词进行扩词和选择否定关键词。

通过近一个月的推广引流，在 9 月下旬收紧了关键词的匹配范围，将核心关键词调整成精确匹配，长尾关键词调整成短语—同义包含，调整之后账户展现量出现大幅度下降。这才是造成该账户展现量大幅下降的主要原因。

➢ 关键词排名

百度的广告位早已在 2016 年年初调整成了 4 个，从而排在第 5 名及后面的广告均不能展现，不存在因政策变化导致的展现量 9 月中旬高、下旬低的情况。我们始终保持账户中主要的 50 多个高转化词排名在第 1、2 位，其他关键词只是粗略调整出价，并不一一查看排名，因此因排名原因造成的展现量低的可能是有的，但不会影响太大。

综上所述，造成该账户展现量下降的主要原因是调整了关键词的匹配方式，收紧了匹配范围，这属于账户的正常调整，不需要为了提高展现量而放宽匹配范围。另外账户结构的不合理和一部分关键词排名靠后也会拉低展现量，但影响不是很大，对账户结构的优化仍要继续进行，对关键词的排名也要密切关注，适当提高排名，以增加展现量。

（2）点击量分析

我们主要分析在展现量相近的情况下，点击量低的数据，可以很直观地从点击率看到，点击量从 4% 以上下降到了 2% 左右，如表 9.4 所示。9 月份点击量趋势图如图 9.2 所示。

表9.4　点击量数据

日期	消费	展现量	点击量	点击率
2016/9/3	2413.36	10654	429	4.03%
2016/9/4	2734.19	11548	481	4.17%
2016/9/5	2745.27	11031	484	4.39%
2016/9/6	2273.29	11087	391	3.53%
2016/9/9	2744.91	10232	410	4.01%

续表

日期	消费	展现量	点击量	点击率
2016/9/11	2897.71	10102	456	4.51%
2016/9/16	1599.32	13565	262	1.93%
2016/9/17	1869.17	14054	282	2.01%
2016/9/18	1489.89	11772	235	2.00%
2016/9/21	2133.93	12656	360	2.84%
2016/9/22	2552.66	16585	402	2.42%
2016/9/23	2506.57	16187	395	2.44%
2016/9/24	3723.22	18524	518	2.80%
2016/9/25	3000.07	10800	406	3.76%
2016/9/26	2354.28	9510	330	3.47%
2016/9/27	1898.71	7112	258	3.63%
2016/9/28	1784.14	6412	250	3.90%
2016/9/29	1748.26	6480	233	3.60%
2016/9/30	1762	5525	222	4.02%

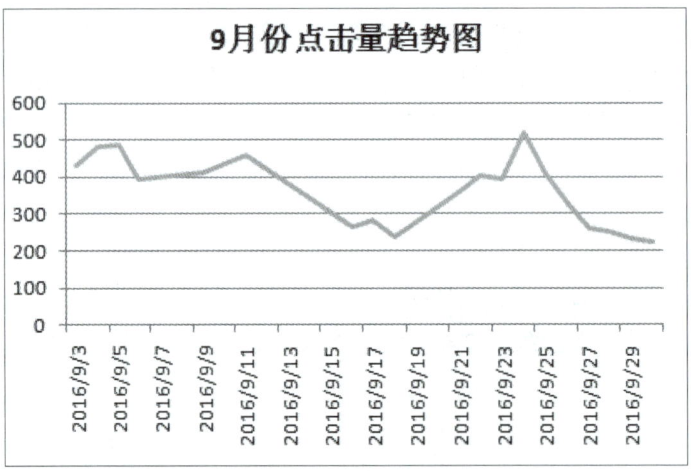

图 9.2　点击量趋势图

在展现量相差不大的情况下，为何点击量却有很大差距呢，是什么原因造成点击量低呢？拉低点击量的因素主要有：账户方面的账户结构是否合理；关键词方面的关键词排名：质量度及出价；创意方面的创意质量：通顺，飘红，相关性，吸引力。

首先来看账户方面，账户方面的问题是存在的，因此优化要一直持续下去。

再看看关键词排名方面，我们一直保持重点的关键词排名在第 1、2 位，只有部分非重点的关键词可能在排名上有些差异，但影响不是最主要的，因为这些词一直是按照批量调整的方式进行调整的。

最后看看创意方面，这是影响账户点击量的重要因素，也是我们常常忽略的因素。通过对账户原有创意的分析，可以看出创意缺乏亮点，没有体现出自身的优势和差异化，而且 9 月中下旬多家同行开始搞优惠促销活动，吸引了很多网民的关注。而该账户的创意却没有体现出公司半年时间都有“8 折优惠”，没有让网民知晓公司是提供“一站式贴心服务”的。这才是导致该账户点击量从 9 月中旬开始渐渐走低的主要原因。

因此我们需要对创意进行持续的优化，利用前面讲解的创意优化的方法进行测试，找出网民关注的亮点，并充分利用这些亮点去引发网民的兴趣，从而提升账户的点击量。

（3）咨询量分析

咨询量是 SEM 专员非常关注的指标，老板也会经常提到咨询量少，没有人打电话咨询等，这是老板对推广效果最直接的评估指标。账户 9 月份咨询量如表 9.5 所示。接入访客数不能等同于咨询量，有些访客接入后又直接关掉了，这里统计的咨询量是以对话数量为依据的。9 月份对话量趋势图如图 9.3 所示。

表9.5　9月份咨询量数据

日期	点击量	接入访客	对话	对话率
2016/9/1	273	77	36	13.19%
2016/9/2	369	104	55	14.91%
2016/9/3	429	103	57	13.29%
2016/9/4	481	102	47	9.77%
2016/9/5	484	111	42	8.68%
2016/9/6	391	91	35	8.95%
2016/9/7	369	130	52	14.09%
2016/9/8	277	91	39	14.08%
2016/9/9	410	108	50	12.20%
2016/9/10	403	89	38	9.43%
2016/9/11	456	115	45	9.87%
2016/9/12	443	118	43	9.71%
2016/9/13	120	73	32	26.67%
2016/9/14	28	57	25	89.29%
2016/9/15	23	59	20	86.96%
2016/9/16	262	95	42	16.03%
2016/9/17	282	83	35	12.41%

续表

日期	点击量	接入访客	对话	对话率
2016/9/18	235	82	34	14.47%
2016/9/19	124	25	9	7.26%
2016/9/20	287	71	40	13.94%
2016/9/21	360	72	33	9.17%
2016/9/22	402	84	50	12.44%
2016/9/23	395	82	40	10.13%
2016/9/24	518	84	41	7.92%
2016/9/25	406	75	43	10.59%
2016/9/26	330	93	54	16.36%
2016/9/27	258	70	34	13.18%
2016/9/28	250	71	41	16.40%
2016/9/29	233	42	19	8.15%
2016/9/30	222	64	30	13.51%

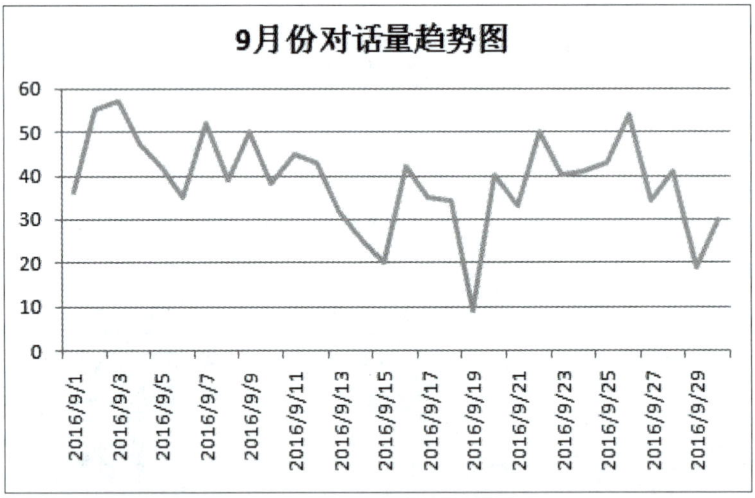

图 9.3　对话量趋势图

一个公司的新业务，在推广近两个月的时候获得如表 9.5 所示的咨询量，处于该行业中等水平，还有继续提升的空间。那么哪些因素会影响咨询量呢？又如何来提升咨询量呢？可以从以下两个方面来进行优化：

① 网站建设方面：从潜在客户的兴趣、行为和习惯出发，保证网站的美观性、专业性、易用性、互动性。

网站的总体布局与配色要美观，提供的内容信息要专业，要从解决潜在客户问题的角度设置网站内容。网站上要有明显的导航、产品分类等，便于访客进行信息的查找。在访客产生疑问时要有便捷的咨询方式。

② 物料选择方面：选择跟潜在客户需求相关，且让潜在客户感兴趣的、有价值的信息；设计方面由相关的网站负责人去进行优化，SEM 专员可以提出一些优化建议。

3. 账户调整策略

（1）优化账户结构，确保关键词排名，提高账户展现量

对账户重新进行分组，优化账户整体结构，重点关键词保证排在前三名，一部分非重点关键词保证有排名即可。

（2）优化创意，提高点击量

利用 A/B 测试的方法，我们发现“一站式服务”点击率最高，最吸引人，可以将这个营销点添加到每一条创意中，其次引人注意的营销点是“8 折优惠”，可以考虑将此营销点也添加到创意中，另外再加上具有号召性的语言，让网民有赶紧去了解预约的冲动，修改后的创意如下：

创意一：

标题：北京美娇娘婚纱摄影，各种套系，8 折优惠！

描述：北京美娇娘婚纱摄影工作室，各种风格婚纱照任你选，一站式服务且价格透明，提供全部底片。

创意二：

标题：北京美娇娘婚纱摄影，8 折优惠，机会不等人！

描述：一站式服务，北京美娇娘婚纱摄影工作室打造专属你的美丽、个性婚纱照，提供全部底片。

创意三：

标题：北京美娇娘婚纱摄影，8 折优惠，赶紧来预约！

描述：一站式服务，北京美娇娘婚纱摄影工作室打造专属你的美丽、个性婚纱照，提供全部底片。

（3）优化推广时段，提高咨询质量

优化推广时段，在网民集中上网的时段要确保客服在线，让每一个对我们的业务感兴趣的网民都能及时得到答复，增加对话量，提高对话质量，进一步提高留电量，降低留电成本。表 9.6 是对近两万条访客访问时段数据的分析和汇总。

表9.6　各时段访问量统计结果

时间段	访问量
0～1点	93
1～2点	27
2～3点	18
3～4点	10

续表

时间段	访问量
4～5点	11
5～6点	6
6～7点	6
7～8点	17
8～9点	665
9～10点	1313
10～11点	1759
11～12点	1838
12～13点	1119
13～14点	1282
14～15点	1538
15～16点	1570
16～17点	1494
17～18点	1349
18～19点	939
19～20点	835
20～21点	827
21～22点	844
22～23点	799
23～24点	657

利用统计图对每个时间段的访客趋势进行分析会更直观，如图 9.4 所示。

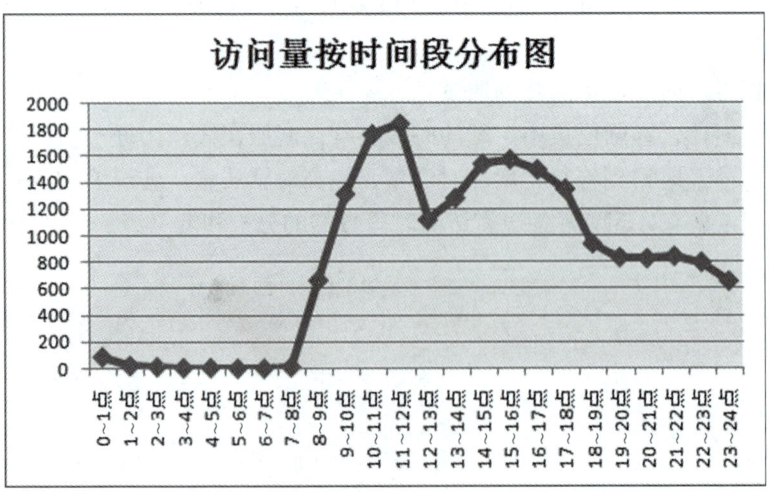

图 9.4　访问量分布图

从图 9.4 中可以看出，10 ～ 12 点的访客数是最多的，其次为 14 ～ 17 点。根据访客的数量趋势，我们可以调整推广时段或者调整时段价格系数，在访客比较集中的时段，用更高的价格去竞争更有吸引力的广告位，在访客少的时间段则可以不进行投放。如根据表 9.5 的数据，可以对该账户投放时段和时段系数进行调整，将推广时段调整为 8 ～ 24 点。

- 8 ～ 10 点，时段系数设置为 1.0；
- 10 ～ 12 点，时段系数设置为 1.3；
- 12 ～ 14 点，时段系数设置为 1.0；
- 14 ～ 17 点，时段系数设置为 1.3；
- 17 ～ 18 点，时段系数设置为 1.1；
- 18 ～ 24 点，时段系数设置为 0.8。

因此我们应适当地调整客服在线时间，不错过任何一个想拍婚纱照的网民。

我们先从账户结构、关键词排名、创意和推广时段来进行优化，再根据 10 月上半月数据查看优化效果，然后确定进一步的优化方案。

【案例分析】

标题《9 月份 SEM 投放效果分析报告》是交代分析主题型的，用来说明报告的分析内容。

前言部分交代是为了优化投放效果，降低留电成本来做这个分析和编写这份报告，让领导知道我们的优化思路。

报告相对比较简单，内容比较少，因此是没有设置目录的，一般到季度报、年报的时候才会做一个目录，便于领导查看他关注的信息。

正文主要是针对每个指标的分析，因此问题和结论是结合在一起的，前面部分是对账户的投放结果的分析和问题的诊断，后面部分是对优化账户的调整方案。

这是 10 月初写完的数据报告，优化后的效果要在 10 月份才能体现，所以阶段性报告有可能会出现方案无法验证的问题，这属于正常现象。

本章总结

- 数据分析报告的作用主要有 3 个：展示分析结果、验证分析质量、提供决策参考。
- 数据分析报告分为两种：一种是综合分析报告，另一种是日常数据汇报报告。
- 数据分析报告的编写要遵从 4 个原则：规范性、重要性、谨慎性、创新性。
- 综合类数据分析报告的结构包含六大部分：标题、前言、目录、正文、结论、附录。

本章作业

1．说出数据分析报告有什么作用。

2．说出数据分析报告的种类。

3．说出数据分析报告的编写原则。

4．说出综合类数据分析报告包含哪些部分。

5．根据表 9.7 给出的数据报表自己编写一份简单的数据分析报告。

表9.7 2017年1月份数据

日期	消费	展现量	点击量	接入访客	对话	留电量	点击率	对话率	平均点击价格	对话成本	留电成本
2017/1/1	1541.49	4900	173	22	6	5	3.53%	3.47%	8.91	257	308
2017/1/2	2340.2	8530	259	63	26	17	3.04%	10.04%	9.04	90	138
2017/1/3	2304.83	8197	259	54	18	12	3.16%	6.95%	8.90	128	192
2017/1/4	2291.04	7320	248	58	23	14	3.39%	9.27%	9.24	100	164
2017/1/5	2065.48	6276	243	48	19	13	3.87%	7.82%	8.50	109	159
2017/1/6	2066.33	7831	223	71	31	21	2.85%	13.90%	9.27	67	98
2017/1/7	2172.55	7984	244	67	24	9	3.06%	9.84%	8.90	91	241
2017/1/8	2037.69	7587	227	72	28	14	2.99%	12.33%	8.98	73	146
2017/1/9	2009.09	7372	231	53	17	11	3.13%	7.36%	8.70	118	183
2017/1/10	2089.33	6781	250	66	25	12	3.69%	10.00%	8.36	84	174
2017/1/11	1825.18	6497	207	56	12	7	3.19%	5.80%	8.82	152	261
2017/1/12	1343.72	5599	165	30	8	3	2.95%	4.85%	8.14	168	448
2017/1/13	2031.81	7477	237	51	20	11	3.17%	8.44%	8.57	102	185
2017/1/14	2079.2	7750	233	53	13	8	3.01%	5.58%	8.92	160	260
2017/1/15	1901	6901	205	53	13	5	2.97%	6.34%	9.27	146	380

6．登录课工场，按要求完成预习作业。

第10章

数据分析案例解析

技能目标

- ❖ 对数据分析流程进行全面梳理
- ❖ 根据实际数据，能够具备整体思维、全面分析问题
- ❖ 学会独立制作数据报表

本章导读

随着讲解的深入，我们已经知道了数据分析的概念和基础、数据的重要来源——在线咨询工具，并且还掌握了数据处理利器——Excel，以及如何对获取到的数据进行处理并进行完整数据链的合成，对于合成的数据链还可以通过数据透视表和图表来进行数据可视化，让我们的数据更具表现张力。另外搜索推广数据分析案例和百度网盟数据分析案例让我们更加清楚知道针对每个平台应如何处理数据。本章要从全局的角度出发，更加全面详尽地领略数据分析的魅力，我们会以“上海百合儿童医院”为例，来带大家一起学习。

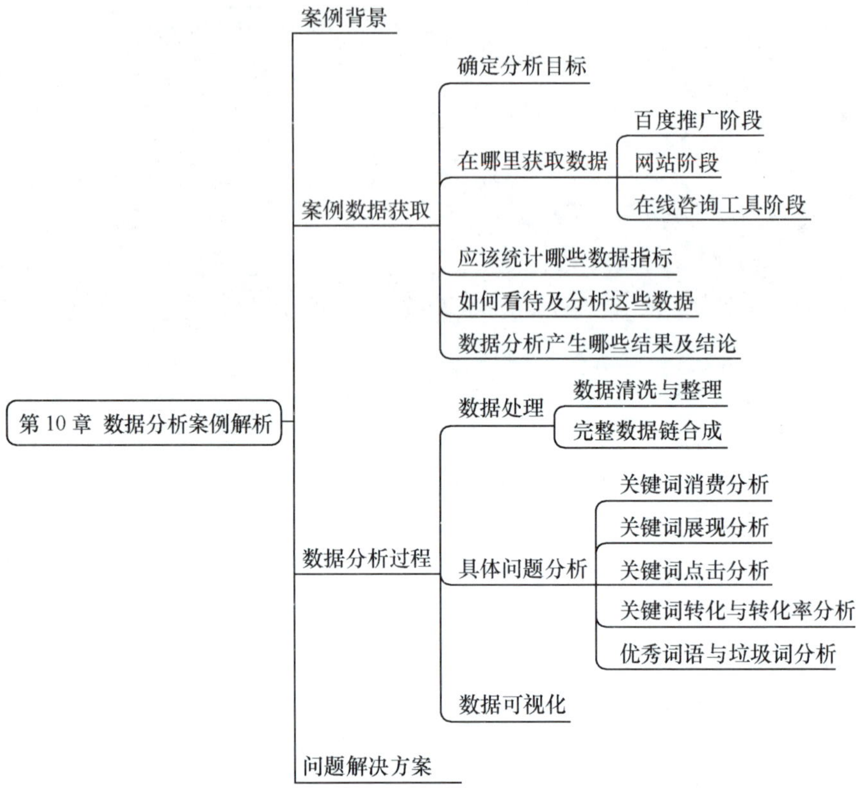

10.1 案例背景

上海百合儿童医院是经上海市卫生局批准设立的一所儿童专科医院。医院始终推行高品质服务、低标准收费的惠民政策；奉行以人为本、求实创新、精益求精、服务至上的办院宗旨。目前开始在百度搜索引擎平台上做推广，通过一段时间的推广，医院领导想了解推广的效果和存在的问题，希望从消费、展现、点击、转化、转化率、成本等几个角度进行分析，暂定从一周的推广数据报告、一周的网站访客统计、一周的在线咨询工具数据（以商务通为例），来进行全面的分析，并从分析中得到以下几个问题的答案。

（1）客服工作状态及业务能力怎么样？

客服响应速度的慢与快，直接关系到客户体验，良好的人员管理及制度能够保证高效的响应速度，如果记录中反映客服专业能力欠缺，可及时安排培训。

（2）客户真实需求是什么？

通过客户咨询的问题，可以知道他们的真实需求，解决客户真实需求是推广、营销、在线咨询、销售必须面对和解决的问题。

（3）竞价推广的重要性占比如何？

网络推广，一般有付费和非付费两种形式。作为付费的主要方式——竞价，在整个销售产出中发挥的作用到底有多大，其占比对网络运营推广有直接的影响，成本的节约也主要发生在这一环节。

（4）网站建设水平如何？

从用户黏性的各指标分析，是否需要改进网站内容、设计，以提升用户体验。

（5）客服工作管理安排是否合理有效？

合理安排客服工作，尽量降低工作时间内的咨询流失率，这也是提高销售的最直接方法。

（6）是否需要增加值班客服？

如果非工作时间客户咨询量确实多，企业务必需要考虑增加值班人手。这同时也是增加销售的时间段（还有很多企业是有值班客服的，特别是一些医药医疗整容机构）。

（7）推广人员绩效考评是否合理？

合理的绩效考评是推动人员工作的直接动力。

上海东方医院推广主管小张接到这个任务后，开始了紧锣密鼓的准备，他认为首先要搞清楚数据分析所要获取的数据指标有哪些，从哪里去获取这些数据指标？下一步要对各个阶段获取到的数据进行整理和清洗，然后将整理后的数据合成完整数据链，并以完整数据链为基础，进行各个维度分析，找出问题所在，把能说明问题的数据进行可视化，将图表中的数据异常点、数据拐点充分展示出来。最后找到问题的解决方案，开始制作数据报告。完整数据链和可视化图表是数据报告具有信服力的有力支撑。小张理清楚分析流程的各个环节之后就开始行动了。

10.2 案例数据获取

首先要确定分析目标，确定需要哪些数据，然后去找出对应的获取渠道。获取数据后要明确如何分析这些数据，以及需要得到的结果。

10.2.1　确定分析目标

对于企业网站，无论是从一开始的建立发布，还是到后期的成熟运营，都会产生并逐渐沉淀很多数据。企业网络运营中产生的这些数据，我们应该从何考虑？除了一些较大的电子商务企业或互联网企业，他们有良好的数据分析基础和能力以外，基本上大多数中小企业实施的网络业务，并未能够有效面对和处理这些运营数据。究其原因，除了企业管理人员不够重视以外，企业具体负责网络业务的人员往往也缺乏主动的意识和管理的高度去面对这些数据。作为网络业务负责人，他们更多关注的是网络的投入与产出，往往把更多的精力放在优化成本和提高销售上。对于运营细节，比如数据分析，网站运营能产生如上面所述的很多数据，但具体到每家企业，所需要的数据又是不一样的，这些都是根据企业管理人员的要求及网站业务运营的需求而定。小张认为：

- 如果侧重用户体验，则统计的数据侧重跳出率、转化率、回头率、平均访问时长、平均访问页面数量等；
- 如果侧重投入产出，则统计竞价、推广的相关情况，以及咨询、流失的情况；
- 如果侧重网站运营管理，则不仅要统计以上两项，上面描述的各类数据项都需要详细统计。因为网站运营牵涉的不仅是网络业务，还与企业其他部门发生联系，如企划、市场、营销、产品、服务、物流等。这些部门的运作情况，是可以通过网络数据观察到的，从网络数据的分析结果，我们也能很准确地看到各个环节的问题。

本次分析，医院领导主要想知道网站整体运营管理情况如何，所以统计的数据不仅包含跳出率、转化率、回头率、平均访问时长、平均访问页面数量等，还要包含投入产出比，以及咨询、流失的情况与其他细节数据。

10.2.2 在哪里获取数据

SEM 的数据无外乎 3 个部分，即分别来自百度推广阶段、网站阶段、在线咨询工具阶段的数据。

1. 百度推广阶段

小张确定了分析目标后，紧接着就要去对应位置获取数据了，目前像百度凤巢系统、360 点睛平台、搜狗平台等都提供了完备的数据统计和导出功能，可生成多维度、跨时段的细分报告，免去了繁杂的数据整理过程。小张打开百度账户后台，进入数据报告界面，如图 10.1 所示，在百度凤巢后台进行数据的下载。数据报表下载的维度有很多，选择当前分析需要用到的报表，如图 10.2 所示的关键词消费报表。关键词消费报表是数据分析中一个十分重要的报表。其他报表的下载方式相同，小张把其他需要的数据报表也一一下载。

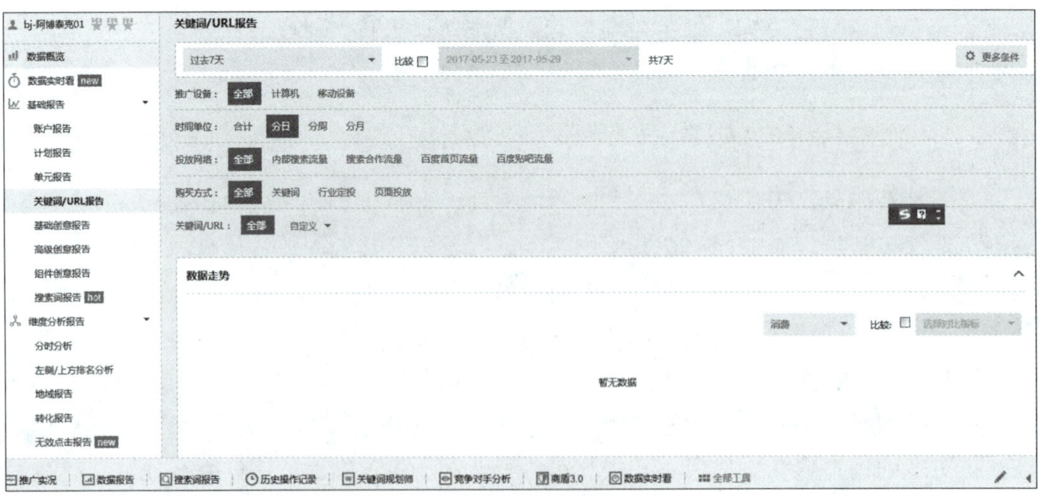

图 10.1 数据报告——关键词 /URL 报表

关键词名称	消费	展现	点击	平均排名	点击率	质量度	出价	平均点击价格
上海有哪些医院有儿科	5461.27	758	72	2.51	9.50%	2	98.06	75.85
上海哪些医院儿科好	5397.16	1571	73	2.41	4.65%	2	93.72	73.93
长宁区妇幼保健院	3987.32	1419	365	1.22	25.72%	3	11.36	10.92
上海医院排名	3033.46	711	79	2.75	11.11%	3	26.81	38.4
上海儿科	2703.19	282	11	1.68	3.90%	2	365.88	245.74
脑瘫早期症状	1830.21	306	63	1.08	20.59%	3	35.23	29.05
脑瘫好治疗吗	1824.18	242	30	1.91	12.40%	3	56.26	60.81
儿童医院	1795.94	184	7	3.26	3.80%	2	255.66	256.56
上海儿童医院	1774.75	341	40	1.1	11.73%	3	65.55	44.37
上海哪家医院儿科好	1699.46	862	16	2.72	1.86%	2	58.99	106.22
脑瘫治疗最佳时间	1577.28	338	26	4.1	7.69%	3	50.24	60.66
上海浦东儿科	1396.9	197	10	3.14	5.08%	3	148.7	139.69
上海正规儿童医院	1364.22	1324	18	3.89	1.36%	2	92.65	75.79
上海 脑瘫治疗	1351.43	113	9	3.06	7.96%	2	195.48	150.16
上海医保儿童医院	1313.86	2713	16	3.6	0.59%	3	96.68	82.12
上海公立医院	1261.07	250	54	1.1	21.60%	3	23.88	23.35
上海妇幼保健医院	1233.76	145	20	3.23	13.79%	3	158.26	61.69
上海最好的儿童医院	1196.87	79	32	0.72	40.51%	3	75.88	37.4
闵行区妇幼保健院	1158.33	772	108	1.49	13.99%	3	11.36	10.73
儿童哮喘	1094.17	374	42	1.35	11.23%	3	55	26.05
上海哪家医院治疗儿童哮喘	1088.58	724	14	2.19	1.93%	2	96.42	77.76
上海儿科	1038.63	257	8	4.99	3.11%	2	106.95	129.83
上海儿科医院	947.27	235	4	3.23	1.70%	2	365.88	236.82
上海最好的儿童医院	917.18	87	5	3.19	5.75%	2	284.73	183.44
儿童癫痫	865.06	470	40	1.87	8.51%	2	28.96	21.63
普陀区妇幼保健院	856.04	271	80	1.02	29.52%	3	11.36	10.7

图 10.2　关键词报表

2. 网站阶段

小张在安装网站统计工具时，就考虑到了统计工具有很多，如 CNZZ、51LA、量子统计、GA 等。但从准确性来看，似乎没有绝对的好与不好，各家都有侧重和优势。可以同时安装两种统计工具，当一种工具提供的数据失常时，则采用另一工具采集的数据，或者取二者的平均值。统计工具数据如图 10.3 所示。小张在网站阶段需要获取的数据如下：

- IP 数量，IP 是网站最重要的一个指标，只有足够的 IP 才能保证转化。
- 确定统计到访访客的关键词。作为 SEM 专员，到访关键词表要做得非常清晰，并且这些关键词是否能带来转化，才是关键。你可能从竞价后台不容易观察到关键词的整体情况，但是流量统计工具可以统计。哪些词带来用户了？哪些词带来有用的流量了，甚至可以观察哪些人是恶意点击的。
- 对这些关键词进行分类，看看哪些类型的关键词每天带来的用户比较多。当然也可以选择从竞价后台看，流量统计后台则介绍得更详细。
- 分析每个分类关键词带来的咨询情况，这方面需要结合咨询量来评估。也就是下面所说的商务通统计。
- 对词进行筛选，对于竞价咨询率比较高，有意向能够达成转化的这类词，可以加大投入，增加此类相关词，并写好有针对性的创意。同样的，把转化率低的或者没有转化率的词，可以直接从关键词库里去除。
- 每次保存文档用于下次的比较。
- 做好每周、每月的关键词的整理并进行统计。

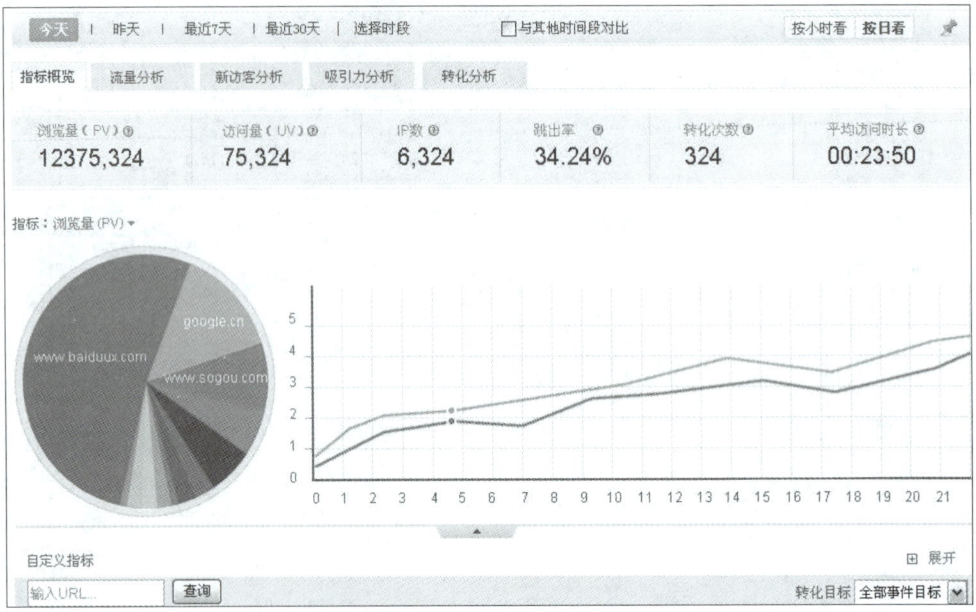

图 10.3　统计工具数据

3. 在线咨询工具阶段

对于咨询工具阶段的数据，上海百合儿童医院采用的获取来源是网站商务通。商务通后台不仅可以直接体现用户的转化率，更可以直接看出带来咨询的关键词。小张打开商务通，使用具有下载历史记录报表功能的管理员账号进行登录（为了客户信息安全起见，部分客服账号不具备导出历史记录的权限），在主界面点击“历史记录”选项卡，进入到历史记录报表页面，如图 10.4 所示，选择要导出数据的时间跨度，如果是月度分析，就导出一个自然月的历史记录，如果是季度分析，就导出一个季度的历史记录。成功导出后，双击打开文件，在线咨询阶段的数据就跃然纸上了（此处以商务通历史记录为样板），如图 10.5 所示。

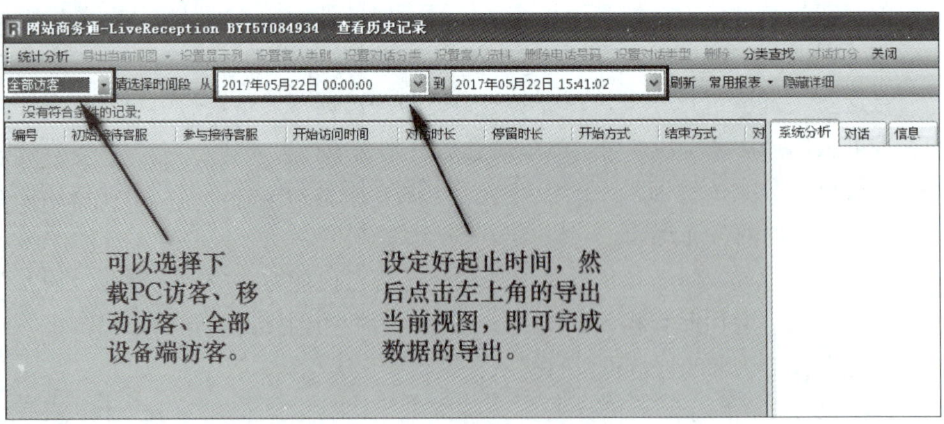

图 10.4　咨询数据导出

编号	开始访问时间	开始对话时间	持续时间	对话类型	开始方式	结束方式	客人讯息数	客服讯息数	名称	分数	打分备注	浏览器标头	之前访问次数
13243	2017-4-7 20:04:11	2017-4-7 20:04:17	0:4:16	较好对话	客人请求	客人主动结束	4	4				Mozilla/4.0 (compatible; MSIE 6.0; Windows NT 5	0
13245	2017-4-7 19:56:42	2017-4-7 19:57:45	0:22:4	极佳对话	客人请求	客人主动结束	24	18				Mozilla/5.0 (Windows; U; Windows NT 5.1;) Apple	0
13241	2017-4-7 19:50:24	2017-4-7 19:50:31	0:5:14	较好对话	客人请求	客人主动结束	11	8				Mozilla/4.0 (compatible; MSIE 8.0; Windows NT 5	1
13244	2017-4-7 19:48:19	2017-4-7 19:59:10	0:0:25	客人无讯息	客人请求	客人主动结束	0	1				Mozilla/4.0 (compatible; MSIE 8.0; Windows NT 5	0
13240	2017-4-7 19:46:02	2017-4-7 19:46:14	0:0:19	客人无讯息	客人请求	客人主动结束	0	1				Mozilla/4.0 (compatible; MSIE 8.0; Windows NT 6	0
13238	2017-4-7 19:38:33	2017-4-7 19:38:45	0:3:31	客人无讯息	客人请求	客人主动结束	0	2				Mozilla/4.0 (compatible; MSIE 8.0; Windows NT 5	0
13242	2017-4-7 19:32:36		0:0:0	仅访问	客服邀请	未分类	0	0				Mozilla/4.0 (compatible; MSIE 6.0; Windows NT 5	0
13237	2017-4-7 19:25:44	2017-4-7 19:26:14	0:16:2	极佳对话	客人请求	客人主动结束	14	14				Mozilla/4.0 (compatible; MSIE 6.0; Windows NT 5	0
13236	2017-4-7 19:23:19	2017-4-7 19:23:35	0:12:50	较好对话	客人请求	客服主动结束	12	10				Mozilla/4.0 (compatible; MSIE 8.0; Windows NT 5	0
13239	2017-4-7 19:14:54		0:0:0	仅访问	客服邀请	未分类	0	0				Mozilla/4.0 (compatible; MSIE 6.0; Windows NT 5	0
13233	2017-4-7 18:55:38	2017-4-7 18:56:06	0:2:17	客人无讯息	客人请求	客人主动结束	0	1				Mozilla/4.0 (compatible; MSIE 8.0; Windows NT 5	0
13232	2017-4-7 18:54:50	2017-4-7 18:55:52	0:11:55	较好对话	客人请求	客人主动结束	13	8				Mozilla/4.0 (compatible; MSIE 6.0; Windows NT 5	0
13235	2017-4-7 18:43:57	2017-4-7 18:43:57	0:37:24	极佳对话	客人请求	客人主动结束	15	14				Mozilla/5.0 (Windows NT 5.1) AppleWebKit/535.1 (	0
13234	2017-4-7 18:43:41		0:0:0	仅访问	客服邀请	未分类	0	0				Mozilla/5.0 (Windows NT 5.1) AppleWebKit/535.1 (	0
13231	2017-4-7 18:14:17	2017-4-7 18:14:57	0:22:47	极佳对话	客人请求	客人主动结束	29	25				Mozilla/4.0 (compatible; MSIE 7.0; Windows NT 5	0
13229	2017-4-7 17:52:40	2017-4-7 17:52:43	0:0:9	客人无讯息	客人请求	客人主动结束	0	0				Mozilla/5.0 (iPad; CPU OS 5_0 [illegible] X) Ap	0
13228	2017-4-7 17:51:17		0:0:0	仅访问	客服邀请	未分类	0	0				Mozilla/4.0 (compatible; MSIE [illegible] NT 5	0
13230	2017-4-7 17:50:02	2017-4-7 17:50:16	0:18:35	极佳对话	客人请求	客人主动结束	18	18				Mozilla/4.0 (compatible; MSIE 6.0; Windows NT 5	0
13227	2017-4-7 17:31:30	2017-4-7 17:31:38	0:15:59	极佳对话	客人请求	客人主动结束	21	36	禁正贝 检查			Mozilla/4.0 (compatible; MSIE 6.0; Windows NT 5	0
13226	2017-4-7 17:13:05	2017-4-7 17:13:08	0:16:27	极佳对话	客人请求	客人主动结束	47	33				Mozilla/4.0 (compatible; MSIE 6.0; Windows NT 5	0
13225	2017-4-7 16:50:19		0:0:14	仅访问	客服邀请	客人拒绝邀请	0	0				Mozilla/4.0 (compatible; MSIE 6.0; Windows NT 5	0
13224	2017-4-7 16:50:08		0:0:0	仅访问	客服邀请	未分类	0	0				Mozilla/4.0 (compatible; MSIE 6.0; Windows NT 5	0
13223	2017-4-7 16:47:09	2017-4-7 16:47:27	0:6:39	一般对话	客人请求	客人主动结束	2	3				Mozilla/4.0 (compatible; MSIE 6.0; Windows NT 5	0
13221	2017-4-7 16:34:31	2017-4-7 16:35:13	0:0:6	客人无讯息	客人请求	客人主动结束	0	0				Mozilla/4.0 (compatible; MSIE 6.0; Windows NT 5	0
13220	2017-4-7 16:12:18	2017-4-7 16:12:38	0:15:19	极佳对话	客人请求	客人主动结束	13	12				Mozilla/4.0 (compatible; MSIE 6.0; Windows NT 5	0
13222	2017-4-7 16:11:43	2017-4-7 16:12:08	0:36:4	极佳对话	客人请求	客人主动结束	28	30	王丽_18905			Mozilla/4.0 (compatible; MSIE 6.0; Windows NT 5	0
13217	2017-4-7 16:07:23		0:0:0	仅访问	客服邀请	未分类	0	0				Mozilla/4.0 (compatible; MSIE 6.0; Windows NT 5	0
13219	2017-4-7 15:58:02	2017-4-7 15:58:11	0:16:55	极佳对话	客人请求	客人主动结束	33	24	小齐_产检_			Mozilla/4.0 (compatible; MSIE 6.0; Windows NT 5	0
13218	2017-4-7 15:42:42		0:0:0	仅访问	客服邀请	未分类	0	0				Mozilla/4.0 (compatible; MSIE 6.0; Windows NT 5	0
13216	2017-4-7 15:30:41	2017-4-7 15:30:44	0:16:30	极佳对话	客人请求	客人主动结束	17	13				Mozilla/5.0 (Windows NT 6.1) AppleWebKit/535.1 (	1
13215	2017-4-7 15:28:14	2017-4-7 15:28:33	0:15:22	较好对话	客人请求	客人主动结束	8	9				Mozilla/4.0 (compatible; MSIE 6.0; Windows NT 5	1
13214	2017-4-7 15:12:00	2017-4-7 15:12:09	0:9:32	较好对话	客人请求	客人主动结束	6	16	不清楚月经(			Mozilla/4.0 (compatible; MSIE 6.0; Windows NT 5	
13213	2017-4-7 14:43:39		0:0:0	仅访问	客服邀请	未分类	0	0				Mozilla/4.0 (compatible; MSIE 6.0; Windows NT 5	0
13212	2017-4-7 14:43:12	2017-4-7 14:43:12	0:3:3	客人无讯息	客人请求	客人主动结束	0	1				Mozilla/4.0 (compatible; MSIE 7.0; Windows NT 5	14

图 10.5　商务通历史记录

- 需要观察每天商务通上咨询的数据，到底是从百度哪个关键词转化过来的，这时候，必须做一个关键词记录单。
- 关键词记录要记录下这个关键词带来的咨询是有效咨询，还是无效咨询，是极佳咨询还是一般咨询。这是非常重要的，可以直接观察到这个关键词转化过来的好坏。
- 预约率。预约率是非常重要的指标，直接关系到企业的盈利。所以需要重点关注各分类的预约率，以便于后期优化。

10.2.3　应该统计哪些数据指标

根据行业的不同，统计的数据指标也有所不同，医疗行业的百度推广可以统计以下数据指标。

- 咨询者来访日期：该项指标要想反映出积极意义，需要一段较长的时间才能体现。从访客咨询日期的曲线上，将能看到客户咨询的时间规律，便于企业做出相应的对策。
- 咨询者来访地区：能知道咨询客户多数来自哪里。
- 咨询者来访途径（百度 / 谷歌 / 直达）：可以清晰地统计咨询客户常用哪种方式，由此可以评估三种途径的重要性，并在后面的推广中做好调整。
- 咨询者来访关键词：通过这些关键词可以知道客户的访问心理，并且可以适时将这些关键词补充进竞价关键词体系内。同时在做长尾词时，也可以重点参考。
- 咨询者到达页：当某一个页面到达率非常高时，应该在这个页面上多做营销活动。很多时候，如果竞价人员不做精细化调整或者企业网站可推页面较少，那到达页基本是首页，因此企业的首页非常重要，营销人员应该重视。

- 平均访问时长：理论上平均访问时长越长，用户黏度越高。
- 平均浏览页面数量：理论上平均浏览页面数量越高，说明在用户看来，网站本身的内容可看性越强。
- 咨询者是否对话：来访人员打开了咨询窗口，也许就是看看，并没有产生对话。统计实际对话数量，才便于统计咨询率。
- 咨询者客户姓名：电话沟通或者面谈时，便于暖场，还会给访客留下良好的印象。
- 咨询者联系方式：获取联系方式，留下持续跟进的可能性。
- 咨询者提问的问题：从问题可以深刻了解客户需求，统计这些问题，便于洞悉客户真实需求。同时可以对问题加以分类，做出详细的在线咨询 Q&A，提高咨询效率和有效性。
- 客服的解答：从客服的解答，管理人员可以及时了解客服的专业能力、服务能力、销售能力等；同时也便于客服自我总结。咨询的人未必是最终购买的人，但良好的客服解答对建立企业在线咨询形象和口碑传播非常重要。
- 客户咨询时间：统计咨询时间，主要是找出客户咨询的时间规律，企业可以在重点时间段安排人员盯守，防止客户流失。
- 客服回应时间：快速的客服响应对于在线咨询来说极其重要；了解客服的响应时间也能知道客服的工作状态。
- 交流历时：有效的新客户咨询，通常来说时间会比较长。通过记录交流时间和对话内容，两者相比，可以在一定程度上反映客户的质量度。
- 日均浏览页面数量：网站整体访客情况的体现。
- 日均访问网站的人数：表示网站整体访客数量情况。
- 跳出率：页面跳出率是衡量页面质量的重要指标，用来衡量哪些页面需要整改。
- 访客的回头率：访客回头率越高，说明对产品或服务的满意度越高。
- 访客通过什么途径访问网站？比例如何？各渠道流量占比与消费占比是否吻合？
- 竞价费用主要消耗在哪些关键词上，关键词花费比例与关键词产出比例是否吻合？
- 每带来一个咨询的成本、一个转化的成本，投入产出比怎么样？
- 哪些长尾关键词的搜索频率高，利用好尾部营销策略，降低成本。
- 访客集中的地域，明确访客主要地域分布，做到重点区域客户维护。
- 每天咨询客户的数量，是衡量每天产出的重要数据指标，高与低预示着当天投放的好与坏。
- 每天因为各类原因而流失的咨询客户数量，是发现问题、分析问题、解决问题的入口。要从每一个流失来分析其具体原因，并一一解决。
- 网站转化率是综合衡量网站是否具备营销型网站的指标，转化率高低与网站有着直接关系。
- 访客访问网站的时间分布规律，一段时间内网站访问量在时段上的分布，说明潜在受众的访问规律，可以为投放时段选择提供依据，重点覆盖访问密集时段。

10.2.4　如何看待及分析这些数据

网络数据基本是静止的、被动的，一般是定量或定性的记录，它是网站运营分析的最重要的基础，因此这些数据务必要详实准确，而要想从数据中挖掘出有价值的信息，就需对数据进行再统计分析。依据良好的企业网站运营数据记录和分析，我们可以：

- 帮助改进网站用户体验，使我们的网站更加符合营销型页面的标准。
- 监控推广的投入产出，实现高效率投放。
- 考核相关人员的绩效，避免吃大锅饭，责任到人，提高工作效率。
- 分析线上营销活动的成效。
- 发现企业存在的运营管理问题（如客服、销售、营销、推广的工作配合问题）来预测市场未来的趋势等。

10.2.5　数据分析产生哪些结果及结论

数据分析产生的结果及结论，一般由网站运营推广的负责人总结分析并出具详细报告。

- 竞价效率：竞价推广的重要性占比如何？
- 平均访问时长及平均访问页面数量：网站建设水平如何？
- 有效咨询率：客服工作管理安排是否合理有效、是否需要增加值班客服？
- 投入产出月统计：推广人员绩效考评是否合理？
- 客服响应咨询的时间及回答质量：客服工作状态及业务能力怎么样？
- 客户咨询最多的问题：客户真实需求是什么？

注意

数据报告提供的点击量和百度统计的独立访客之间会有出入，是正常现象，少量的访客流失是不可避免的，在统计时不必过于纠结。

10.3　数据分析过程

竞价圈有这样一句话，“数据是竞价之魂，数据分析是竞价之髓。布局在宏观，胜败在细节”。数据分析就是把每一位到访客户的进入、对话、预约、到诊的每一个环节的有效转化数据叠加到一块的一种宏观的数据展现过程。反映出来的是某一个关键词的投资回报比、创意的点击比、某一个着陆页的跳出比、咨询的预约比，以及预约的到诊比等。当然也可以是单元的转化，计划的转化，专题的转化，天气的因素，节日的变化等。如果想要把宏观的数据展现过程做好，就必须把每个环节的数据梳理好，做好合成完整数据链的准备。

10.3.1 数据处理

数据处理主要包括数据清洗与整理和完整数据链合成两部分。

1. 数据清洗与整理

需要先从不同渠道获取数据并准备好，然后再进行整理。

（1）百度推广后台数据报告

百度推广后台数据报告的格式非常规整，但是关键词消费报告中并不包含关键词访问 URL 这一项，因此关键词访问 URL 中的标记就无法获取到，所以在获取指定时间段内的数据时，可以从百度推广客户端导出数据。步骤是选择，“关键词”选项卡，点击右上角“下载 / 查看数据信息”，在弹出的对话框中设置好时间跨度，即可完成，如图 10.6 所示。

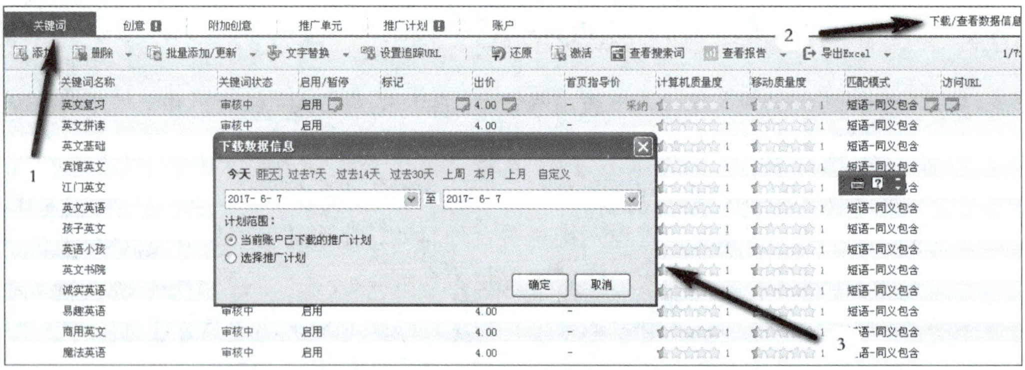

图 10.6　推广客户端下载数据报告

（2）百度统计的数据

百度统计的数据会统计到报表中，在统计过程中要注意录入，避免数据缺失、数据重复、数据错误值等情况，保证数据的完整性和真实性。网络日报表中会把每日的 IP、UV、PV 等数据详细记录。

（3）商务通数据

从商务通后台下载到“历史记录”报表后，需要挑选有针对性的字段进行处理。在众多字段中，小张选取了开始访问时间、开始对话时间、客人讯息数、名称、参与接待客服、访问来源、初次访问网址、关键词、IP 定位等字段，然后对这些字段进行处理。首先通过对初次访问网址进行处理，在百度账户内，推广关键词的访问 URL 都带有唯一标识，此标识会随着关键词的点击—访问—咨询工具一直存在，存在于商务通历史记录的初次访问网址中，可以以整条网址为查找依据或者以标记为查找依据来对应查找该关键词的推广阶段数据。

2. 完整数据链合成

小张已经把百度推广数据、网站统计工具数据、商务通历史记录数据准备完毕，现在想把分阶段的数据连接起来，形成完整的数据链，从整个数据链能更清楚看出问题出在什么环节。在推广中一般会从关键词维度先进行分析，于是小张就把处理好的关键词消费报表和商务通历史数据报表进行处理，利用 VLOOKUP 函数把两部分数据精准对接起来，形成了关键词维度上的完整数据链，如图 10.7 所示。小张还一并完成了地域维度完整数据链、计划维度完整数据链、单元维度完整数据链、URL 维度完整数据链、时段维度数据链等一系列可供分析的完整数据链表格（具体数据表格不再一一展示，与图 10.7 类似）。

关键词名称	消费	展现	点击	平均排名	点击率	转化	转换率	转化成本	出价	平均点击价格
上海有哪些医院有儿科	5461.27	758	72	2.51	9.50%	14	19.44%	390.09	98.06	75.85
上海哪些医院儿科好	5397.16	1571	73	2.41	4.65%	13	17.81%	415.17	93.72	73.93
长宁区妇幼保健院	3987.32	1419	365	1.22	25.72%	77	21.10%	51.78	11.36	10.92
上海医院排名	3033.46	711	79	2.75	11.11%	3	3.80%	1011.15	26.81	38.4
上海儿科	2703.19	282	11	1.68	3.90%	3	27.27%	901.06	365.88	245.74
脑瘫早期症状	1830.21	306	63	1.08	20.59%	7	11.11%	261.46	35.23	29.05
脑瘫好治疗吗	1824.18	242	30	1.91	12.40%	5	16.67%	364.84	56.26	60.81
儿童医院	1795.94	184	7	3.26	3.80%	2	28.57%	897.97	255.66	256.56
上海儿童医院	1774.75	341	40	1.1	11.73%	0	0.00%	#DIV/0!	65.55	44.37
上海哪家医院儿科好	1699.46	862	16	2.72	1.86%	1	6.25%	1699.46	58.99	106.22
脑瘫治疗最佳时间	1577.28	338	26	4.1	7.69%	2	7.69%	788.64	50.24	60.66
上海浦东儿科	1396.9	197	10	3.14	5.08%	2	20.00%	698.45	148.7	139.69
上海正规儿童医院	1364.22	1324	18	3.89	1.36%	4	22.22%	341.06	92.65	75.79
上海 脑瘫治疗	1351.43	113	9	3.06	7.96%	1	11.11%	1351.43	195.48	150.16
上海医保儿童医院	1313.86	2713	16	3.6	0.59%	3	18.75%	437.95	96.68	82.12
上海公立医院	1261.07	250	54	1.1	21.60%	9	16.67%	140.12	23.88	23.35
上海妇幼保健医院	1233.76	145	20	3.23	13.79%	3	15.00%	411.25	158.26	61.69
上海最好的儿童医院	1196.87	79	32	0.72	40.51%	0	0.00%	#DIV/0!	75.88	37.4
闵行区妇幼保健院	1158.33	772	108	1.49	13.99%	8	7.41%	144.79	11.36	10.73
儿童哮喘	1094.17	374	42	1.35	11.23%	0	0.00%	#DIV/0!	55	26.05
上海哪家医院治疗儿童哮喘	1088.58	724	14	2.19	1.93%	3	21.43%	362.86	96.42	77.76
上海儿科	1038.63	257	8	4.99	3.11%	3	37.50%	346.21	106.95	129.83
上海儿科医院	947.27	235	4	3.23	1.70%	1	25.00%	947.27	365.88	236.82
上海最好的儿童医院	917.18	87	5	3.19	5.75%	1	20.00%	917.18	284.73	183.44
儿童癫痫	865.06	470	40	1.87	8.51%	3	7.50%	288.35	28.96	21.63
普陀区妇幼保健院	856.04	271	80	1.02	29.52%	11	13.75%	77.82	11.36	10.7

图 10.7 关键词维度完整数据链

10.3.2 具体问题分析

数据处理完毕，得到完整数据链之后就可以进行推广现状分析，可通过数据波动、数据异常点、数据拐点等来观察推广过程中出现的问题。小张面对处理后的数据，开始了前一阶段推广效果的分析，分析的维度比较多，涉及计划维度、地域维度、关键词维度、URL 维度、渠道维度。鉴于内容量太大，这里只展示小张在关键词维度上的分析，其他维度的分析方式借鉴关键词维度分析即可（此处的数据周期为一周时间，实际工作中周期选取长一些）。

1. 关键词消费分析

小张把一周内的关键词消费列举出来后，以关键词消费为基准，进行降序排列，对关键词消费由高到低进行分析。通过对高消费关键词的投入产出与整个账户的投入产出比相比较，来判断高消费关键词是否合理。小张发现消费前 20 的关键词中，"上海医院排名""上海哪家医院儿科好""上海脑瘫治疗"这 3 个关键词的转化成本都在 1000 元以上，远高出账户转化平均值，如图 10.8 所示。针对转化成本远高于均值的关键词，小张计划在接下来的投放中适当控制下消费。

关键词名称	消费	展现	点击	平均排名	点击率	转化	转换率	转化成本	出价	平均点击价格
上海有哪些医院有儿科	5461.27	758	72	2.51	9.50%	14	19.44%	390.09	98.06	75.85
上海哪些医院儿科好	5397.16	1571	73	2.41	4.65%	13	17.81%	415.17	93.72	73.93
长宁区妇幼保健院	3987.32	1419	365	1.22	25.72%	77	21.10%	51.78	11.36	10.92
上海医院排名	3033.46	711	79	2.75	11.11%	3	3.80%	1011.15	26.81	38.4
上海儿科	2703.19	282	11	1.68	3.90%	3	27.27%	901.06	365.88	245.74
脑瘫早期症状	1830.21	306	63	1.08	20.59%	7	11.11%	261.46	35.23	29.05
脑瘫好治疗吗	1824.18	242	30	1.91	12.40%	5	16.67%	364.84	56.26	60.81
儿童医院	1795.94	184	7	3.26	3.80%	2	28.57%	897.97	255.66	256.56
上海儿童医院	1774.75	341	40	1.1	11.73%	0	0.00%	#DIV/0!	65.55	44.37
上海哪家医院儿科好	1699.46	862	16	2.72	1.86%	1	6.25%	1699.46	58.99	106.22
脑瘫治疗最佳时间	1577.28	338	26	4.1	7.69%	2	7.69%	788.64	50.24	60.66
上海浦东儿科	1396.9	197	10	3.14	5.08%	2	20.00%	698.45	148.7	139.69
上海正规儿童医院	1364.22	1324	18	3.89	1.36%	4	22.22%	341.06	92.65	75.79
上海 脑瘫治疗	1351.43	113	9	3.06	7.96%	1	11.11%	1351.43	195.48	150.16
上海医保儿童医院	1313.86	2713	16	3.6	0.59%	3	18.75%	437.95	96.68	82.12
上海公立医院	1261.07	250	54	1.1	21.60%	9	16.67%	140.12	23.88	23.35
上海妇幼保健医院	1233.76	145	20	3.23	13.79%	3	15.00%	411.25	158.26	61.69
上海最好的儿童医院	1196.87	79	32	0.72	40.51%	0	0.00%	#DIV/0!	75.88	37.4
闵行区妇幼保健院	1158.33	772	108	1.49	13.99%	8	7.41%	144.79	11.36	10.73
儿童哮喘	1094.17	374	42	1.35	11.23%	0	0.00%	#DIV/0!	55	26.05

图 10.8 关键词消费分析

小张还对当前账户这一周内产生消费的关键词个数进行了统计。消费关键词数量接近 1000，有消费的关键词数量也不少，较多的关键词消费是保证账户稳定产出的一个重要因素，要做到广撒网，重点捞鱼。如果覆盖面过窄，则容易产生波动。

2. 关键词展现分析

广告展现是带来点击进而产生转化的前提，所以账户展现要有一定的数量。小张通过查看最近一周的数据，发现展现成本过高，消费的金额和产生的展现量并不成正比。在账户消费前 20 名的关键词中，大多数的关键词的展现成本均超过 1 元，如上海有哪些医院有儿科、上海哪些医院儿科好、长宁区妇幼保健院、上海医院排名、上海儿科、脑瘫早期症状、脑瘫好治疗吗、儿童医院、上海儿童医院、上海哪家医院儿科好、脑瘫治疗最佳时间等，甚至个别词的展现成本达到 10 元，如图 10.9 所示。

关键词名称	消费	展现	点击	平均排名	点击率
上海有哪些医院有儿科	5461.27	758	72	2.51	9.50%
上海哪些医院儿科好	5397.16	1571	73	2.41	4.65%
长宁区妇幼保健院	3987.32	1419	365	1.22	25.72%
上海医院排名	3033.46	711	79	2.75	11.11%
上海儿科	2703.19	282	11	1.68	3.90%
脑瘫早期症状	1830.21	306	63	1.08	20.59%
脑瘫好治疗吗	1824.18	242	30	1.91	12.40%
儿童医院	1795.94	184	7	3.26	3.80%
上海儿童医院	1774.75	341	40	1.1	11.73%
上海哪家医院儿科好	1699.46	862	16	2.72	1.86%
脑瘫治疗最佳时间	1577.28	338	26	4.1	7.69%
上海浦东儿科	1396.9	197	10	3.14	5.08%
上海正规儿童医院	1364.22	1324	18	3.89	1.36%
上海 脑瘫治疗	1351.43	113	9	3.06	7.96%
上海医保儿童医院	1313.86	2713	16	3.6	0.59%
上海公立医院	1261.07	250	54	1.1	21.60%
上海妇幼保健医院	1233.76	145	20	3.23	13.79%
上海最好的儿童医院	1196.87	79	32	0.72	40.51%
闵行区妇幼保健院	1158.33	772	108	1.49	13.99%
儿童哮喘	1094.17	374	42	1.35	11.23%

图 10.9 关键词展现量分析

为什么这么高的消费，带来的展现量却不高呢？小张左思右想，是不是需要再提高关键词出价，使其排名更好，这样才可以获得更多的展现量呢？小张又想到了关键词的搜索量，关键词排名固然重要，但关键词本身的搜索量也是一个很大的因素。是不是当前的关键词选取出现了偏差呢？小张打算在下一步的调整优化中扩充部分检索量高的相关关键词。

3. 关键词点击分析

小张统计这一周共产生消费 126170.41 元，产生点击量 5575 次，平均点击价格在 22.63 元。个别关键词点击价格比较高，但对于儿科类投放，平均点击价格并不算高，所以小张计划在下个月保持平均点击价格不上涨，因为医院的预算是一定的。在预算不变的情况下，平均点击价格上升，总点击量必然下降，所以平均点击价格需要保持。

4. 关键词转化与转化率分析

接下来小张把完整数据链按照“转化”这一字段进行降序排列。对于转化前 20 名的关键词进行重点分析，“长宁区妇幼保健院”一个词消费 3987.32 元，转化 77 个，转化成本 51.78 元。是最近一周内表现最好的关键词，虽然成本不是最低的，但是转化量比较大。如图 10.10 所示，“上海妇幼保健院”“上海徐汇妇幼保健医院”两个关键词的转化成本是前 20 名里最低的，小张判断“妇幼保健院”这个关键词锁定的受众比较精准，与医院的业务非常吻合，计划在下一阶段，扩展与妇幼保健院相关的关键词，以进一步扩大妇幼保健院对应人群，争取获得更多低成本转化。

关键词名称	消费	展现	点击	平均排名	点击率	转化	转换率	转化成本	出价	平均点击价格
长宁区妇幼保健院	3987.32	1419	365	1.22	25.72%	77	21.10%	51.78	11.36	10.92
上海有哪些医院有儿科	5461.27	758	72	2.51	9.50%	14	19.44%	390.09	98.06	75.85
上海哪些医院儿科好	5397.16	1571	73	2.41	4.65%	13	17.81%	415.17	93.72	73.93
上海国际妇婴保健院	502.93	314	60	1.74	19.11%	13	21.67%	38.69	8.96	8.38
上海金桥妇幼保健医院	461.04	1275	51	1.79	4.00%	13	25.49%	35.46	9.88	9.04
普陀区妇幼保健院	856.04	271	80	1.02	29.52%	11	13.75%	77.82	11.36	10.7
上海国际妇幼保健院	409.11	1100	49	5.24	4.45%	11	22.45%	37.19	9.88	8.35
上海妇幼保健院	365.35	796	52	2.62	6.53%	10	19.23%	36.54	7.36	7.03
上海公立医院	1261.07	250	54	1.1	21.60%	9	16.67%	140.12	23.88	23.35
闵行区妇幼保健院	1158.33	772	108	1.49	13.99%	8	7.41%	144.79	11.36	10.73
上海徐汇妇幼保健医院	210.02	268	24	2.64	8.96%	8	33.33%	26.25	9.88	8.75
上海妇幼保健院	177.08	139	27	1.6	19.42%	8	29.63%	22.14	6.88	6.56
脑瘫早期症状	1830.21	306	63	1.08	20.59%	7	11.11%	261.46	35.23	29.05
嘉定区妇幼保健院	825.73	1298	87	2.93	6.70%	7	8.05%	117.96	9.88	9.49
徐汇区妇幼保健院	190.68	313	28	2.98	8.95%	7	25.00%	27.24	7.36	6.81
浦东妇幼保健院	840.36	786	78	2.16	9.92%	6	7.69%	140.06	11.36	10.77
上海浦东妇幼保健院	495.01	854	58	1.58	6.79%	6	10.34%	82.50	8.96	8.53
上海松江妇幼保健院	371.23	1370	40	3.7	2.92%	6	15.00%	61.87	9.88	9.28
上海浦东新区公利医院	333.36	269	47	1.05	17.47%	6	12.77%	55.56	7.3	7.09
上海市妇幼保健院	327.47	132	30	1.3	22.73%	6	20.00%	54.58	11.36	10.92

图 10.10　关键词转化 & 转换率

同时小张又对转化率做了分析，如图 10.11 所示，如果单纯分析转化率，例如一个点击，产生了一个转化，偶然性太大，参考价值不大，所以在分析转化率时，还要结合关键词消费、关键词点击量等因素。现在按照消费进行降序排列。小张发现“上海儿童医院排名”“上海最好的儿童医院”“儿童哮喘”这 3 个关键词消费属于前 20 名，但转化率为 0%，针对这样低转化但消费高的关键词，小张打算排查。首先排查关键词质量是否过低，其次排查关键词对应的着陆页是否合适，如果以上问题都排除的话，就考虑对关键词进行预算调控，降低其消费额度，持续低转化的话，则暂停该词。同理，小张还对账户内其他高消费低转化的关键词进行了分析。

关键词名称	消费	展现	点击	平均排名	点击率	转化	转换率
上海有哪些医院有儿科	5461.27	758	72	2.51	9.50%	14	19.44%
上海哪些医院儿科好	5397.16	1571	73	2.41	4.65%	13	17.81%
长宁区妇幼保健院	3987.32	1419	365	1.22	25.72%	77	21.10%
上海医院排名	3033.46	711	79	2.75	11.11%	3	3.80%
上海儿科	2703.19	282	11	1.68	3.90%	3	27.27%
脑瘫早期症状	1830.21	306	63	1.08	20.59%	7	11.11%
脑瘫好治疗吗	1824.18	242	30	1.91	12.40%	5	16.67%
儿童医院	1795.94	184	7	3.26	3.80%	2	28.57%
上海儿童医院	1774.75	341	40	1.1	11.73%	0	0.00%
上海哪家医院儿科好	1699.46	862	16	2.72	1.86%	1	6.25%
脑瘫治疗最佳时间	1577.28	338	26	4.1	7.69%	2	7.69%
上海浦东儿科	1396.9	197	10	3.14	5.08%	2	20.00%
上海正规儿童医院	1364.22	1324	18	3.89	1.36%	4	22.22%
上海 脑瘫治疗	1351.43	113	9	3.06	7.96%	1	11.11%
上海医保儿童医院	1313.86	2713	16	3.6	0.59%	3	18.75%
上海公立医院	1261.07	250	54	1.1	21.60%	9	16.67%
上海妇幼保健医院	1233.76	145	20	3.23	13.79%	3	15.00%
上海最好的儿童医院	1196.87	79	32	0.72	40.51%	0	0.00%
闵行区妇幼保健院	1158.33	772	108	1.49	13.99%	8	7.41%
儿童哮喘	1094.17	374	42	1.35	11.23%	0	0.00%

图 10.11　关键词转化率分析

5. 优秀词与垃圾词分析

小张想从账户内找出表现比较好的 20 个关键词和表现比较差的 20 个关键词，直接按照转化成本进行升序排列，截取转化成本最低的 20 个关键词作为表现较好的 20 个关键词，转化成本最高的 20 个关键词作为表现较差的 20 个关键词。但是小张发现转化成本最低的前 20 个关键词的转化量都较低，一次偶然的点击就转化了，这样的转化数量与转化成本都具有较大的偶然性。小张思索一番之后是这么操作的，首先对关键词的转化量进行筛选，只保留关键词转化量在 5 个以上的记录，然后针对筛选记录再次做升序排列，此时，账户内本周表现比较好的 20 个关键词就浮出水面了。小张把他们截取了出来，如图 10.12 所示。

关键词名称	消费	展现	点击	平均排	点击率	转化	转换率	转化成
上海妇幼保健院	177.08	139	27	1.6	19.42%	8	29.63%	22.14
上海徐汇妇幼保健医院	210.02	268	24	2.64	8.96%	8	33.33%	26.25
徐汇区妇幼保健院	190.68	313	28	2.98	8.95%	7	25.00%	27.24
上海金桥妇幼保健医院	461.04	1275	51	1.79	4.00%	13	25.49%	35.46
上海妇幼保健院	365.35	796	52	2.62	6.53%	10	19.23%	36.54
上海国际妇幼保健院	409.11	1100	49	5.24	4.45%	11	22.45%	37.19
上海国际妇婴保健院	502.93	314	60	1.74	19.11%	13	21.67%	38.69
长宁区妇幼保健院	3987.32	1419	365	1.22	25.72%	77	21.10%	51.78
上海市妇幼保健院	327.47	132	30	1.3	22.73%	6	20.00%	54.58
上海浦东新区公利医院	333.36	269	47	1.05	17.47%	6	12.77%	55.56
上海松江妇幼保健院	371.23	1370	40	3.7	2.92%	6	15.00%	61.87
普陀区妇幼保健院	856.04	271	80	1.02	29.52%	11	13.75%	77.82
上海浦东妇幼保健院	495.01	854	58	1.58	6.79%	6	10.34%	82.50
嘉定区妇幼保健院	825.73	1298	87	2.93	6.70%	7	8.05%	117.96
浦东妇幼保健院	840.36	786	78	2.16	9.92%	6	7.69%	140.06
上海公立医院	1261.07	250	54	1.1	21.60%	9	16.67%	140.12
闵行区妇幼保健院	1158.33	772	108	1.49	13.99%	8	7.41%	144.79
脑瘫早期症状	1830.21	306	63	1.08	20.59%	7	11.11%	261.46
上海有哪些医院有儿科	5461.27	758	72	2.51	9.50%	14	19.44%	390.09
上海哪些医院儿科好	5397.16	1571	73	2.41	4.65%	13	17.81%	415.17

图 10.12　本周转化较好的前 20 个关键词

接下来，小张对转化成本进行降序排列，那么要不要也筛选出转化量在 5 个以上的呢？小张思考之后，并没有进行筛选，因为只要是转化成本高的关键词，无论是低转化量还是高转化量都需要优化，所以小张直接截取转化成本高的前 20 个关键词，如图

10.13 所示，作为下一阶段的主要优化方向。并且小张打算如果时间充裕的话，对转化成本高的前 50 个关键词、前 100 个关键词都要重点优化。

关键词名称	消费	展现	点击	平均排名	点击率	转化	转换率	转化成本
上海儿童医院	1774.75	341	40	1.1	11.73%	0	0.00%	#DIV/0!
上海最好的儿童医院	1196.87	79	32	0.72	40.51%	0	0.00%	#DIV/0!
儿童哮喘	1094.17	374	42	1.35	11.23%	0	0.00%	#DIV/0!
上海儿科医院	800.69	89	8	3.09	8.99%	0	0.00%	#DIV/0!
上海哪些医院儿科好	711.4	155	31	0.28	20.00%	0	0.00%	#DIV/0!
上海儿科	638.57	20	3	3.06	15.00%	0	0.00%	#DIV/0!
上海儿科医院哪家最好	637.19	52	3	3.24	5.77%	0	0.00%	#DIV/0!
儿童白血病	618.97	363	32	3.03	8.82%	0	0.00%	#DIV/0!
上海儿科最好的医院	600.02	41	2	2.69	4.88%	0	0.00%	#DIV/0!
上海哪家儿科医院好	557.22	33	2	2.6	6.06%	0	0.00%	#DIV/0!
儿科医院哪家好	528.31	31	2	3.22	6.45%	0	0.00%	#DIV/0!
上海市公立三甲医院	500.53	25	5	1.61	20.00%	0	0.00%	#DIV/0!
徐汇区妇幼保健院	498.3	841	118	1.23	14.03%	0	0.00%	#DIV/0!
上海哪家儿科医院最好	484.03	29	3	4.19	10.34%	0	0.00%	#DIV/0!
儿科检查项目及费用	477.04	57	7	2.26	12.28%	0	0.00%	#DIV/0!
脑瘫手术	470.7	124	6	3.96	4.84%	0	0.00%	#DIV/0!
儿童肺炎	465.09	125	7	3.32	5.60%	0	0.00%	#DIV/0!
上海儿科哪个医院好	400.63	7	2	4.5	28.57%	0	0.00%	#DIV/0!
上海好的儿科医院	370.52	28	3	3.42	10.71%	0	0.00%	#DIV/0!
白血病的治疗	361.48	50	6	1.96	12.00%	0	0.00%	#DIV/0!

图 10.13　转化成本高的前 20 个关键词

同理，小张还进行了计划维度分析、地域维度分析、时段维度分析、URL 维度分析、单元维度分析、推广渠道效率分析等多维度的分析（分析方法和思路相似，此处不再一一赘述）。

10.3.3　数据可视化

小张把数据处理好以后，打算去向医院领导汇报，但思来想去总觉得不太妥当，首先领导对于具体的推广情况并不熟悉，如果这样去汇报，领导听不明白，也不知道问题的症结所在，那么数据分析就失去了价值和意义。于是小张决定利用 Excel 把处理好的数据制作成图表，这样有问题的数据节点就会更加凸显。

首先小张把有消费的关键词的转化率做成折线图，方便观察关键词转化率的变化趋势，如图 10.14 所示。

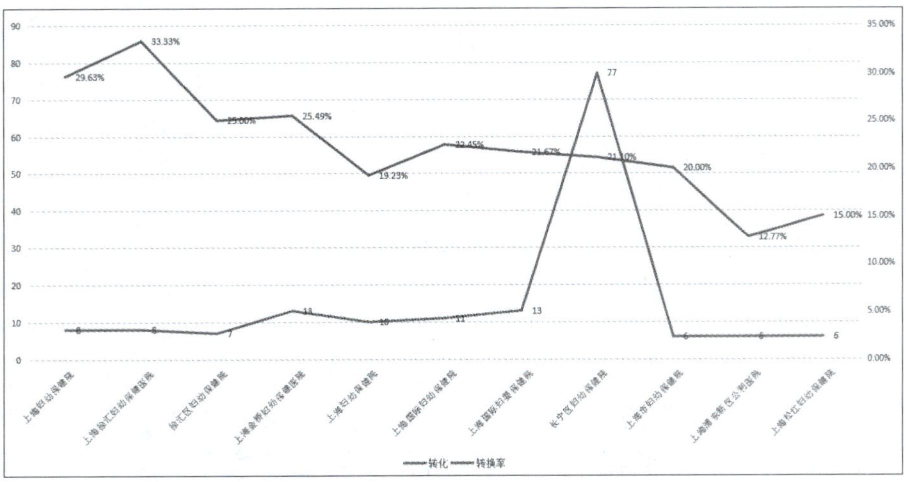

图 10.14　高转化关键词的转化率

把转化成本高的前 20 个关键词和转化成本最低的 20 个关键词进行对比，来观察转化成本之间的差距有多大，如图 10.15 所示。

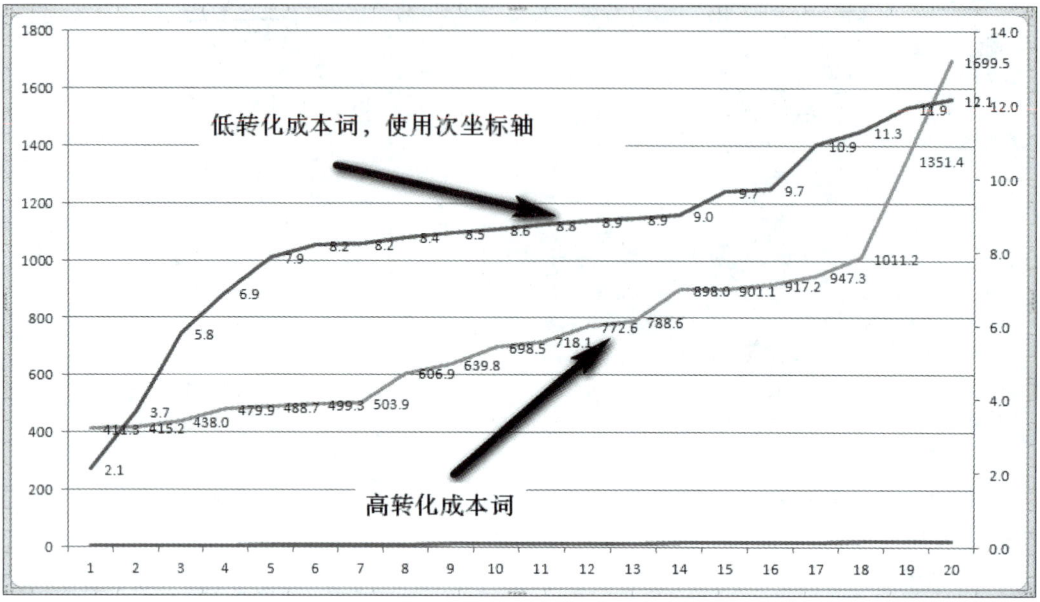

图 10.15　高转化成本与低转化成本对比

同样，小张把需要汇报的数据都制作成了图表，这样在和领导汇报时，就不用担心领导看不懂数据的问题了。

10.4 问题解决方案

小张经过一系列的分析后，认为可以着手调整的方向如下：

- 控制消费的角度。通过上面的消费维度分析，将关键词消费额度在 100 元以上的关键词单独拿出来，从高到低进行逐个优化，尤其是转化少、转化率低且消费多的关键词，例如“上海医院排名”“上海儿科”“上海哪家医院儿科好”“上海脑瘫治疗”“上海儿童医院”“上海最好的儿童医院”等这类词在下一阶段需要重点优化，以达到降低消费的目的。
- 增加转化的角度。首先扩大低转化成本关键词的消费，其次增加关键词数量和消费关键词个数。不能守着原有产生转化的关键词，需要补充新动力。例如对原来低成本、低转化的关键词要增加其消费，提高其转化效果。
- 重点关注词。对于账户内当前转化较多且转化成本合理的关键词，如“长宁区妇幼保健院”“上海国际妇幼保健院”“上海金桥妇幼保健院”“上海哪些医院做流产”等关键词，小张认为需要重点保持，维持当前的投入产出比。
- 垃圾词调整。小张筛选了无转化的关键词后发现“儿童白血病”“脑瘫手术”“儿童哮喘”“儿童肺炎”等这些带有明确病症的关键词，转化效果相当一般，这类词虽然从字面上看意向强，但需控制其消费。一切应以结果为基准。

- “区+妇幼保健院”类型的关键词消费少且转化较多，如“长宁区妇幼保健院”“闵行区妇幼保健院”“普陀区妇幼保健院”“浦东妇幼保健院”“嘉定区妇幼保健院”“上海国际妇幼保健院”“上海妇幼保健院”等妇幼保健类的关键词转化相当多，这说明儿科患者家属在搜索时倾向于妇幼保健院这类搜索词，小张觉得下一步需要针对“区＋妇幼保健院”结构的关键词进行扩展。

在接下来的工作中，小张只需要把数据分析过程按照数据分析报告的规范要求整理编写成一份完整的数据分析报告，然后向医院领导进行汇报，确定可行性之后，就可以执行了。

本章总结

- 对推广数据的获取、指标处理，完整数据链的合成要非常熟练地运用。
- 数据分析可以帮助企业改进网站用户体验，监控推广的投入产出比，考核相关人员的绩效，分析线上营销活动的成效，发现企业存在的运营管理问题，预测市场未来的发展趋势。
- 在数据分析完成后要得到竞价效率、平均访问时长及平均访问页面数量、有效咨询率、投入产出月统计、客服响应咨询的时间及回答质量、客户咨询最多的问题等核心内容，以供领导决策。
- 数据分析的维度：关键词维度分析、计划维度分析、地域维度分析、时段维度分析、URL 维度分析、单元维度分析、渠道维度分析。

本章作业

1. 数据获取需要获取哪几个阶段的数据。
2. 需要统计的数据指标有哪些？请列举部分重要的指标。
3. 使用数据透视表来完成完整数据链的合成。
4. 简述数据链合成的关键点是什么。
5. 自选行业，获取一周数据后进行数据分析，并形成简单的数据报告，要求语言表达清晰、论点明确。
6. 登录课工场，按要求完成预习作业。

随手笔记